1791

SIBYLLE BERG
NERDS
RETTEN DIE WELT

**GESPRÄCHE MIT DENEN,
DIE ES WISSEN**

KIEPENHEUER & WITSCH

Valerie M. Hudson
Professorin für Internationale Angelegenheiten an der Bush School of Government and Public Service (Texas A&M University) 7

Wilhelm Heitmeyer
Soziologe und Gründer des Instituts für interdisziplinäre Konflikt- und Gewaltforschung der Universität Bielefeld 27

Robert Riener
Professor für Sensomotorische Systeme am Departement für Gesundheitswissenschaften und Technologie der ETH Zürich u. a. 53

Elizabeth Anne Montgomery
Professorin für Pathologie und Onkologie am Johns Hopkins University Medical Center in Baltimore (USA) ... 71

Lorenz Adlung
Systemtheoretiker und -biologe am Weizmann Institute of Science in Rehovot (Israel), Science-Slammer 91

Iddo Magen
Neurobiologe. Forscht am Weizmann Institute of Science in Rehovot (Israel) 105

Dirk Helbing
Professor für Computational Social Science an der ETH Zürich und assoziierter Professor für Technik, Politik und Management an der Technischen Universität Delft 123

Abraham (Avi) Loeb
Professor für Astrophysik an der Harvard University 141

Odile Fillod
*Ingenieurin, Kognitionswissenschaftlerin und
unabhängige Forscherin im Bereich Wissenschaftssoziologie* 157

Hedwig Richter
*Professorin für Neuere und Neueste Geschichte an der
Universität der Bundeswehr, München* 177

Carl Safina
*Meeresökologe, Autor, Kämpfer für
Tier- und Naturschutz* 203

Rolf Pohl
Männlichkeitsforscher, Soziologe, Sozialpsychologie 227

Jens Foell
*Neuropsychologe an der Florida State University in
Tallahassee (USA)* 257

Jutta Weber
*Philosophin, Professorin für Mediensoziologie
an der Universität Paderborn* 275

Lynn Hershman Leeson
*Künstlerin, Drehbuchautorin,
Regisseurin und Produzentin* 293

Emilia Zenzile Roig
*Politologin. Gründerin und Direktorin
des Center for Intersectional Justice (CIJ)* 311

»*Wir haben die Gewalt gegen Frauen so normalisiert, dass es fast unmöglich ist, zu erkennen, dass es sich schlicht und ergreifend um Terrorismus handelt.*«

Gespräch mit
VALERIE M. HUDSON

Professorin für Internationale Angelegenheiten an der Bush School of Government and Public Service der Texas A&M University. Forschungen zu nationaler Sicherheitspolitik, sozialwissenschaftlicher Methodologie, Gender und Geschlecht in den internationalen Beziehungen sowie zu den Auswirkungen von gezieltem Frauenmord (Femizid) auf die Gesellschaften

Guten Morgen, Frau Professor Hudson. Haben Sie sich heute schon um den Zustand der Welt gesorgt?

In der Tat sind meine Nebennieren von den nationalen und internationalen Turbulenzen der letzten Jahre ziemlich geschafft, und so ist letztlich auch mal die Sicherung in meinem Besorgnisschaltkreis durchgebrannt. Sagen wir einfach, ich bin jeden Tag sehr besorgt!

Das Aussterben der Menschheit ist ja auch kein Spektakel, dem man öfter beiwohnt. Bis es so weit ist – können Sie Ihre Tätigkeit in drei Sätzen beschreiben?

Ich bin Politikwissenschaftlerin und habe einen Stiftungslehrstuhl an der Bush School of Government and Public Service an der Texas A&M University. Meine beiden Forschungsschwerpunkte sind die außenpolitische Entscheidungsfindung und WPS – women, peace and security, also Frauen, Frieden und Sicherheit. Was Letzteres betrifft, so interessiere ich mich dafür, wie sich die Situation, der Status und die Sicherheit von Frauen auf die Sicherheit, Stabilität und Widerstandsfähigkeit der Gesellschaft, in denen sie leben, auswirken.

Sie haben es wirklich in drei Sätzen geschafft. Hut ab. Mich interessiert heute hauptsächlich Ihre Forschung zu den Folgen des Geschlechterungleichgewichts. Erinnern Sie sich, wie Sie zu diesem speziellen Gebiet fanden?

Als ich während der letzten Jahre des Kalten Krieges meinen Doktor in Sicherheitspolitik machte, hätten Sie sämtliche Seminare des Studiengangs besuchen können und dabei nicht einmal mitbekommen, dass es Frauen auf dem Planeten Erde gibt. Das war eine völlig frauenlose Welt, in die ich da eingetaucht war. Auf meinem Lebensweg als Frau wurde mir klar, dass es sich hierbei um eine Karikatur handelte. Und ich bin zu der Überzeugung gelangt, dass sich viele der Wurzeln dessen, was wir schätzen – Frieden, Freiheit, Demokratie –, aus der grundlegenden politischen Ordnung zwischen Männern und Frauen in der Gesellschaft ergeben. Man kann keinen Frieden auf der Welt haben, wenn es keinen Frieden zwischen Männern und Frauen gibt. Solange Frauen unfrei sind und kein Mitspracherecht bei der Entscheidung über ihre eigenen Lebensräume haben, wird es keine Freiheit und keine Demokratie geben.

Es gibt verschiedene Theorien zu den Ursachen von Misogynie. Manche besagen, sie begann mit dem Entstehen der monotheistischen Religionen. Dem gegenüber stehen jedoch die Initiationsriten junger Männer, die sich vom Weiblichen reinigen, um ein Mann zu werden. Wissen Sie mehr?

Aus meiner Sicht ist es eine Verknüpfung aus Evolution und kollektiven Entscheidungsprozessen innerhalb der Gemeinschaft. Religionen und Bräuche ergeben sich direkt daraus. Unser evolutionäres Erbe hat Männern einen Körper vermacht, der meist deutlich größer und deutlich stärker ist als jener der durchschnittlichen Frau. Darüber hinaus hat es die Evolution Männern ermöglicht, sich außerhalb ihres Körpers fortzupflanzen, während Frauen sich unter hohen körperlichen Belastungen in ihrem eigenen Körper fortpflanzen. Und schließlich hat es die Evolution Männern ermöglicht, Frauen gewaltsam zu befruchten.

Dennoch resultiert aus diesen drei Tatsachen keineswegs automatisch eine Ungleichstellung zwischen Männern und Frauen. Man könnte sich eine Gesellschaft vorstellen, die in diesem evolutionär bedingten Kontext lebt und dabei die Gleichstellung von Männern und Frauen anerkennt und sogar institutionalisiert. Doch wie wir sehen, herrschen in den meisten Gesellschaften der Welt Männer aufgrund dieses Sachverhalts über Frauen, und zwar ganz einfach, weil sie es können.

Die Erklärung für fast alles, was an Schwachsinn auf der Welt passiert. Weil sie es können. Frauen können eben oft leider nicht. Wenn sie schreien, klingt es schrill, wenn sie sich wehren, brauchen sie Waffen oder jahrelanges Kampftraining.

Ja. Für Männer sind andere Männer die wirkliche Bedrohung, nicht Frauen. Ein einzelner Mann in einer Welt von Männern, die bereit sind, Gewalt anzuwenden und Zwang auszuüben, um das zu bekommen, was sie wollen (und die diese Fähigkeiten durch die Dominanz über Frauen gelernt haben), ist de facto ein sehr unsicherer Mann.

Die Lösung für diese Art von männlicher Unsicherheit ist der Männerbund. Männer verspüren den Drang, zu irgendeiner Art von Männerbund zu gehören, und historisch gesehen

wurde dies durch die männliche Familienlinie geschaffen. So stellen wir in den meisten Gesellschaften eine Betonung der Patrilinearität und der patrilokalen Ehe sowie der männerzentrierten Erb- und Eigentumsrechte fest. Diese sozialen Mechanismen bilden und stärken den Männerbund. Menschengruppen haben sich auf männlich geprägte, erweiterte Verwandtschaftsnetzwerke gestützt, um eine grundlegende physische Absicherung gegen andere Netzwerke zu gewährleisten – denken Sie an Clans, Stämme usw.

Um einen Männerbund zu etablieren, müssen sie ihm jedoch die Interessen sämtlicher Frauen unterordnen. Der Männerbund wird auf dem Rücken unterworfener Frauen errichtet. Und so umfassen die gesellschaftlichen Normen, die Patrilinearität, Patrilokalität, männerkontrolliertes Eigentum mit sich bringen, die Bevorzugung des Sohnes, das niedrige Heiratsalter für Mädchen, Brautpreis, Mitgift, Verwandtschaftsheirat, Polygamie, die Tötung weiblichen Nachwuchses, diskriminierendes Familienrecht und andere Praktiken, die Frauen entwerten und sie den Männern unterstellt halten.

Es ist alles ein großes Ganzes – entscheidet man sich für den Männerbund als Sicherheitsmechanismus in der Gesellschaft, so werden sich all diese anderen Dinge einstellen, die zur Subordination von Frauen führen.

Wenn man sich die Zahl der Vergewaltigungen und Morde, der Gewalt und der religiös begründeten Diskriminierung von Frauen weltweit ansieht, kann man von einem Krieg gegen Frauen sprechen.

Der Krieg gegen Frauen ist ein Nebenprodukt der gesellschaftlichen Entscheidung, den Männerbund gegenüber allen anderen Beziehungen zu begünstigen. In vielen solchen Gesellschaften ist beispielsweise die eheliche Bindung im Vergleich zur »Bruder«-Bindung recht schwach. Darüber hinaus arbeiten Frauen häufig den Interessen der Männerbünde zu, nur um zu überleben; so ist beispielsweise die Feindseligkeit, die eine Schwiegermutter in solchen Gesellschaften gegenüber einer Schwiegertochter empfindet, geradezu mythisch.

Vermutlich könnte man mit Erziehung und einem Neu-Framing in einer bis zwei Generationen eine wirkliche Gleichberechtigung erreichen, oder?

Ich fürchte, die psychischen Kosten für die Abkehr vom Männerbund sind für viele Männer zu hoch. So geben zum Beispiel auch im Silicon Valley Risikokapitalgeber – und das sind fast ausschließlich Männer – den »Brüdern« Geld, selbst wenn deren Geschäft ein deutlich schlechteres Ergebnis aufweist als das von Frauenunternehmen.

Ist alles wieder einmal ganz einfach und nur durch das Kapital zu ändern. Also – wenn Frauen einen größeren Anteil am Weltkapital besäßen, stellte sich die Frage der Gleichberechtigung nicht mehr?

Ich denke, Sie haben recht, dass dies durchaus als eine Machtfunktion und nicht rein als Funktion des Geschlechts angesehen werden kann. Die Forschung zeigt uns, dass Menschen mit größerer Macht beispielsweise an Empathie verlieren. Wären Frauen körperlich doppelt so stark wie der Durchschnittsmann, würden sie die Männer unterordnen? Es ist sicherlich wertvoll, darüber nachzudenken.

Frauen, die im Besitz von Macht, und das heißt auch immer Kapital, sind, interessieren sich nur in Ausnahmefällen für feministische Themen.

Wenn Macht den Menschen die Fähigkeit zur Empathie nimmt, kann ich mir vorstellen, dass mächtige Frauen sehr leicht das Interesse am Leben der »normalen« Frauen verlieren könnten.

Abrupter Themenwechsel – Sie sind zu den Mormonen konvertiert, einer Glaubensgemeinschaft, über die populär nicht sehr viel bekannt ist. Wie legen Sie die Inhalte dieser Religion aus, und wie vertragen die sich mit Ihren Überzeugungen als Feministin?

Ich bin Mitglied der Kirche Jesu Christi der Heiligen der Letzten Tage. Es ist die einzige christliche Lehre, die den Standpunkt vertritt, dass Gott gleichermaßen den Himmlischen Vater und die Himmlische Mutter meint, welche miteinander verheiratet sind. Es ist die einzige Glaubensrichtung, die lehrt, dass Mutter Eva im Garten Eden nicht gesündigt hat, sondern dass sie mutig und weise war, als sie sich entschied, an der Frucht des Baumes der Erkenntnis von Gut und Böse teilzuhaben, und dass Adam dafür zu danken ist, dass er auf sie gehört und ebenfalls mitgemacht hat. Es ist eine christliche Glaubensrichtung, die lehrt, dass Männer und Frauen voreinander und vor Gott als Gleichgestellte stehen und dass die Ehe eine aufrichtig gleiche Partnerschaft sein soll. Als Feministin in der Kirche Jesu Christi der Heiligen der Letzten Tage setze ich mich dafür ein, dass meine Glaubensgemeinschaft den Privilegien dieser Lehre über die Beziehungen zwischen

Mann und Frau gerecht wird, die auf der Erde eingerichtet wurde, damit wir in größerem Frieden und Glück leben können.

Sehr vereinfacht habe ich Religionen beziehungsweise deren Auslegung durch Männer immer für eine Mitursache für die Diskriminierung und Abwertung von Frauen gehalten. Ist das falsch?

Nein, Sie haben recht: Es ist so. Es ist wirklich seltsam, dass Religionen, die angeblich das Glück der Menschen anstreben, derart grobe Unwahrheiten vermitteln – dass Frauen den Männern unterlegen seien und dass Gott die Unterordnung von Frauen respektiere oder sogar begrüße –, denn diese Unwahrheit kann nur zu Elend für alle führen, für Männer und Frauen gleichermaßen. Es ist wirklich erstaunlich.

Gehen wir weiter zur gezielten Beseitigung weiblicher Babys beziehungsweise Abtreibung weiblicher Föten in Ländern, die oftmals auch als sehr religiös gelten. Ich vermute, die Anleitung zum Femizid steht selten in den alten Schriften. Basierte und basiert dieser Massenmord vornehmlich auf wirtschaftlichen Realitäten? Oder welche Ursachen gab und gibt es dafür?

Die unmittelbaren Ursachen sind natürlich wirtschaftlicher Natur, aber diese unmittelbaren Ursachen wurzeln in dem, worüber wir bereits gesprochen haben – dem Fokus auf die Bildung von Männerbünden als Instrument zur Gewährleistung der Sicherheit für die Gruppe. Haben Sie Patrilinearität, patrilokale Ehe und männlich orientierte Eigentumsrechte eingeführt, folgt umgehend die Abwertung der Töchter.

Darüber hinaus wird die gesellschaftliche Norm angesichts der patrilinearen, patrilokalen, männlichen Kontrolle der Ressourcen-Situation zwangsläufig darin bestehen, dass es Söhne sind, die für die Betreuung ihrer Eltern im Alter verantwortlich sind. Sehen Sie, wie das alles auf ganz natürliche Weise zusammenhängt?

Ja. Ich muss gestehen, dass ich auf diese zwingende Erklärung noch nie gekommen bin. Da zeigt sich, wozu so eine wissenschaftliche Karriere gut ist.

Richtig.

Und anzumerken wäre noch: Warum sollte eine wirtschaftlich rationale Familie in einem solchen Kontext den Töchtern einen Wert beimessen? Selbst in Brautpreis-Gesellschaften haben Frauen nur einen instrumentellen Wert – ihnen wird nicht per se ein Wert zugeschrieben, sondern allein der Brautpreis, den sie beisteuern können.

In welchen Ländern ist der Mangel an Frauen besonders dramatisch, und wo wird weiterhin Femizid betrieben?

2015 haben meine Co-Autorin Andrea Den Boer und ich 19 Nationen mit abnormalen Geschlechterverhältnissen im Kindesalter identifiziert.

[*Eine Liste der Länder mit einer markant hohen Rate an männlichen Jugendlichen, 1995 und 2015, finden Sie hier.*]

Der Mangel an Frauen führt zum Beispiel in vielen ländlichen Gebieten Deutschlands, aus denen Frauen mangels Perspektiven weggezogen sind, zu einem drastischen Zuwachs an rechtsradikalem Gedankengut. Vermutlich ist das – wie so oft bei Rechtsradikalismus – der verzweifelten

Suche nach männlicher Selbstbehauptung und dem homoerotischen Aspekt von Männerbünden geschuldet.
Welche Folgen können Sie aus anderen Ländern belegen?

Die Schlussfolgerung, die ich ziehe, ist, dass Nationen stabiler sind, wenn es ein ungefähr gleiches Verhältnis zwischen den Geschlechtern gibt. Sowohl Gesellschaften, in denen Frauen die Männerzahl deutlich übertreffen (z. B. Russland), als auch solche, in denen Männer die Frauenzahl deutlich übertreffen (z. B. China), leiden unter Instabilität. Die Anthropologin Barbara D. Miller hat vorgeschlagen, dass ein normales Geschlechterverhältnis zum Gemeinwohl zählt, das von der Regierung geschützt werden sollte, und ich stimme ihrer Einschätzung zu.

Deshalb war auch die große Zahl an Migranten 2015 unbeabsichtigt schädlich für Frauen, denn das waren überwiegend Männer und männliche Jugendliche, und das veränderte das Geschlechterverhältnis in einigen europäischen Ländern, beispielsweise in Schweden. Besonders Schweden hätte wachsam sein müssen, was diese potenzielle Beeinträchtigung seiner Errungenschaften in Sachen Gleichstellung von Männern und Frauen betrifft.

Ein hoch aufgeladenes Thema im Moment. Nicht nur in Schweden. Um das faktische Zahlenverhältnis von männlicher und weiblicher Population der Länder des Westens aufzuzählen, die in den letzten Jahren eine starke Zuwanderung von Geflüchteten erfahren haben, fehlt hier der Platz.
Gesellschaften mit Männerüberschuss zeichnen sich oft durch autokratische oder despotische Systeme mit besonders steilen Hierarchien aus.

Wir stellen fest, dass Gesellschaften mit einem großen Überschuss an Männern oft eine höhere Kriminalitätsrate und eine höhere Rate an Protesten, Aufständen, Bandenaktivitäten usw. aufweisen. Eine solche Instabilität führt in der Regel zu Forderungen nach Wiederherstellung der Ordnung, und ich denke, Europäer wissen sehr wohl, dass das Streben nach »Wiederherstellung der Ordnung« oft zur Förderung von Autokraten führt.

Ebenso haben Regierungen in solchen Gesellschaften oft Schwierigkeiten, sich dauerhaft den Respekt ihrer männlichen Bürger zu bewahren, und ahmen daher häufig stereotypes männliches Verhalten nach, etwa erhöhten Nationalismus, Anfälligkeit für Beleidigungen, strenge Gegenmaßnahmen bei vermeintlichen Unrechtmäßigkeiten usw. Auch dies nährt autokratische Anwandlungen.

Welche anderen Auswirkungen hat ein Männerüberschuss noch?

Eine ganze Menge – angefangen bei der zunehmenden Ausbreitung von Geschlechtskrankheiten, dem Handel mit Frauen und Mädchen inner- und außerhalb der nationalen Grenzen über erhöhte Kriminalitäts- und Protestraten bis hin zu höheren Depressionsraten bei Männern usw. Auch das regierungsseitige Verhalten ist zu beachten, wozu Autokratie, Förderung der Auswanderung von Männern, große öffentliche Bauvorhaben und sogar ein verändertes Kalkül bei der Abschreckung gerechnet werden können, das heißt, dass Staaten weniger abgeneigt sein können, Zermürbungskriege zu führen.

Aus China ist bekannt, dass teilweise ein staatlich geleitetes Umdenken erfolgt. Eine Art Werbekampagne für das Leben von Frauen. Zeigen sich Erfolge? Welche Maßnahmen kann man noch ergreifen, um die Abwertung und Zerstörung weiblichen Lebens zu beenden?

Ja, das gab es – es hieß »Care for Girls«. Neben Methoden zur Bewusstseinsbildung gab es wirtschaftliche Anreize für Familien mit Töchtern – um der Zurückhaltung entgegenzuwirken, Töchter zu bekommen. So zum Beispiel der Erlass des Schulgeldes für solche Familien, die Option einer kleinen Elternrente, die bevorzugte Zulassung zu besseren Universitäten für Frauen aus Familien mit nur einer Tochter usw. Bekanntlich hat sich China 2015 für eine Zwei-Kinder-Politik entschieden, die auch dem sozialen Druck, einen Sohn zu bekommen, ein wenig entgegenwirkt. Ich sage »ein wenig«, denn wenn Ihr erstes Kind ein Mädchen ist, werden Sie mit ziemlicher Sicherheit wollen, dass Ihr zweites Kind ein Junge ist, und so wird es in diesen Fällen immer noch eine gewisse Manipulation des Geschlechterverhältnisses geben.

Aber das Entscheidende sind immer noch die Renten für ältere Menschen. Chinesische Eltern wissen, dass sich Töchter besser um sie kümmern werden als Söhne, aber die Norm ist, dass Söhne die erforderliche »Rente« erbringen. Wenn China seinen Senioren eine lebenswerte Rente gewährt, könnte es meiner Meinung nach den Rückgang seiner Geschlechterverteilung auf ein normales Niveau beschleunigen. Wir haben das zum Beispiel in Südkorea gesehen.

Männer, die nicht von Frauen reguliert werden, neigen noch mehr als sonst zu Gewalttaten. Gibt es dafür eine biologische Erklärung, oder ist das eher ein soziales Phänomen?

Es ist wahrscheinlich beides. Ungebundene Männer haben einen signifikant höheren Gehalt an zirkulierendem Testosteron, das stark mit Aggression und Dominanz zusammenhängt. Gleichzeitig gibt es eine soziale Komponente, weil ungebundene Männer normalerweise mit anderen ungebundenen Männern abhängen, und die subtile oneupmanship – die Praxis, einen Konkurrenten sukzessive zu übertreffen –, die der Hierarchie in rein männlichen Gruppen zugrunde liegt, beinhaltet in der Regel Anzeichen von Risikobereitschaft, Antisozialität, Dominanz und Gewalt, um Status zu erlangen.

Es wird relativ wenig über Femizid und dessen Auswirkungen berichtet, weil es sich »nur« um Frauen handelt.

Ja, wir haben die Gewalt gegen Frauen so normalisiert, dass es fast unmöglich ist, zu erkennen, dass es sich schlicht und ergreifend um Terrorismus handelt. Wenn wir es Terrorismus nennen – denn das ist es wirklich –, würden die Nationen dem Thema mehr Aufmerksamkeit widmen? So zeigen zum Beispiel Studien, dass die große Mehrheit der Amokschützen in den USA in der Vergangenheit entweder formelle oder schwere Anschuldigungen wegen häuslicher Gewalt hatte – warum wird das vom FBI nicht als auffällig taxiert? Warum gibt es keine »Überwachungsliste für inländischen Terror«, auf der sich auch inländische Missbrauchstäter befinden?

Sind Sie mitunter wütend, wenn Sie an die unglaublichen Gewalttaten denken, die Frauen erfahren, oder schützt Sie

Ihr wissenschaftliches Denken vor Gefühlen, die nichts zu einer Veränderung der Welt beitragen?

Oh, als ich anfing, diese Art von Forschung zu betreiben, gab es Zeiten, in denen ich die Tür zu meinem Büro schloss, auf den Boden fiel und einfach weinte. Aber im Laufe der Zeit wurde mir klar, dass ich mindestens zwei Dinge tun konnte. Erstens konnte ich auf ewig dokumentieren, was mit Frauen geschieht, damit alle Welt es sehen und nicht behaupten kann, dass niemand davon Kenntnis hätte. Deshalb haben wir unsere Datenbank, The WomanStats Database, online gestellt und sie komplett kostenlos zugänglich gemacht. Zweitens kann ich diese Datenbank nutzen, um aufwendige Forschung zu ermöglichen, was dazu beitragen kann, »Frauenfragen« auf der Liste der Prioritäten politischer Entscheidungsträger auf nationaler und internationaler Ebene nach oben zu rücken.

Ich kann die Frauen, von denen ich gelesen habe, nicht retten, aber ich kann sicher sein, dass sie nie vergessen werden und dass das, was mit ihnen geschieht, dazu beitragen kann, unser Verständnis darüber zu verändern, warum Nationen instabil sind. Aber es gibt noch genügend Gelegenheit zum Weinen, trotz alledem ... Meine wissenschaftlichen Mitarbeiter durchlaufen alle Phasen der Trauer, wenn sie sich WomanStats anschließen – Trauer, Zorn, Entschlossenheit. Diese Gefühle sind lebenswichtig und sollten nicht unterdrückt werden.

Ich reiche Ihnen die Hand über den Atlantik. Und danke Ihnen für Ihre Arbeit.

Apropos Liebe: Es ist möglich, Nachkommen komplett ohne Spermien – und also ohne männliche Teilnahme – bei Mäusen zu züchten. Könnte das Wissen, die Ahnung der Männer um ihre Ersetzbarkeit einen Anteil am aktuellen patriarchalen Backlash der Systeme haben?

Na ja, nein, denn es gibt auch Gruppen von überwiegend männlichen Wissenschaftlern, die die Ektogenese perfektionieren wollen – also Empfängnis und Geburt, ohne dass Frauen involviert sind. Sie tun dies, indem sie männliche Stammzellen zwingen, zu pluripotenten Zellen zu werden, die in der Lage sind, Eierstöcke zu werden, und auch durch die Schaffung künstlicher Gebärmütter.

In einem dystopischen Albtraum ist unklar, welche Seite die andere zuerst überflüssig macht. Deshalb ist es für Männer und Frauen so wichtig, herauszufinden, wie sie in Gleichheit und Frieden zusammenleben können. Es muss keinen Geschlechterkrieg geben.

Jetzt haben Sie meine Hoffnung zerstört. Ich hatte angenommen, die Fortpflanzung ohne männliche Beteiligung wäre ein angenehmer Ausweg. Wobei – vielleicht gibt es ja ohnehin bald ein erfreuliches Aussterben unserer Spezies. Oder fällt Ihnen noch etwas Positives ein?

Seit der Jahrhundertwende sind mehrere wichtige positive Entwicklungen für Frauen zu verzeichnen. Wir haben die Müttersterblichkeit um fast die Hälfte gesenkt (Lob an China, dass es hier die Verantwortung dafür übernommen hat), wir haben weltweit eine praktisch paritätische Einschulungsrate für Jungen und Mädchen, und der Frauenanteil in den nationalen Parlamenten scheint in fast

jeder Nation (wenn auch langsam) im Laufe der Zeit zu steigen.
Gleichzeitig ist aber auch deutlich geworden, dass diese Fortschritte nicht ausreichen, um die Geschlechtergleichstellung zu erreichen.

Nein, im Gegenteil. Mit jedem kleinen Fortschritt – etwa die von Ihnen angesprochene Beteiligung von Frauen an Regierung und Wirtschaft – folgt, wie es scheint, eine Welle von Rückschlägen. Autokraten, die auch in Europa wieder über Frauenkörper bestimmen, Gewalt gegen Frauen usw. Glauben Sie, dass es irgendwann eine wirkliche Gleichberechtigung aller Menschen geben wird, oder entspricht das nicht der eingeschriebenen Neigung der Menschen, andere zu beherrschen, sich zu erhöhen, und letztlich auch ihrem Hang zu Brutalität und Grausamkeit?

Ich bin eine ausgelaugte Optimistin. Das heißt, als Gläubige glaube ich, dass es einen Tag geben wird, an dem alle in Frieden leben werden, sogar der Löwe und das Lamm, der Mann und die Frau. Als Ehefrau und Mutter glaube ich, dass mein Zuhause ein Ort ist, an dem die Gleichstellung von Mann und Frau jeden Tag praktiziert wird; deshalb habe ich diese Möglichkeit mit meinen eigenen Augen gesehen.
Und doch sehen wir auf der ganzen Welt Gesellschaften, die von Traditionen und Kulturen durchdrungen sind, die Dominanz und Gewalt rechtfertigen, ja sogar aufwerten – insbesondere jene gegen Frauen. Ich sehe Statistiken, die darauf hindeuten, dass 80 Prozent unserer jungen Männer täglich oder wöchentlich Pornografie konsumieren, und das erschüttert mich. Ich kann nur meinen Kindern und meinen Schülern beibringen, dass der Weg zu einer sicheren

Gesellschaft der Weg der Gleichstellung von Männern und Frauen ist. Es gibt keinen anderen Weg.

Haben Sie einen tröstlichen positiven Schlussappell?

Kein männliches Baby wird auf diesem Planeten mit der Veranlagung geboren, Frauen zu verletzen und zu unterwerfen. Es ist tatsächlich eine Frau, die diesen Jungen geboren hat, ihn geliebt und am Leben erhalten hat. Kein weibliches Baby wird auf diesem Planeten mit der Bereitschaft geboren, sich unterzuordnen und Gewalt zu akzeptieren. Unsere Kinder werden frei geboren; wenn wir ihnen beibringen, ohne das Elend und das Leid zu leben, das durch die Ungleichheit zwischen Männern und Frauen verursacht wird, können sie frei bleiben. Die Zukunft, die stromabwärts liegt, könnte klar und rein sein. Ist das nicht den Preis wert?

Frau Professor, ich danke Ihnen für den Trost und Ihre Zeit.

»Es gibt keine ›alternativlose Politik‹, wie uns jahrelang in Deutschland eingehämmert worden ist. Deshalb ist auch der Kampf nicht aussichtslos, und sei es nur, um Schlimmeres zu verhindern.«

Gespräch mit
WILHELM HEITMEYER

Soziologe und Gründer des Instituts für interdisziplinäre Konflikt- und Gewaltforschung der Universität Bielefeld (als Direktor: 1996 bis 2013). Autor und Herausgeber zahlreicher Bücher – zuletzt: »Autoritäre Versuchungen« (2018)

Guten Morgen, Herr Heitmeyer, haben Sie sich heute schon um den Zustand der Welt gesorgt?

Den tatsächlichen Zustand der Welt kann man eigentlich gar nicht kennen, sondern bekanntlich nur das, was man »geliefert« bekommt – und was man wahrnehmen kann und will. Und selbst diese kleinen Ausschnitte müssen in Wut versetzen angesichts der strukturellen Gewalt, wie es Johan Galtung ausgedrückt hat. Es sind dann nicht nur die Gewaltakteure, die es bekanntlich zuhauf gibt, sondern auch die gezielt geschaffenen Strukturen, die aus sich selbst heraus die Bedingungen eines menschenwürdigen Lebens tagtäglich zertrümmern. Und dies sind nicht nur die materiellen Bedingungen, sondern auch immer mehr die kulturellen und informationellen Strukturen, die potenziell die Gewalt in sich tragen.

Nun wäre es anmaßend, mich als Gewissen der Welt aufzuspielen, über alles zu fluchen, was gerade passiert. Auch deshalb, weil ich das meiste, was an Scheußlichkeiten passiert, ja gar nicht begreife und nicht im Entferntesten kenne. Selbst bei meinen intensivsten Informationsanstrengungen, die ich jeden Tag unternehme.

Die innere Feinabstimmung zwischen der Notwendigkeit, informiert zu sein, um in der Zeit verankert zu bleiben, und der absoluten Überforderung ist heikel.

Man muss vorsichtig sein. Es gibt die präventive Wirkung des Nichtwissens, damit man nicht handlungsunfähig wird. Lähmung ist ja ein Element des Geschäftsmodells, um nicht tätig werden zu können.

Sie begannen in den 1980er-Jahren mit Ihren Forschungen zu gewaltbereitem Rechtsextremismus und Fremdenfeindlichkeit. Sie prägten den Begriff »gruppenbezogene Menschenfeindlichkeit« und entwickelten die Theorie sozialer Desintegration, um Gewalt zu erklären. Erinnern Sie sich an die Auslöser für Ihre Forschungen?

Einen Auslöser wie etwa einen Schalter, durch den plötzlich etwas angeknipst wird, gab es nicht. Es waren Alltagsbeobachtungen bei Jugendlichen mit ihrer Sprache und den dahintersteckenden Einstellungen – ohne dass sie rechtsextremen Gruppen angehörten.

Die erste empirische Untersuchung zu rechtsextremistischen Orientierungen von 1987 hat dann für viel öffentliche Aufmerksamkeit und Widerstand gesorgt. »Das ist alles Unsinn. Unsere Jugend hat ihre historische Lektion gelernt«, hieß es etwa. Für einen damals relativ jungen Wissenschaftler war das keine angenehme Situation. Ich war offensichtlich zu früh mit solchen Ergebnissen.

Oder die Institutionen waren noch mit zu vielen Mitarbeitern besetzt, die in Hitlers Regime auch Gutes gesehen hatten?

In der Nachkriegszeit gab es in zahlreichen Institutionen der neuen Bundesrepublik bekanntermaßen alte Nazis, die aus heutiger Sicht geradezu unvorstellbare Karrieren gemacht haben, etwa als Juristen in den Verwaltungen und auch in den Geheimdiensten.

Nun ist diese Generation längst außer Dienst beziehungsweise verstorben. Auf diese Weise hat das natürlich kein politisches Ende genommen, denn das kam ja für die Personen biologisch zu einem Ende.

Heute ist wieder sehr genau zu beobachten, was sich in den mit dem Gewaltmonopol ausgestatteten Institutionen wie Polizei und Bundeswehr vollzieht. Die aufgedeckten Fälle werden immer wieder als Einzelfälle deklariert – wie eh und je –, obwohl wir es nicht wissen und doch mit guten Gründen bezweifeln können. Unabhängige Untersuchungen dazu gibt es nicht und würden wahrscheinlich auch nicht zugelassen. Und der deutsche Inlandsgeheimdienst, die Verfassungsschutzämter der Länder und des Bundes haben gerade auch im Zusammenhang mit den Verbrechen des Nationalsozialistischen Untergrunds, des NSU, ja absolut versagt. Bis heute werden zum Teil die Akten nicht öffentlich, mit denen man die Rolle der verschiedenen staatlichen Akteure aufklären könnte.

Gab es noch mehr Ablehnung außer der behördlich-institutionellen?

Ja, zum Beispiel bei den frühen Forschungen zu den Verbindungen von Rechtsextremismus und Hooligans in den Fußballstadien. Auch da war der öffentliche Widerstand, vor allem von den gewinnmaximierenden Profivereinen, immens: »Der will uns unsere Fans diffamieren.«

Und schließlich löste die erste – sehr frühe – empirische Untersuchung in Deutschland zu islamistischen Einstellungen bei türkischstämmigen muslimischen Jugendlichen, die ich 1997 veröffentlicht habe, das Härteste an Angriffen und Diffamierungen aus, was ich bisher erlebt habe. »Das ist ein Kulturrassist« war noch die gnädigste Charakterisierung. Kurz gesagt war die möglichst frühzeitige, sensible Wahrnehmung von aufkommenden Problemen der Hintergrund dieser Arbeit. Aber: Wer zu früh bestimmte Probleme aufwirft, der muss mit Abstrafungen rechnen durch Medien, Wissenschaftler und auch die Politik.

An einem typischen Tag wird man beispielsweise mit diesen Nachrichten konfrontiert: Alabama verabschiedet ein Gesetz gegen Abtreibung. Egal, ob es sich um eine Schwangerschaft nach einer Vergewaltigung oder einem Inzest handelt, egal, ob das Ungeborene schwere Missbildungen aufweist. Weiter lese ich, dass Schweizer Krankenkassen diverse Krebstherapien sowie die Rehabilitation nach Schlaganfällen und Infarkten nicht mehr ohne Weiteres bezahlen. Wie kann ich verhindern, mich angesichts dieser Fülle von Schwachsinn zum hassenden Menschen zu entwickeln?

Es fällt schwer, das zu verhindern. Aber es ist gerade aus der Perspektive der Akteure kein Schwachsinn, sondern reines Machtkalkül, mit Gewalt angefüllt. Ihr erstes Beispiel ist religiös aufgeladen, das zweite Beispiel die kapitalistische Gewaltdemonstration gegenüber Leiden. Der Weg in den eigenen Hass ist dann nicht weit.
Aber es ist Vorsicht geboten, weil man sich damit selbst verletzt und sich gemeinmacht mit jenen Akteuren, die solche Gesetze durchsetzen oder solche Kalkulationen anstellen.

Um sich dem nicht auszuliefern, muss man sich meines Erachtens auf die Reichweiten des eigenen Tuns besinnen. Also auf seinen Alltag, und dort massiv die Stimme erheben, damit man morgens noch in den Spiegel sehen kann – ohne zu erschrecken. Es kostet viel Kraft, im Verwandtenkreis, im Freundeskreis, im Sportverein, in der Kirchgemeinde die Stimme zu erheben – und ohnehin, wenn man Zugang zu Medien hat. Gerade im nahen Umfeld kostet das enorm viel Energie und ist mit hohen sozialen Kostenrisiken verbunden. Übrigens viel höhere als bei großen Demonstrationen – die zweifellos notwendig sind, um die Grundnormen der Gesellschaft immer wieder öffentlich zu befestigen –, denn dort ist man »unter sich« mit wohligem Gefühl, während man bei Interventionen im sozialen Nahraum immer Gefahr läuft, allein dazustehen, und viel verlieren kann. Dazu muss man schon hart trainieren.

Apropos hart bleiben: Haben Ihre vor dreißig Jahren begonnenen Studien zu irgendeiner Reaktion der Regierung geführt?

In der Regel kann ich sagen, dass die Reichweite von Wissenschaft doch sehr gering ist. Das gilt vor allem für missliebige Themen, die zeigen, was schiefläuft. Das liegt zum größten Teil daran, dass alles, was eine Regierung tut, als Erfolg dargestellt werden muss. Da waren meine Forschungen, insbesondere bei konservativen Parteien, immer störend. Also am besten: ignorieren, zurückweisen und diffamieren. Damit haben wir reichliche Erfahrungen gemacht.

Die Wissenschaftsfeindlichkeit ist keine Erfindung der neuen Rechten.

Nun, Wissenschaft, zumal Sozialwissenschaft, hat immer »kurze Arme«, weil sie keinen finanziellen Mehrwert in unserer kapitalistischen Gesellschaft verspricht. Sie ist störend. Ja, sie muss störend sein, man muss Sand ins Getriebe werfen. Und man muss insistieren. Immer wieder, trotz aller Frustrationen. Ich kann nicht verhehlen, dass es auch zermürbend sein kann, dass die inzwischen jahrzehntelangen, empirisch belegten Warnungen vor den politischen Entwicklungen nach rechts in ihren unterschiedlichen brutalen Formen bis hinein in die vornehme »rohe Bürgerlichkeit« immer wieder aggressiv als »Nestbeschmutzung« der deutschen Gesellschaft zurückgewiesen werden.

Entwicklungen verlaufen oft wellenförmig, vorwärts, rückwärts. Aber am Ende hat sich doch viel zum Besseren verändert auf der Welt.

Ja. Sie erwähnten den Begriff der gruppenbezogenen Menschenfeindlichkeit. Damit ist gemeint, dass Menschen allein aufgrund ihrer Gruppenzugehörigkeit und unabhängig von ihrem individuellen Verhalten zum Ziel von Abwertung, Diskriminierung und auch Gewalt werden. Es ist ein Konzept, das über Rassismus hinausreicht, also auch Obdachlose, Schwule und Lesben, Muslime, Juden, Behinderte, Flüchtlinge etc. umfasst.

Dazu habe ich mit einer Forschungsgruppe von 2002 bis 2011 jährliche, repräsentative Bevölkerungsbefragungen über Ausmaße, Entwicklungen und Erklärungen durchgeführt und in der Reihe »Deutsche Zustände« jedes Jahr publiziert – neben vielen wissenschaftlichen und journalistischen Artikeln und Hunderten von Vorträgen in allen möglichen gesellschaftlichen Institutionen.

Durch dieses Insistieren ist es gelungen, dass der Begriff der gruppenbezogenen Menschenfeindlichkeit in die Institutionen gewissermaßen »eingedrungen« ist und eine neue, breite Sensibilisierung erzeugt hat, die sich nicht nur auf Rassismus begrenzt.

Aber auch da gab es Widerstände. Die Wochenzeitung »Die Zeit« hat zum Beispiel 2008 die langjährige Zusammenarbeit abrupt beendet mit dem Hinweis, ich würde mit den empirischen Ergebnissen die wunderbare deutsche Gesellschaft gewissermaßen »kaputtschreiben«. So viel zu angeblich weitsichtigen journalistischen Intellektuellen.

In der empirischen Forschung geht man davon aus, dass in jeder Gesellschaft ein Teil der Bevölkerung eine faschistische Einstellung aufweist. Momentan hat man das Gefühl, die Rechtsnationalen würden die Welt beherrschen. Verzerrte Wahrnehmung durch Hysterie befeuernde Medien oder Realität?

Dass es aktuell so aussieht, als ob ein großes Unterstützungspotenzial vorhanden ist, hat mit mehreren Faktoren zu tun. Da sind zum einen die realen Probleme der großen Unsicherheiten durch die schnellen Wandlungsprozesse und Krisen, etwa die Flüchtlingskrise. Dadurch sind in weiten Teilen der Bevölkerung eine Nervosität und eine Aufgeregtheit entstanden, die durch die ständigen Provokationen und Grenzüberschreitungen der rechten beziehungsweise rechtsextremen Akteure in immer neuen sprachlichen Eskalationsschleifen in die öffentliche Agenda gelangen, sei das in Nachrichten oder in Talkshows. Hier setzt das Marktmodell der konkurrierenden Medien als Vervielfältigungsmechanismus ein. Da Medien nur dann »mehr vom Gleichen« berichten, wenn an der sprachlich-provokativen Eskalationsschraube mit immer neuen Diffamierungen etwa von Flüchtlingen und Bedrohungsszenarien (»Der große Bevölkerungsaustausch in Deutschland und Europa«) gedreht wird, erscheint das Unterstützungspotenzial so hoch.

Hinzu kommt im Alltag die Gefahr der sogenannten »Schweigespirale«. Diese Theorie besagt, dass Menschen ihre eigenen gruppenbezogenen menschenfeindlichen Einstellungen für sich behalten oder nur im privaten Kreis äußern, solange sie den Eindruck haben, sie seien nur eine Minderheit in der Gesellschaft. Gewinnen sie aber den Eindruck, sie seien Teil einer Mehrheit, die so denkt, also im Freundes- und Verwandtenkreis, am Arbeitsplatz oder in der Kirchengemeinde, dann »hauen« sie ihre Sprüche lautstark raus und erzeugen dadurch neue Normalitätsstandards. Dieser Prozess ist gefährlich, weil er den Alltag verändert, den dann auch große Massendemonstrationen (»Wir sind viele«) nicht mehr drehen können, denn alles, was als normal gilt im Alltag, kann man zu einem bestimmten Zeitpunkt nicht mehr problematisieren.

Wenn Bevölkerungsschichten die Demokratie ablehnen, sich einen Führer wünschen, wenn es die Machtbesessenheit einiger Männer schon immer gab, warum bedroht sie humanistische Menschen heute so sehr?

Weltweit gab es immer rechte und rechtsextreme Gruppierungen und Regimes wie in Südamerika oder die Milizbewegung in den USA. Das relativ Neue und Überraschende vollzieht sich in Europa, das sich als entwickelte Zivilisation begreift. Der amerikanische Politologe Francis Fukuyama hat sogar Anfang der 90er-Jahre vom »Ende der

Geschichte« gesprochen und von der Vollendung der liberalen Demokratie. Ich habe das schon 2001 in einem Aufsatz zu den Schattenseiten der Globalisierung als gefährlichen Unsinn bezeichnet und die These vertreten, dass ein autoritärer Kapitalismus im Zusammenwirken mit sozialer Desintegration und Demokratieentleerung zu einem Aufkommen eines rabiaten Rechtspopulismus führen würde.

Diese These gewinnt inzwischen immer mehr an Gewicht, zumal wir seit der Jahrtausendwende »entsicherte Jahrzehnte« erleben müssen. Dazu gehören vor allem die verschiedenen Krisen, wobei nicht alles, was sich verändert, eine Krise ist. Sie ist dann gegeben, wenn die sozialen und politischen Routinen nicht mehr funktionieren und der Zustand vor der Krise nicht wiederherstellbar ist. Solche Konstellationen ergaben sich beginnend 2001 mit dem Anschlag auf das World Trade Center, dann 2005 mit der Hartz-IV-Krise, dann 2008/2009 mit der Finanz- und Bankenkrise sowie 2015 mit der Flüchtlingskrise. Hier setzen Kontrollverluste ein, die für gesellschaftliche Entwicklungen sehr gefährlich sind und von denen primär alle politischen Varianten im rechten Spektrum profitieren. Das Geschäftsmodell funktioniert dann so, dass einerseits die Kontrollverluste besonders betont werden und mit Szenarien des Untergangs, etwa des deutschen Volkes, operiert wird und andererseits die Wiederherstellung der Kontrolle propagiert wird mit dem Konzept einer geschlossenen Gesellschaft und einer autoritären, illiberalen Demokratie.

Die genannten Krisen haben einen globalen Hintergrund und sind kein »Naturereignis«, für das niemand verantwortlich ist. Der neoliberale Kapitalismus hat in den vergangenen Jahrzehnten einen ungeheuren Kontrollgewinn erzielt, das heißt, er konnte seine Prinzipien überall ungehindert durchsetzen, mit immer neuen »Landnahmen« in der Ökonomie, und damit in die Gesellschaft eindringen. Dagegen musste die nationalstaatliche Politik – auch aufgrund eigenen Zutuns – riesige Kontrollverluste hinnehmen gegenüber dem »gefräßigen« Kapitalismus, und die internationalen Institutionen waren nicht in der Lage, diesen Prozess einzuhegen, wie das zum Beispiel nach dem Zweiten Weltkrieg noch möglich war.

Nicht zu vernachlässigen ist die Überforderung des Einzelnen in einer Zeit, die sich exponentiell beschleunigt, als Ursache für die Sehnsucht nach Ordnung und Überschaubarkeit – glauben Sie, es gibt den einen großen Plan, also das Pendant zum Kampfbegriff der Umvolkung der Rechten?

Ob es einen Plan hinter dem Ganzen gibt, zielt auf die Frage nach Verschwörungstheorien. Von solchen Ansätzen halte ich gar nichts, weil diese aufgezeigten Krisen nicht planbar sind.

Gleichwohl muss es besorgt machen, mit welcher Vehemenz sich Verschwörungstheorien heute verbreiten, insbesondere mit antisemitischer Zielrichtung. Dahinter liegt bei denjenigen, die diesen Theorien folgen, vor allem ein subjektiv wahrgenommener Kontrollverlust, der Unsicherheit erzeugt. Die Verschwörungstheorien suggerieren ihnen Sicherheit durch die Feindbilder. Hier setzen die Vertreter des rechten und rechtsextremen Spektrums erfolgreich an.

Die Unterstützung durch Milliardäre wie die Koch-Brüder [David H. Koch, R. I. P.] und Bob Mercer, das organisierte, fast paramilitärische Agieren im Netz, die geschickte Aus-

legung der demokratischen Grundrechte, um die Demokratie abzuschaffen: Das klingt nach lange vorbereiteter Organisation, auf die humanistische Kräfte bisher nur verspätet reagieren konnten.

Dies ist zweifellos richtig, und nicht nur das Kapital ist vorhanden, sondern mehr denn je gibt es die neuen Kommunikationsmittel, die die Ideologie produzieren und vervielfältigen. Ein wichtiges Mittel sind die »hate crimes«, um Bevölkerungsgruppen aufzuhetzen und andere in Angst zu versetzen. Eine besondere Gefahr besteht darin, dass in stabilisierende Institutionen der jeweiligen Gesellschaften eingedrungen wird und die bisher geltenden Normalitätsstandards der jeweiligen Gesellschaften verschoben werden in eine autoritäre, nationalradikalistische Richtung. Nicht von ungefähr werden immer wieder verdeckte Finanzströme aufgedeckt, die diese Bestrebungen verstärken sollen. Das hat zweifellos Folgen.

Die Verschiebung der Kräfte in den Verfassungsgerichten am oberen Ende der Macht, die Verbreitung von Angst und Repressionen durch Nazischlägertruppen am unteren Ende ...

Wir haben es heute, am Ende des zweiten Jahrzehnts nach der Jahrtausendwende, mit einem breiten, sich immer weiter ausbildenden Spektrum von rechtskonservativen, rechtspopulistischen, autoritär-nationalistischen Parteien und Bewegungen sowie gewaltsam agierenden Rechtsextremisten beziehungsweise Neonazis zu tun. Zudem mit einem sich auffüllenden intellektuellen Milieu, das historisch aufgeladen wird und daraus seine Zukunftsvisionen entwickelt.

Innerhalb dieses Spektrums sind es in der Tat nicht nur abgehängte Klassen, die etwa Verheißungen der Überlegenheit des deutschen Volkes oder der weißen Rasse folgen. Sondern besondere Aufmerksamkeit muss den intellektuellen »Transmissionsakteuren« mit ihrer öffentlichen Reputation gelten, die für die Normalisierung solcher Positionen wie derjenigen der gruppenbezogenen Menschenfeindlichkeit sorgen, während gleichzeitig die »Akteure der Tat« diese Legitimationen für ihre diskriminierenden oder gewalttätigen Aktionen nutzen.

Ich suche immer nach zutreffenden Bezeichnungen für die neuen Bewegungen der Nationalisten. Neonazis ist zu simpel, Faschisten trifft es in Teilen. Populisten ist mir zu kuschelig ...

Mit dem Begriff der »Faschisten« als Motor zur Beschreibung der aktuellen Entwicklung habe ich Schwierigkeiten. Natürlich gibt es diese und hat es immer gegeben, auch solche Gruppen. Aber wir haben es nach meiner Betrachtung in absehbarer Zeit nicht mit erkennbaren faschistischen Systemen zu tun, die auf der obsessiven Betonung des Niedergangs, der Betonung der Opferrolle einer Gemeinschaft, Kulten der Einheit und Reinheit sowie einem Führerkult und einem Gewaltkult mit paramilitärischen Einheiten beruhen. Diese Elemente waren historisch die ideologischen und organisatorischen Motoren.
Allerdings können wir uns nun wegen der vielen technologischen Veränderungen nicht mehr sicher sein, ob die historischen Bezeichnungen heute noch taugen – oder ob nicht ganz neue Kriterien und Kennzeichnungen notwendig sind. Es sei daran erinnert, dass die technologischen Umwälzun-

gen im 19. Jahrhundert die barbarischen Entwicklungen im 20. Jahrhundert mit hervorgerufen haben.

Insgesamt kann man die inzwischen breit ausdifferenzierten Milieus nicht mehr auf einen Begriff bringen. Ich arbeite mit einem Eskalationsmodell mit fünf Facetten, es ist gewissermaßen ein »Zwiebelmodell«. Die äußere, größte Schale stellen Bevölkerungsgruppen mit gruppenbezogener Menschenfeindlichkeit in ihren Einstellungen dar. Diese liefern Legitimationen für den »autoritären Nationalradikalismus« wie die AfD. Auch diese liefern wiederum Legitimationen für die systemfeindlichen Milieus wie die Parteien Die Rechte, NPD etc., die bereits mit Gewalt hantieren. Dann gibt es die neonazistischen Unterstützungsnetzwerke wie die gewalttätigen »Kameradschaften«, die nahe an rechtsterroristischen Zellen platziert sind.

Neben diesem Szenario, das nur auf Deutschland gespiegelt ist, stellt sich die Frage, welche Facette die gefährlichste ist für die offene Gesellschaft und die liberale Demokratie. Ganz eindeutig falsch ist die Verwendung des blank polierten Begriffs »Rechtspopulismus«, wie ihn Medien, Politik und auch die Wissenschaft lieben. »Rechtspopulismus« hat eine flache Ideologie und ist interessiert an gesellschaftlichen Erregungszuständen, hervorgerufen via Massenmedien. Der gewalttätige Rechtsextremismus setzt auf Schrecken in öffentlichen Räumen, auf Straßen und Plätzen. Dies ist dramatisch für schwache Gruppen wie Flüchtlinge oder Juden.

Von besonderer Bedeutung ist aber der »autoritäre Nationalradikalismus« der AfD, weil er auf die Institutionen dieser Gesellschaft zielt, um sie zu destabilisieren. Also Parlamente, Justiz, Polizei, Schulen, Theater, politische

Bildung ... Es wird gefährlich, wenn dadurch neue Normalitätsstandards eingeführt werden.

Was müsste passieren, um eine radikale und überraschende Umkehrung der anscheinend überlegenen Strukturiertheit der Rechten zu brechen?

Es gibt eine ganze Reihe politischer Fehlentwicklungen, die sich zum einen im Zusammenspiel des globalen Kapitalismus mit seinen ständigen »Landnahmen« und dem Eindringen in alle Poren der Gesellschaft zeigen; weiter eine Demokratieentleerung, wie ich sie nenne, bei der der Apparat zwar wie geschmiert läuft, aber das Vertrauen in Lösungskapazitäten und auch in die Wahrnehmung von Bürgern durch politische Eliten abgenommen hat und weiter abnimmt. Und drittens sind es die Statusängste aufgrund der schnellen technologischen Entwicklungen.

Zahlreiche dieser Probleme und deren Zusammenwirken haben die Rechten bis Rechtsextremen nicht erfunden, sie sind ja real. Sie haben daraus die Untergangsfantasien des »Deutschseins«, die Kontrollverluste und das Versprechen der Wiederherstellung von Kontrolle (»Wir holen uns unser Land zurück«) auf die Spitze getrieben – und hatten als entscheidenden Treiber die Flüchtlingsbewegung zur Verfügung. Wobei immer wieder zu betonen ist, dass die Flüchtlingsbewegung nicht die Ursache der aktuellen Rechtsentwicklung darstellt. Sie war bestenfalls ein wichtiger Beschleunigungsfaktor. Der skizzierte Ursachenzusammenhang war vorher da und auch die damit verbundenen Einstellungsmuster rechtspopulistischer Art oder das Potenzial für den »autoritären Nationalradikalismus« der AfD. So entstehen autoritäre Versuchungen.

Eine kurzfristige radikale Umkehrung ist nicht in Sicht, weil keine grundsätzliche Änderung des genannten Wirkungszusammenhanges durch die demokratischen Parteien in Sicht ist und der globale Finanzkapitalismus ohnehin kein Interesse an gesellschaftlicher Integration hat. Wenn sich zudem diese Parteien nicht von innen selbst zerlegen, wird das Autoritäre in Politik und Gesellschaft nicht einfach wieder verschwinden. Auch deshalb nicht, weil sich der Rechtspopulismus in seinen ständigen Versuchen, über Massenmedien und in den sozialen Netzwerken auf Erregungszustände zu setzen, nicht erschöpfen kann. Und weil der gewalttätige Rechtsextremismus, der ja vor allem darauf zielt, Schrecken im öffentlichen Raum zu verbreiten, auf viele Bürger abschreckend wirkt. Vor allem der »autoritäre Nationalradikalismus« ist es, der auf der Erfolgsspur wandelt, weil er die »rohe Bürgerlichkeit« hinter sich versammelt und – das ist wichtig und soll hier absichtsvoll insistierend wiederholt werden – auf die zentralen Institutionen dieser Gesellschaft zielt, also Schulen, Parlamente, Justiz, auch Theater, Gedenkstätten, politische Bildung und Erinnerungskultur, Polizei, Medien etc. Das Ziel ist es, sie zu destabilisieren, um mithilfe eines autoritären Kontrollparadigmas gegen die offene Gesellschaft und die liberale Demokratie vorzugehen. Einfache Gegengifte gibt es nicht mehr.

Neben der Überforderung des Einzelnen ist der Hang des Menschen, sich auf- und andere abzuwerten, ein globales Problem. Hilft die viel zitierte Bildung, um die momentane inszenierte Aufwallung des Primitiven unter Kontrolle zu halten?

Ja, jeder Mensch ist bestrebt, ein positives Selbstbild von sich zu zeichnen. Wenn dies nicht mehr gelingt, weil man in Prozesse der sozialen Desintegration hineingerät, also Statusverluste und Anerkennungsdefizite entweder subjektiv wahrnimmt oder faktisch objektiv erfährt, dann kommt dieser latent immer vorhandene Prozess auf Touren, und die gruppenbezogene Menschenfeindlichkeit kann um sich greifen. Die Abwertung schwacher sozialer Gruppen wird dann zur eigenen Aufwertung genutzt. Solange das gewissermaßen privat »hinter den eigenen Gardinen« erfolgt, ist das schon schlimm. Gefährlich wird es aber dann, wenn dies im öffentlichen Raum passiert und politisch gebündelt wird. Die Ab- und Ausgrenzungen werden mit einer Ideologie der Ungleichwertigkeit versehen, die die beiden basalen Grundwerte der deutschen Verfassung, also die Gleichwertigkeit aller Menschen, die in dieser Gesellschaft leben, und die psychische und physische Unversehrtheit, verletzen oder zerstören.

Hier setzen die Akteure des bereits aufgezeigten rechten Spektrums an.

Als Puffer gegen solche Entwicklungen und um diese wiederkehrenden Prozesse gewissermaßen »einzuhegen«, wird in der Tat immer wieder Bildung aufgeführt. Auch unsere Ergebnisse der zehnjährigen Langzeituntersuchung mit jährlichen repräsentativen Bevölkerungsbefragungen zeigen, dass der Bildungsfaktor wichtig ist. Aber formal höhere Bildung schützt keineswegs vor solchen Einstellungen. Schon vor zwanzig Jahren waren fremdenfeindliche Einstellungen unter Studierenden in wirtschaftswissenschaftlichen, ingenieurwissenschaftlichen und juristischen Studiengängen nachweisbar, also dort, wo Führungseliten ausgebildet werden. Und heute bröckelt dieser Faktor etwa im Hinblick auf islam- beziehungsweise muslimfeindliche Einstellungen. Also, es ist Vorsicht geboten und zeigt die Bedeutung gesellschaftlicher Diskurse, die solche Positionierungen wesentlich beeinflussen.

Viele Männer, auch Geisteswissenschaftler und Intellektuelle, die unter einer subjektiven und tatsächlichen Bedeutungslosigkeit leiden, sehen sich im Schulterschluss mit den Neurechten auf der Seite von Macht und Wichtigkeit.

Ja, das ist eine der bedrückendsten Entwicklungen, die ich so auch nicht in dieser Vehemenz erwartet hatte, trotz der vielen Jahre, in denen ich mich mit gesellschaftlichen Entwicklungen beschäftigt habe.

Mit dem Vordringen der »Ambivalenz der Moderne« haben sich Eindeutigkeiten aufgelöst, und gerade in den vergangenen beiden Jahrzehnten verschwammen politische und gesellschaftliche Koordinaten wie links/rechts, oben/unten, innen/außen. Dadurch taucht auch unter diesen Intellektuellen die Sehnsucht nach neuer Klarheit, nach Eindeutigkeiten und nach Identität auf. Es ist einfach unvorstellbar, weshalb diese Intellektuellen es nicht schaffen, die Ambivalenzen, also die Widersprüchlichkeiten, und die Ambiguitäten, also die unklaren Situationen, auszuhalten, sondern nach neuen Grenzziehungen, biologistischen Menschenbildern etc. gieren.

Staunen kann man auch darüber, wie in intellektuellen Wochenzeitungen und Magazinen diese Linien gepflegt werden.

Wie könnte man die Wütenden, die Entfesselten, die Hassenden, die nun den Rausch des endlich Sagbaren erleben, wieder in eine kultivierte Gesellschaft eingliedern?

Oje. Da bin ich völlig überfragt. Wenn es vorrangig um Macht geht, gibt es keine Chance. Denn die eigene Ohnmacht soll ja gerade überwunden werden, koste es, was es wolle – zumal wir in einer absoluten Konkurrenzgesellschaft leben, in der es sich niemand leisten kann, ein Verlierer zu sein.

Eine der wichtigsten Kategorien in den Ländern, in denen Parteien und Bewegungen des rechtspopulistischen bis rechtsextremistischen Spektrums ihre Positionen öffentlich gewinnbringend auftischen, ist der schon mehrfach angeführte Kontrollverlust. Dabei spielt es keine Rolle, ob dieser nur wahrgenommen wird oder tatsächlich existiert. Wenn jemand Angst hat, dann ist diese Angst für ihn real, es sei denn, sie wird absichtsvoll instrumentalisiert aus Machtgründen. In Großbritannien war der wirkungsvollste Slogan »Let's take back control again«. Wiederherstellung von Kontrolle zwecks eigener alter Größe, die sich nie wieder in ein »Weltreich« verwandeln wird.

Ich stehe auch vor einem Rätsel: Warum handeln Menschen gegen ihre eigenen Interessen? Ausgerechnet in jenen Regionen, die ohnehin durch die Deindustrialisierung infolge der neoliberalen Politik von Margaret Thatcher seit je leiden. Es ist wohl eine undurchschaubare Mischung aus sozialen und vor allem kulturellen Gründen. Anders wären die Anstiege fremdenfeindlicher Gewalt seit dem Brexit-Votum nicht zu erklären.

Einen großen Anteil an der Attraktivität von Gewalt hat meiner Meinung nach die Langeweile. Gewalt ist Erregung, Adrenalin, das Verbreiten von Furcht. Was kann man gegen sie setzen? Jugendzentren mit Rockkonzerten und Billardtischen?

Gewalt ist immer eine Machtdemonstration, die wiederum Anerkennung schafft in der jeweiligen Bezugsgruppe, etwa von Jugendlichen. Dort, wo sich Gewalt in »leerer Zeit« ausbildet, ist genauer hinzusehen, welche Anerkennungsquellen es für den Einzelnen gibt. Die Anerkennungsquelle in der Schule ist Leistung; die Anerkennungsquelle in der Familie ist Liebe; die Anerkennungsquellen in der Gruppe von Gleichaltrigen sind Zugehörigkeit und Stärke.
Überall dort, wo einzelne oder gar alle wichtigen Anerkennungsquellen versiegen, wird Gewalt zu einer attraktiven Anerkennungsquelle. Da helfen keine Rockkonzerte oder Billardtische. Wir haben in dieser Konkurrenzgesellschaft keine Kultur der Anerkennung. Im Gegenteil: Anerkennung wird verknappt, um die Konkurrenzgesellschaft anzuheizen.

Wenn man sich die Ergebnisse der aktuellen EU-Wahl ansieht: Wird der Neoliberalismus die dominierende Weltmacht? Reden wir dann von einem neuen, digitalisierten Feudalsystem?

Es gibt keine »alternativlose Politik«, wie uns jahrelang in Deutschland eingehämmert worden ist. Deshalb ist auch der Kampf nicht aussichtslos, und sei es nur, um Schlimmeres zu verhindern. Außerdem ist es nichts Neues, dass die größten Feinde im linken Spektrum sie selbst sind; das heißt, die jeweiligen Überlegenheitsfantasien linker Gruppen,

Bewegungen und Parteien sind dadurch auch noch Helfershelfer – ohne es absichtsvoll sein zu wollen.

Hinzu kommt, dass der traditionelle politische »Werkzeugkasten« mit Gesetzen, Geld und moralischen Appellen nicht ausreicht, zumal sich eine dramatische Veränderung von Öffentlichkeit vollzogen hat und weiter vollziehen wird.

Bisher sprach man davon, dass in der Öffentlichkeit von Parlamenten, Medien und so weiter die Deutungskämpfe stattfinden. Öffentlichkeit im Singular. Dies ist vorbei, weil wir nun mit verschiedenen Öffentlichkeiten, also im Plural, zurechtkommen müssen. Es sind die teilweise abgedichteten »Filterblasen«, in denen es nicht um Debatten, sondern um Aufschaukelungen und Selbstbestätigungen geht. Und man weiß ja, dass homogene Gruppen immer gefährlich sind.

Aufschlussreich ist auch, dass im Jahr 2019 des »autoritären Nationalradikalismus« die AfD jene Partei ist, die am intensivsten im Netz unterwegs ist, um auch auf diese Weise ihr Projekt einer geschlossenen Gesellschaft und illiberalen Demokratie voranzubringen. Ungeklärt ist allerdings, wer das organisiert beziehungsweise ob möglicherweise »Maschinen« dies produzieren.

Eine breite, öffentlich sichtbare Unterstützung durch Großkonzerne ist zumindest in Deutschland nicht in Sicht, weil diese in ihrer Verwertungslogik denken, nach der bei den großen Kontrollgewinnen der vergangenen Jahrzehnte ohnehin kein Bedarf besteht. Die aktuelle Politik der Zuwanderungsbegrenzung etwa der AfD steht angesichts des Fachkräftemangels zurzeit sogar im Gegensatz zu eigenen Interessen.

Die Kämpfe links gegen rechts wirken auf mich so unmodern. Was könnte ein Konzept fernab von überholtem Sozialismus und Kapitalismus sein?

Das ist nun eine sogenannte Hunderttausend-Dollar-Frage, die ich nicht beantworten kann, weil ich kein Gesellschaftsarchitekt bin. Die hektische Diskussion im Frühjahr 2019 hat sich am Grundrecht auf bezahlbares Wohnen entzündet. Und das zu Recht, weil das eine soziale und politische Zeitbombe ist. Der soziale Wohnungsbau in Deutschland wurde weltweit beneidet als wichtiges Steuerungsinstrument zu sozialem Ausgleich und menschenwürdigem Wohnen. Und auch hier hat die folgsame neoliberale Politik deutscher Regierungen und Städte wie etwa in Dresden viele Schleusen geöffnet für die reine Kapitalvermehrung großer Immobilienkonzerne und gleichzeitig den sozialen Wohnungsbau so gut wie abgeschafft. Das Prinzip des Grundgesetzes, »Eigentum verpflichtet«, ist ausgehebelt durch das Zusammenspiel von Kapital und Politik. Und der Artikel 1 des Grundgesetzes, »Die Würde des Menschen ist unantastbar«, gleich mit. Die Würde des Menschen wird antastbar durch unwürdiges Wohnen.

Jeder Widerstand oder selbst nachdenkliche Überlegungen werden dann von den kapitalnahen Akteuren konservativer Parteien in Verbindung mit der Wohnungswirtschaft mit dem Hammer eines angeblichen »Staatssozialismus« zertrümmert. Gott sei Dank gibt es noch die gemeinwohlorientierten Genossenschaften wie etwa in München, die dagegenhalten, allerdings ohne nachhaltige Breitenwirkung gegen die überbordende Marktmacht.

So, jetzt ein wenig gute Laune: Trotz der üblichen Hass- und Abwertungskanonade der neoliberalen Steigbügelhal-

ter – ein schönes Wort, das ich schon immer mal verwenden wollte – wächst die Zahl der Jugendlichen, die am Klimastreik teilnehmen. Äußern sich einflussreiche Influencer dezidiert politisch, wächst die antifaschistische Bewegung. Glauben Sie an die Wirksamkeit außerparlamentarischen Widerstands?

Ja, das ist ungemein wichtig. Vor 25 Jahren habe ich mal in einem Artikel einer überregionalen Zeitung dafür plädiert, für Jugendliche »Wutplätze« in den Zeitungen einzurichten, damit hornhäutige Politiker und Politikerinnen sich ein ständiges seismografisches Bild über die Gefühlslagen von Jugendlichen in ihren Städten und Gemeinden bilden können. Nur abschätzige Bemerkungen waren die Folge. Dies wiederholt sich heute in großem Maßstab, wenn der FDP-Vorsitzende Christian Lindner die Bewegung mit dem Hinweis diffamiert, dies solle man den Profis überlassen. Das ist wohlgesetztes Kalkül, weil er weiß, wie kapitalgetriebener Lobbyismus zu wessen Gunsten funktioniert.
Generell stecken solche Bewegungen in einem Dilemma. Und ein Dilemma zeichnet sich dadurch aus, dass alles, was man macht, falsch ist. Was bedeutet das? Die Bewegungsforschung zeigt, dass es immer zunächst eine Aufwärtsentwicklung gibt mit euphorischen Begleitumständen, unter anderem mit den Medienberichten, die als Erfolge aufmunternd interpretiert werden. Wenn dann keine besonderen Impulse oder Provokationen kommen, lässt diese Aufmerksamkeit nach. Um die Bewegung trotzdem am Leben zu erhalten, reichen dann keine spontanen Aufrufe oder Symbolfiguren mehr. Dann müssen Organisationen aufgebaut

werden, um zu »überleben«. Sie geraten dann leicht in routinisierte Abläufe hinein, sodass die Bewegung erlahmt. Es ist eine schwierige Gratwanderung ohne Erfolgsgarantie. Das Feiern der Bewegung durch kapitalgetriebene Akteure auf höchsten Ebenen muss misstrauisch machen.

Ihre Arbeit hat das Fundament für das gelegt, was wir heute über Faschismus zu wissen glauben. Sie haben das Gerüst gebaut, auf dem nun nach erstaunten Redeversuchen und Analysen einer Bedrohung der Demokratien ein Gegenkonzept entwickelt wird.

Ich danke Ihnen für Ihre Hartnäckigkeit, Ihre Arbeit und besonders dafür, dass Sie Zeit für mich hatten.

»Das Ziel der Forschung ist nicht, Probleme zu schaffen, sondern Probleme zu lösen. Und daher entwickeln wir keine bösen Cyborgs ...«

Gespräch mit
ROBERT RIENER

Professor für Sensomotorische
Systeme am Departement für
Gesundheitswissenschaften und
Technologie der ETH Zürich sowie
Professor für Rehabilitationsrobotik
an der Universitätsklinik Balgrist.
Forschungsschwerpunkte:
Interaktion von Mensch
und Maschine, Erforschung
menschlicher Bewegungssynthese,
Biomechanik sowie virtuelle
Realitäten

Guten Tag, Herr Professor. Haben Sie sich heute schon um den Zustand der Welt gesorgt?

Ja, mit einem Blick in die aktuellen Nachrichten.

Was irritiert Sie im Moment am meisten, und haben Sie eine Idee, was man dagegen unternehmen kann?

Die »falschen Fakten«. Gerne würde ich Dinge unternehmen – und mit meiner Präsenz in den Medien mache ich das ja auch –, die mehr Klarheit in die Welt brächten. Zum Beispiel zu erreichen versuchen, dass wieder mehr Vertrauen in die Ergebnisse der Wissenschaft gesetzt wird und man den Märchen selbst ernannter Heilsbringer nicht Glauben schenkt.

Darum habe ich mir diese Gespräche ausgedacht: mehr Wissenschaft für alle. Beginnen wir mit etwas Einfachem: Gelingt es Ihnen, Ihren Beruf in drei Sätzen zusammenzufassen?

Ich versuche, mit meinen Mitarbeitern aktuelle Herausforderungen zu erkennen bei der Rehabilitation von Patienten mit Bewegungseinschränkungen und bei der Bewältigung des Alltags von Menschen mit körperlicher Behinderung.

Wir versuchen, technische Lösungsansätze zu entwickeln, und erforschen deren Wirkung. Dieses Wissen möchten wir zudem den Lernenden und der Gesellschaft vermitteln. Mit etwas Glück gelingt auch die Kommerzialisierung mancher Ideen.

Gab es einen Schlüsselmoment, oder war es wie so oft die Logik des Suchens, die Sie zu Ihrem Spezialgebiet – Robotik und Medizin – führte?

Unser berufliches wie auch privates Sein ergibt sich aus so vielen kleinen Iterationen, getrieben von Wünschen, Zielen und Zufällen. Da kann man nicht so einfach sagen, was zuerst war – die Henne oder das Ei. Klar ist aber, dass ich mich schon immer für die Robotik und die Medizin interessiert habe.

Wobei Ihre Tätigkeit auch soziale Aspekte beinhaltet ...

Im Laufe meiner Forschungsarbeit habe ich sehr viele Patienten mit Lähmungen kennengelernt. Dabei habe ich gemerkt, dass es nicht nur die motorische Herausforderung des Bewegungslernens gibt, sondern auch viele Probleme bezüglich der sozialen Akzeptanz von Menschen mit Behinderung, der Herausforderungen bei der Barrierefreiheit und der Finanzierung neuer – teurerer – technischer Lösungen.

Können Sie für alle Laien beschreiben, auf welchem Stand die Robotik und die virtuelle Realität im medizinisch-rehabilitativen Bereich aktuell sind?

Wir sind heute dank schnellerer Computer, leistungsfähigerer Batterien, kleinerer Motoren und Sensoren in der Lage,

Menschen auf interessante Weise mit virtueller Realität verbinden zu können. Da ist in den vergangenen Jahren viel passiert, die Robotik erlebt derzeit ein imposantes Wachstum. Es gibt in diesem Bereich immer mehr Forschung und Entwicklung, immer mehr Firmen und Produkte.
Andererseits muss man aber auch sagen, dass viele tolle Innovationen nur im Labor funktionieren oder nur für ganz spezielle Anwendungen entwickelt wurden – entsprechend eingeschränkt einsatzfähig sind die meisten Maschinen heute. Die Erwartungen in der Bevölkerung sind aber leider sehr hoch – viele Menschen glauben, dass wir die menschliche Biologie heute schon nachbilden können. Doch wir sind in der Robotik noch sehr weit von Maschinenmenschen wie »Terminator« oder »Iron Man« entfernt.

Wie sieht ein durchschnittlicher Tag bei Ihnen aus? Oder gibt es unterschiedliche Abläufe, die mit Reisen, Forschung und Lehre überschrieben sind?

Meine Aktivität als Professor ist eine ausgewogene Mischung aus Erkenntnisgewinn – wie Publikationen lesen und Vorträge hören –, Ideengenerierung – dazu gehört, Brainstorming-Treffen und Workshops durchzuführen und Konzepte zu entwerfen –, Wissensvermittlung – wie Personalführung, Vorlesungen halten – sowie Ergebnisverwertung, also Publikationen schreiben, Konferenzen in aller Welt besuchen und Vorträge halten. Dazu kommen Pflichtaufgaben der akademischen Administration, die wahrscheinlich nicht so spannend klingen: Sitzungen besuchen, Protokolle schreiben, Besprechungen mit Kollegen abhalten, Gelder für die Forschung beantragen.

Ich nehme an, dass Sie Ihren Beruf nicht als Beruf, sondern als Leben betrachten, denn da gibt es für kreative Menschen ja keine Trennung.

Ja, der Professor ist zu seinem Beruf berufen. Der Beruf wird zum Leben und das Leben zum Beruf. Und klar, es ist schon ein sehr schönes Gefühl, wenn die erste wissenschaftliche Publikation angenommen wird oder man die erste Patenturkunde in den Händen hält.

Sie sind maßgeblich an 24 Patenten beteiligt, haben zahlreiche Preise gewonnen – den HumanTech-Innovationspreis, den Swiss Technology Award, den IEEE TNSRE Best Paper Award 2010 und die euRobotics Technology Transfer Awards 2011 und 2012 – und geben Zeitschriften heraus. Außerdem sind Sie Gründer und Organisator des Cybathlon, wofür es den European Excellence Award, den Yahoo Sports Technology Award und die Ehrendoktorwürde der Universität Basel gab. Preise und Anerkennung sind sicher sehr gut für das Selbstbewusstsein und als Antwort auf die Frage, die wir uns alle stellen: Bin ich wirklich gut genug?

Der echte Erfolg, die echte Pionierleistung besteht nicht aus einer einzelnen Publikation oder einem Patent, sondern aus sehr vielen Publikationen und Patenten, gewürzt mit einer Portion Netzwerk und Sichtbarkeit, die es braucht, damit andere Menschen in der Forschung und der Gesellschaft die Bedeutung einer Pionierleistung erkennen und bewerten können.

Eine elegante Antwort.

Forscher um Susan Harkema von der University of Louisville und Wissenschaftler der University of California haben gemeinsam mit dem Pavlov Institute of Physiology in Sankt Petersburg eine experimentelle Therapie entwickelt. Sie besteht darin, Elektroden direkt auf die dem Rückenmark aufliegenden Hirnhäute zu implantieren. Diese senden elektrische Signale, welche jene ersetzen, die in einem unversehrten Körper vom Gehirn ins Rückenmark übermittelt werden. So werden noch vorhandene Nervenfasern aktiviert.

Welche anderen Möglichkeiten gibt es unterdessen für gelähmte Patienten?

Manchmal kann man durch intensives Training eine heilende Wirkung erzielen. Dabei helfen Maschinen dem Therapeuten, das Training intensiver und auch vielseitiger und interessanter zu machen, zum Beispiel durch den Einsatz von Virtual Reality (VR).

Man versetzt die Patienten durch tragbare Displays oder große Bildschirme, guten Sound und robotische Bewegungsunterstützung in eine virtuelle Umgebung. So werden ihnen Aufgaben durch Bild und Ton künstlich dargestellt. Sie können sogar Objekte anfassen und bewegen, dabei deren Gewicht spüren oder merken, wie sie den virtuellen Tisch oder andere virtuelle Objekte berühren. Dies macht die Bedienung nicht nur effizienter und praktischer, sondern führt auch dazu, dass der Patient mehr Spaß an der Therapie hat und dadurch länger und intensiver trainiert.

Bleiben die Menschen in ihrer Beweglichkeit und Mobilität eingeschränkt, so können – je nach Art der Einschränkung – technische Hilfsmittel dabei helfen, die Einschränkung zu überwinden. Beispiele solcher Technologien sind angetriebene, geländegängige Rollstühle, robotische Prothesen, gelenkstabilisierende passive Orthesen oder motorisierte Exoskelette.

Bei einem Schlaganfall verlieren einige Patienten motorische Fähigkeiten. Hier kommt die Neurorehabilitation ins Spiel. Können Sie uns den fantastischen Begriff »neuronale Plastizität« erklären?

Verletzungen im zentralen Nervensystem – im Gehirn oder im Rückenmark – führen fast immer zum Ausfall von neurologischen Funktionen, was mehr oder weniger stark sichtbar ist. Nervenzellen, die durch mechanische Einwirkung oder durch die ausbleibende Versorgung mit Sauerstoff absterben, wachsen – im Vergleich zu peripheren Nerven – nicht nach.

Hier setzt die Neurorehabilitation an: Durch ein häufiges Wiederholen von zunächst geführten Bewegungen und die dabei erzeugten sensorischen Rückmeldungen finden verändernde Vorgänge im Gehirn und/oder im Rückenmark statt, bei denen intakte Regionen alte, verlorene Funktionen neu übernehmen. Das heißt, die intakten Regionen werden für die verlernten Aufgaben neu programmiert; das Gehirn wird neu verschaltet, und man kann so alte Bewegungen oder neue »Trickbewegungen« wieder lernen. Diese Eigenschaft des Gehirns heißt auch Neuroplastizität. Sie wird auch von gesunden Menschen laufend genutzt, zum Beispiel, wenn man eine neue Sportart lernt.

Welche der Erfindungen, die Sie und Ihr Team entwickelt haben, ist bereits in den sogenannten Markt eingeführt?

In den vergangenen Jahren haben wir einen Armtherapieroboter entwickelt, mit dem wir zeigen konnten, dass die Therapie des gelähmten Armes eines Schlaganfallpatienten schneller und effektiver wird. Das Gerät ist inzwischen kommerziell erhältlich.
Eine andere Erfindung war unser Exoskelett »MyoSuit«.
Hierbei handelt es sich um eine Art Hose mit Sensoren und Motoren. Die Motorkräfte werden vom Becken über Seilzüge an das Hüft- und das Kniegelenk übertragen. Zieht ein Mensch, der im Rollstuhl sitzt, die Hose an, so kann er wieder aufstehen und gehen.

Das Training zum Wiedererlernen von Bewegungen, wie das der Armtherapieroboter »ARMin« zum Ziel hat, kann mit Virtual Reality erweitert werden. Haben Sie noch andere Anwendungsmöglichkeiten für die Virtual Reality?

Virtual Reality hilft den Trainierenden beim Wiedererlernen von Bewegungen, weil das Bewegungsszenario sehr praktisch dargestellt werden kann und die Patienten dabei auf spielerische Weise motiviert werden. Zudem wird man sehr einfach und intuitiv instruiert, und die vielen Sinnesreize können helfen, Neuroplastizität zu verstärken. Wir wenden VR auch zum Lernen von sportlichen Aktivitäten bei Gesunden an. Zudem kann man VR auch zu rein spielerischen Zwecken, also zur Unterhaltung, anwenden.

Viele Ihrer Entwicklungen sparen die Arbeit von Therapeutinnen. Diese sei »ineffizient«, weil repetitiv und nicht fordernd – oder bloß in unzureichendem Ausmaß fordernd. Sagt der Markt. Denken Sie, dass Ihre Entwicklungen in der Pflege Erleichterung bringen, in einer Zeit, in der Arbeits-

kräfte in diesem Bereich schwer zu finden sind? Oder tragen sie dazu bei, dass die Arbeit von Therapeuten noch schlechter bezahlt wird? Oder befinden wir uns einfach an der Schwelle zu einer neuen Entwicklungsstufe der Welt?

Durch die Überalterung unserer Gesellschaft gibt es leider immer mehr therapie- und pflegebedürftige Menschen. Gleichzeitig fehlen die jungen Nachwuchskräfte, die sich um die Patienten und die Alten kümmern. Technik kann hier enorm helfen, die Arbeit effizienter zu machen, indem sie zum Beispiel den physisch anstrengenden, unbeliebten Teil übernimmt, während der intellektuell schwierigere und kreativere Teil weiterhin vom Menschen durchgeführt wird. In der Schweiz wird heute immer mehr Technologie, auch Robotik, in der Therapie und der Pflege eingesetzt. Die Therapiezeiten können so verkürzt werden, und das Therapieergebnis kann besser werden. Die Löhne der Therapeuten und Pfleger haben sich in der letzten Zeit trotzdem erhöht und sind in der Schweiz mindestens doppelt so hoch wie im benachbarten Ausland.

Wenn eine Entwicklung wirklich schädlich für die Patienten oder die Gesellschaft ist, dann müssen und werden wir sie aufhalten. Meistens überwiegen ja die Vorteile neuer Entwicklungen, und man muss – in einer gemeinsamen Aktion – mit den Entwicklern, Gesetzgebern, Kliniken und Pflegern alles tun, den Einsatz der Technik in die richtigen Bahnen zu lenken. Dazu braucht es aber auch die Vernunft der Nutzer. Wir sitzen alle im selben Boot.

Sie haben den Cybathlon ins Leben gerufen. Eine Meisterschaft, in der es unter anderem darum geht, mit prothetischen Armen Brot zu schneiden und Wäsche aufzuhängen.

Ist der Cybathlon ein Schritt zur Normalisierung aller Menschen?

Es geht darum, auch Menschen mit Behinderung zu akzeptieren und an der Gesellschaft ganz normal teilhaben zu lassen. »Normalisierung aller Menschen« ist aber wahrscheinlich der falsche Begriff. Einerseits steckt darin das Wort »Norm«, und es geht ganz sicher nicht darum, den Menschen zu normieren, zu standardisieren und Unterschiede nicht zuzulassen. Andererseits steckt darin auch das Wort »normal«. Das trifft es schon besser, denn wir wollen erreichen, dass Unterschiede unter den Menschen zur Normalität werden. Man könnte also besser sagen, dass es beim Cybathlon um eine Normalisierung der Diversifizierung geht.

Sie haben recht, danke für die Differenzierung.
Wenn robotergesteuerte Gliedmaßen – und in Zukunft auch Sinnesorgane – präziser und störungsunanfälliger funktionieren als die ursprünglich vorhandenen Organe und Gliedmaßen eines Menschen, könnte es dann möglich sein, dass irgendwann ein sozialer Druck entsteht, sich seine Körperteile ersetzen zu lassen?

Ja, das kann irgendwann schon passieren. Aber nicht alles, was wir ersetzen oder ergänzen, muss unbedingt schlecht sein. Wir verbessern uns ja schon heute durch moderne Kommunikationsmittel wie das Smartphone oder durch den Computer und den Taschenrechner und können mit alten Kommunikationsmitteln (zum Beispiel Rauchzeichen, Morsesignale) und Rechenschiebern nicht mehr umgehen, werden vergesslich und in bestimmten Bereichen kognitiv oberflächlich. Wir fahren lieber mit dem Auto oder der Bahn und akzeptieren, dass unser Bewegungsapparat verkümmert. Solange eine neue Technologie, auch wenn sie in den Körper eingepflanzt wird, für den Anwender und die umgebenden Menschen sicher ist, solange die Benutzung freiwillig ist und sie quasi für jeden verfügbar ist, kann man ethisch nichts dagegen einwenden. Was es aber religiös oder philosophisch bedeutet, zum Beispiel, wenn sich Menschen zu verstümmeln anfangen würden, kann ich nicht beurteilen.

Es gibt jetzt bereits eine Cyborg-Bewegung, die allerdings nach meinem Kenntnisstand relativ albern ist und sich mit dem Einsetzen von Hörnchen-Implantaten und sonstigen Spielereien beschäftigt. Wissen Sie mehr darüber?

Es gibt eine Gruppe von Menschen, über die ganze Welt verteilt, die sich elektronische Implantate einsetzen lassen. Momentan ist das medizinisch – und daher ethisch – noch sehr bedenklich, da es zu Entzündungen, ungewollten kosmetischen Entstellungen, Schmerzen bis hin zu Notoperationen und Amputationen kommen kann. Ließen sich aber die Risiken und Probleme deutlich verringern und der funktionelle Gewinn – zum Beispiel die Funktion der Öffnung eines elektronischen Schlüssels – deutlich erhöhen, dann spräche auch hier ethisch nichts dagegen. Allerdings habe ich bis heute keine Cyborg-Funktionen gesehen, die nicht durch einfachere und sicherere konventionelle Ansätze umgesetzt werden können.

In Science-Fiction-Filmen werden Menschen zu Cyborgs, und die Optimierung des Menschen mittels Technologie ist weit fortgeschritten. Meist endet es aber in Tötungsversuchen durch die Roboter, einem Selbstständigwerden künst-

licher Intelligenzen in teils menschlichen Körpern. Ein Kampf von Robotern gegen die Menschen. Woher kommt die Angst vor diesen Entwicklungen?

Ein Grund für solche Ängste liegt sicherlich in der Filmindustrie, welche diese übernatürlichen Kräfte und die Bedrohung durch die Technik häufig thematisiert und populär macht. Offensichtlich gibt es hierfür auch ein Publikum, welches für diese Themen empfänglich ist. Es gehört eine gewisse Vorliebe zum Voyeurismus dazu. Warum das so ist, kann ich nicht erklären. Vielleicht hängt es mit irgendwelchen Urtrieben und Urängsten zusammen, welche den Urmenschen in Urzeiten prägten.

Oder die Filmindustrie, gerade die amerikanische, ist immer noch ein Werkzeug der herrschenden Klasse, für die die Angst der Bevölkerung immer eine hervorragende Manipulationsmöglichkeit ist. Ich nehme an, die reale Wissenschaft ist auf einem anderen Stand, als uns Boston-Dynamics-Hunde Glauben machen?

Sie ist viel weniger weit, als die meisten Menschen denken. Es ist eben sehr schwierig, die Komplexität, die Effizienz und die Vielseitigkeit der menschlichen Biologie, die sich durch die Evolution in Millionen von Jahren entwickelt und optimiert hat, durch Technik nachzuahmen.

Gibt es denn Ihren Kenntnissen nach schon Menschen, die sich freiwillig Körperteile ersetzen lassen, um effektiver zu sein?

Angeblich gab es in China Athleten, die zumindest den Wunsch geäußert haben, sich Gliedmaßen amputieren zu lassen, um mittels Hochleistungsprothesen zu besseren sportlichen Leistungen zu kommen. Ob sie das tatsächlich gemacht haben, wage ich zu bezweifeln. Es wäre – zumindest heute und in absehbarer Zukunft – eine extrem törichte Entscheidung, denn Amputationen haben schwerwiegende Risiken und Nebenwirkungen wie etwa sehr belastende Phantomschmerzen. Zudem sind die Hochleistungsprothesen im Sport funktionell sehr eingeschränkt: Sie eignen sich nur zum Springen oder Sprinten, aber nicht zum Sitzen, Treppensteigen oder gar Autofahren.

Ihre Forschung könnte auch für andere Zwecke als bloß die medizinische Verwendung hinsichtlich Neurorehabilitation genutzt werden. Brauchen wir neue Gesetze für die neuen Möglichkeiten?

Ja, viele technische Errungenschaften können in andere Anwendungsbereiche transferiert werden. Das ist häufig der Fall. Dabei müssen natürlich ethische Grundregeln erfüllt bleiben und, wenn nötig, die gesetzlichen Grundlagen dafür immer wieder angepasst werden.

Es gibt noch keine überzeugenden Ansätze, eine Roboterethik weltweit gesetzlich zu verankern. Oft sind die Gedanken dazu vom Menschen her gedacht, was ja auch eine gewisse Limitation in der Vorstellung von Utopien beinhaltet. Kate Darling, Wissenschaftlerin am Massachusetts Institute of Technology und am Harvard Berkman Center, wies zum Beispiel nach, dass Roboter Menschen nicht als neutrale Objekte betrachten. Sicher tauschen Sie sich mit anderen Wissenschaftlerinnen über philosophische, aber natürlich auch praktische Problematiken aus. Wie weit sind die Diskussionen?

Wir diskutieren sehr oft ethische und philosophische Grundsätze der Robotik. In meinem Bereich geht es dabei vorrangig um den Einsatz der Robotik in der Bewegungstherapie, zum Beispiel im Rahmen klinischer Studien. Hier sind die aktuellen Vorgaben seitens des Gesetzgebers aber recht ausgeprägt, insbesondere, wenn man als Anwender das »Verhalten« des Roboters recht genau vorschreibt – und das ist bei uns in der Rehabilitationsrobotik meistens der Fall.
Komplizierter wird es beim Einsatz vollständig autonomer Roboter, da es hier oft keine klaren Regeln gibt, wer im Falle eines fahrlässig oder vorsätzlich verursachten Unfalls haftet. Der Käufer, der Verkäufer, der Entwickler oder gar staatliche Einrichtungen?

Im Zweifel bin ich immer für – die anderen.
Die Begriffe Fortschritt und Innovation enthalten immer die Annahme, dass es weitergeht, ja weitergehen muss. Wie sieht der nächste Schritt in der Cyborg-Forschung aus? Wenn wir, also nicht ich, sondern Sie, Geräte mit dem Gehirn steuerbar machen können, setzt das ein tiefes Verstehen des Verstandes voraus.
Nun kann man das, was man versteht und analysiert hat, auch immer kontrollieren. Sehen Sie da eine Gefahr, die hinausgeht über die Kontrolle und die Manipulation, die heute schon angewendet werden?

Innovation und Fortschritt führen zu wirtschaftlichem Wachstum, und dieser ist die Grundlage unseres Wohlstands. Ohne Fortschritt würde unser Wohlstand stagnieren, sich sogar verschlechtern, weil man sich neuen Herausforderungen – neuen Erkrankungen, Verknappung von Ressourcen,

Schädigung von Klima und Umwelt – sowie Krisen, etwa durch Katastrophen oder Kriege, nicht mehr stellen könnte. Das Ziel der Forschung ist nicht, Probleme zu schaffen, sondern Probleme zu lösen. Und daher entwickeln wir keine bösen Cyborgs, sondern nutzbringende Technologien. Natürlich braucht es auch in der Gesellschaft einen verantwortungsbewussten, ja nutzbringenden Umgang mit den neuen Technologien. Jede Technologie kann auch schädlich sein, wenn man sie falsch anwendet.

Jede – alte und neue – Technologie hat immer zwei Seiten. Sie kann uns nutzen, oder sie kann so missbraucht werden, dass sie uns schadet. Die Schrauben an meinem Velo sind die gleichen wie jene, die in einer Waffe eingebaut sind. Die Computerchips meines Handys sind die gleichen wie jene in Kampfjets, und unsere geliebten Automobile dienen dem Militär zur Fortbewegung und dem Terroristen zum Selbstmordattentat.

Wir müssen alles dafür tun, dass die Technologie dem Wohl der Menschheit dient und uns nicht schadet. Dafür müssen wir die Menschen richtig aufklären, Fehlverhalten vermeiden beziehungsweise bekämpfen und ahnden. Außerdem muss die Anwendung von Technik freiwillig bleiben, und die guten Dinge der Medizin und der Technik – wie Medikamente oder Prothesen – müssen für alle Menschen verfügbar sein. Letzteres ist heute wohl das viel größere und dringlichere Problem, vor allem, wenn man es global betrachtet.

Bei Ihrer Arbeit, die vielen neue Hoffnung gibt, überwiegen die positiven Aspekte. Könnten Sie den Menschen, die auf die Wissenschaft hoffen, um ganz konkret ihr Leben zu vereinfachen, einen Ausblick auf Patente und Entwicklungen geben, an denen Sie gerade arbeiten – beziehungsweise eher auf jene, die schon abgeschlossen sind, damit keine unserer Leserinnen auf die Idee kommt, sie schnell im Keller nachzubauen und vor Ihnen einzureichen?

Klar, unsere Arbeiten sind ja nicht geheim, sondern werden in Form von Publikationen und Patenten im Prinzip allen Menschen zugänglich gemacht. Natürlich heißt das nicht, dass alles einfach verständlich ist.

[Nun ja, die Menschen wissen heute ja auch, dass Impfungen schädlich sind und die Erde eine Scheibe ist. Warum also nicht ein wenig AI im Schlafzimmer zusammenlöten? Anmerkung Frau Berg.]

Zurzeit arbeiten wir an der Verbesserung der Steuerung des »MyoSuit«, sodass der Bediener seinen Bewegungswunsch der Maschine einfacher und zuverlässiger vermitteln kann. Gleichzeitig übertragen wir die Technik vom Bein zum Arm, sodass auch Menschen mit Lähmungen in den Armen eine bessere Armfunktion und damit mehr Lebensqualität zurückgewinnen können. Im Bereich der Armtherapie für Schlaganfallpatienten möchten wir außerdem neue technische Funktionen entwickeln, die es der Therapeutin oder dem Therapeuten ermöglichen, mehrere Patienten gleichzeitig zu behandeln. Wir denken etwa an Displays, die dem Patienten eine einfachere, selbsterklärende Bedienung ermöglichen. Dies könnte die Therapiekosten drastisch senken.

Herr Professor, ich danke Ihnen für Ihren Optimismus und Ihre Zeit!

»… ich habe mich sofort verliebt, als ich meinen ersten Objektträger sah.«

Gespräch mit
ELIZABETH ANNE MONTGOMERY

Professorin für Pathologie und Onkologie am Johns Hopkins University Medical Center in Baltimore, USA. Fachgebiete: Knochentumoren, gastrointestinale Pathologie, allgemeine Pathologie, Weichteiltumoren und Magenkrebs

Guten Morgen, Dr. Montgomery, haben Sie sich heute schon Sorgen um den Zustand der Welt gemacht?

Natürlich.

Ich versuche zu konkretisieren: Was scheint Ihnen momentan die größte Beleidigung Ihres Verstandes?

Die Menge an reiner Sekretariatsarbeit, die ich jeden Tag mache.

Wie kam es zu Ihrem Berufswunsch? Können Sie sich an den Moment erinnern?

In der Tat, das kann ich. Ich hatte noch nie etwas von Pathologie gehört, als ich mit dem Medizinstudium begann, aber ich habe mich sofort verliebt, als ich meinen ersten Objektträger sah.

War er ... atemberaubend schön?

Eher hoffnungslos langweilig. Es war nur eine Hautwunde, aber ich war fasziniert von der Symphonie der Zellen in ihren koordinierten Bemühungen, das Gewebe zu reparieren.

Ich fasse Ihre Fachgebiete noch einmal zusammen: Gastrointestinale Pathologie – also im Wesentlichen die Patho-

logie der Verdauungsorgane von der Speiseröhre bis zum Anus – sowie die Pathologie von Gallenblase, Leber und Bauchspeicheldrüse. Das klingt erst einmal ein wenig ... darmig. Hatten Sie als Studentin eine Vorstellung davon, wie Ihre spätere Arbeit aussehen könnte?

Ich wollte eine Weltklasse-Pathologin sein und in der Lage, exakte Diagnosen für Patienten zu erstellen. Immer eine einwandfreie Diagnose stellen zu können und eine interessante akademische Karriere zu haben, das war mein Traum.

Was auch immer »eine interessante akademische Karriere« heißt – hat sich Ihr Wunsch erfüllt?

In hohem Maße, auch wenn ich nicht immer einwandfreie Diagnosen gestellt habe. Ganz generell ist es eine aufregende Zeit für eine Pathologin, weil gerade regelrecht explosionsartig neue innovative Behandlungsmethoden entwickelt werden, insbesondere zu Krebserkrankungen, die früher automatisch ein Todesurteil waren. Diese Behandlungen hängen von einer exakten Diagnose ab, und darin werden wir immer besser. Natürlich liest man in der Zeitung immer wieder von den Ausnahmen.

Apropos Medien und populärwissenschaftliche Vorstellungen: Spüren Sie als Lehrende die plötzliche Popularität der Pathologie durch Kriminalbücher und -serien?

Ja, und das ist etwas komisch. Ein Großteil der Pathologie im Fernsehen betrifft Autopsien und die Suche nach der passenden DNA, mit dem Ziel, verrückte Vergewaltiger und Mörder zu finden. Die hochmodernen Geräte funktionieren dabei im Fernsehen viel besser als im wirklichen

Leben. Und die Figuren sind oft extrem glamourös und gut aussehend. Dies hat den amüsanten Effekt, dass intellektuell eher mittelbegabte, aber mediensüchtige Schüler dazu inspiriert werden, sich mit der Pathologie auseinanderzusetzen. Infolgedessen tun einige der Leute, die am Ende Autopsien durchführen, dies, weil ihnen die Fähigkeiten fehlen, mit Proben von lebenden Menschen umzugehen, da ihre Unfähigkeit ja keine Konsequenzen mehr hat, wenn der Patient bereits tot ist. Verbrechen werden aber nicht durch stationäre Autopsien aufgeklärt, die oft in Universitätskliniken von Kollegen durchgeführt werden, deren Forschungsmittel versiegt sind und die eine undankbare Pflicht gegenüber dem Krankenhaus erfüllen müssen. Aber natürlich gibt es auch außergewöhnlich brillante forensische Pathologen, also ignorieren Sie meine abgestumpfte Sicht der Dinge.

Ist die Enttäuschung der Studierenden groß?

Diejenigen, die dachten, dass die Geräte aus dem Fernsehen echt sind, müssen zutiefst enttäuscht sein. Diejenigen aber, die daran interessiert sind, Proben von lebenden Patienten mit modernsten Techniken zu untersuchen und diese auf der Grundlage solider diagnostischer und forschender Fähigkeiten zu analysieren, die sind jeden Tag von der Pathologie begeistert.

Ihr Arbeitsalltag unterscheidet sich vermutlich stark von dem der eleganten Pathologinnen in Kriminalfilmen, die immer erregt atmend auf den Leichen-Wurmbefall starren.

Abgesehen davon, dass ich atemberaubend schön und glamourös bin – ja, richtig! –, ist mein Tag in der Tat ganz anders.

Eigentlich gilt der Forschung nicht mein Hauptaugenmerk, und die Dinge, die ich veröffentliche, sind sehr praktische Artikel zur diagnostischen Pathologie. Mein Tag beginnt mit der Überprüfung meiner Beratungsfälle mit meinen Kollegen. Dabei geht es um mikroskopische Objektträger mit Patientenproben. Diese Proben werden von einem anderen Pathologen in einem anderen Krankenhaus in den Vereinigten Staaten oder einem anderen Land überprüft, und sie wurden mir zur Unterstützung bei der Diagnose zugesandt. Die kann ich normalerweise auch stellen, weil ich ein massiver Nerd bin.

Sie sehen mich nicht, aber mein Gesicht drückt im Rahmen seiner Ausdruckslosigkeit große Begeisterung aus.

Viele der Proben auf den Objektträgern stammen aus Biopsien des Magen-Darm-Traktes und wurden bei einer Koloskopie, also einer Darmspiegelung, entnommen, andere kommen aus Biopsien der Speiseröhre, des Magens und anderer Verdauungsorgane, wieder andere aus Weichteiltumoren. Mit den Ergebnissen dieser Proben wird zum Beispiel die zukünftige Behandlung bestimmt oder festgestellt, dass der Tumor gutartig ist. Oder es wird eine ungewöhnliche Erkrankung diagnostiziert. Das alles bei einem lebenden Patienten, der oft gespannt auf die Ergebnisse wartet.

Nachdem ich die Beratungsfälle abgearbeitet habe, wende ich mich den routinemäßigen Biopsien der Johns-Hopkins-Universität zu und überprüfe sie mit unseren Residents *[Erläuterung: nicht spezialisierte Ärzte, die gerade Pathologie lernen]*. Derweil bringen mir Kollegen aus der Abteilung ihre Problemfälle, die ich überprüfe. Manchmal fühle

ich mich wie ein Orakel, und ich vermute, dass mein Rat manchmal genauso verwirrend ist.
Danach kümmere ich mich um administrative Angelegenheiten und arbeite an Forschungsprojekten und erledige andere akademische Aufgaben. Vergangenen Sonntag etwa versteckte ich mich in meinem Büro und überprüfte Schnittpräparate von Patienten mit ulzerativer Kolitis. Und gestern Nachmittag, nachdem ich alle meine patientenbezogenen Arbeiten erledigt hatte, die immer an erster Stelle stehen, habe ich ein Manuskript zur Rosai-Dorfman-Krankheit überarbeitet.
Am Ende der meisten Tage (und immer am Freitagabend, verdammt!) treffen Proben von ziemlich kranken Patienten in unserem Krankenhaus ein, die dringend einer Diagnose bedürfen. Meist Sachen, bei denen es schnell gehen muss: böse Infektionen oder Krebsfälle. Manchmal halte ich aber auch Vorträge vor Medizinstudenten und Residents oder werde von Kollegen weltweit zu Vorträgen eingeladen.

Sich im Büro verbergend die Schnittpräparate von Patienten mit ulzerativer Kolitis zu überprüfen, das klingt nach den guten Momenten. Gibt es mehr davon, und was sind die unangenehmen Seiten Ihrer Arbeit?

Das Beste: Diagnostische Pathologie ist für mich eine große Freude. Ich werde nie müde, Schnittpräparate zu betrachten und komplexe Diagnosen zu ermitteln, Diagnosen, die eine echte Herausforderung sind. Und zu sehen, wie Auszubildende tolle Arbeit leisten, immer besser werden, ist auch für mich eine große Freude.
Das Schlimmste: die Frustration, wenn ich bestimmte Dinge nicht herausfinden kann. Auch der administrative Unsinn,

dem Ärzte ausgesetzt sind, ist eine ständige Plage. Die vielen Sekretariatsaufgaben, die ich zu bewältigen habe. Die nicht seltenen hartnäckigen Anfragen von Internisten und Onkologen, dies oder jenes zu tun, obwohl ich weiß, dass die Wahrscheinlichkeit, dass solche Tests einen Mehrwert schaffen, bei null Prozent liegt, aber die Wahrscheinlichkeit, dass sie nur Geld verschwenden, bei hundert Prozent.

Ich wollte immer Wissenschaftlerin oder Autorin werden, um in meiner Nerdhaftigkeit weitgehend ohne andere Menschen in einem geschlossenen System arbeiten zu können. War das bei Ihrer Berufswahl ausschlaggebend?

Überhaupt nicht. Ich ging an die medizinische Fakultät, um Geburtshelferin und Gynäkologin oder Chirurgin zu werden – und verliebte mich einfach in die Pathologie. Heute freue ich mich jedoch wie Sie darüber, mich nerdmäßig in meinem Büro zu verstecken und meine Bücher und so weiter zu schreiben, wenn niemand da ist. Als Medizinstudentin habe ich erkannt, dass ich ein eher zurückgezogener Mensch bin, und die Pathologie kam mir da sehr gelegen. Ich verbringe heutzutage viel Zeit damit, mit Chirurgen und Gastroenterologen zu kommunizieren. Auch Patienten rufen mich an. Aber es ist nicht dasselbe, wie wenn ich den ganzen Tag in einer Klinik verbringen und mit Patienten sprechen würde.

Durch das wundervolle Internet ist heute jede eine Spezialistin für alles geworden. Die Menschen wissen über die Auswirkungen von Impfungen und Weltraumtechnik Bescheid. Spüren Sie in Ihrem Bereich auch die neue Dreistigkeit der halb informierten Laienkritik und der Wissenschaftsungläubigkeit?

Das tun wir in der Tat, aber natürlich nicht in dem Maße, in dem Kinderärztinnen unter fehlgeleiteten Impfgegnern leiden. Laienkritik richtet sich eigentlich recht selten gegen die Pathologie. Vielleicht liegt es daran, dass die Geräte in den Krimis so gut funktionieren und die Pathologen in dieser fiktionalen Welt das Verbrechen immer aufklären.

In vielen Regierungen westlicher Länder sitzen heute populistische Neoliberale oder auch faschistoide Regierungsmitglieder, die wissenschaftsfeindlich agieren, um ihren Wählerinnen und Wählern zu gefallen. Welche Auswirkung hat das auf die Gesellschaft und auf Sie als Wissenschaftlerin?

Da ich keine Grundlagenforschung oder Forschung über die Erderwärmung, über die Auswirkungen von Waffenkontrollen oder Impfungen durchführe, ist meine persönliche Arbeit nicht betroffen. Natürlich könnte die zunehmende Weigerung, sich impfen zu lassen, in den kommenden Jahren verheerende gesellschaftliche Folgen haben. Wenn eine ganze Gemeinschaft geimpft wird, werden die Krankheiten, für die die Impfungen entwickelt wurden, in dieser Gesellschaft im Wesentlichen eliminiert. Das bezeichnet man als Herdenimmunität. In der Konsequenz ist auch die kleine Gruppe von Kindern, die die Impfstoffe nicht bekommen kann, weil ihr Immunsystem geschädigt ist, vor Ansteckungen sicher, da es fast keine Infektionen mehr gibt. Die Herdenimmunität schützt damit auch jene, die die Impfstoffe nicht vertragen, sowie Ungeborene, wie beispielsweise die Babys von Schwangeren, die Röteln ausgesetzt sind. Diese Babys kommen oft mit schweren Schädigungen zur Welt. Kinder, denen keine Impfstoffe verabreicht werden können, sind etwa jene, die aufgrund einer Chemotherapie bei einer

Krebserkrankung besonders anfällig sind oder mit einem geschädigten Immunsystem geboren wurden.

Das Risiko schwerer Komplikationen durch moderne Impfstoffe ist geringer als das Risiko, vom Blitz getroffen zu werden. Andererseits ist das Risiko schwerer Komplikationen und des Todes durch die Krankheiten, die die Impfstoffe verhindern, recht hoch, weshalb wir unsere Kinder impfen. Wahrscheinlich wäre ich im Rollstuhl, wenn ich nicht geimpft worden wäre. Ich bin Anfang 60 und gehörte zu den ersten Kindern, die gegen Polio geimpft wurden, während etwas ältere Kinder in meiner Nachbarschaft noch an Polio erkrankten. Für mich sind Eltern, die sich weigern, ihre Kinder zu impfen, egoistisch, weil sie sich weigern, zum Gemeinwohl beizutragen, nur weil sie die Risiken für ihre eigenen Kinder falsch einschätzen. Wegen solcher Eltern gibt es jetzt wieder Masern in der Gemeinschaft, und ungeimpfte Kinder sterben an der Krankheit. Das ist wirklich armselig. Masern sollten vollständig vom Erdboden verschwinden. Sie waren fast ausgerottet.

Künstliche Intelligenz (KI) hat zur Folge, dass der Pathologe durch Bildanalyseverfahren, die auf ihr basieren, optimal unterstützt wird. Heißt es. Und dass bald überall Autos herumfliegen, kollidieren und auf Passanten fallen. Wie ist der momentane Stand der KI in der Pathologie wirklich?

Momentan ist die KI in der diagnostischen Pathologie nutzlos, aber sie wird sich mit der Zeit verbessern. An einem guten Tag muss die KI eine Million Versuche machen, nur um bestimmen zu können, ob das Gewebe aus dem Magen oder dem Dickdarm kommt. Wäre ein Mensch so schwachsinnig wie eine KI, wäre das eine Katastrophe. So haben zum Beispiel in einer Studie die neuronalen Netzwerke die Hälfte der Magenkrebse übersehen. Magenkrebs ist schwierig zu erkennen. Eines neueren Artikels zufolge kann dem Computer zwar beigebracht werden, Helicobacter-Pylori-Infektionen recht gut zu erkennen. Aber er würde den damit verbundenen Magenkrebs übersehen! Die KI ist deshalb wirklich sehr langsam, weil sie eine Maschine ist, während ein Mensch zum Beispiel sehr schnell mit Glasdias umgehen kann.

Doch die Technologie verbessert sich. So hat eine aktuelle Studie in »Nature Medicine« gezeigt, dass ein Computer – mit massiven Kosten und einer unglaublichen Anzahl gescannter Bilder – lernen kann, bestimmte Arten von Proben zu testen, die für einen Menschen mühsam zu überprüfen sind.

Die Verwendung von KI erfordert die Vorbereitung ganzer Schnittscans, was eine Ewigkeit dauert, und diese Scans zu überprüfen, ist mühsam und zeitintensiv. Einer meiner Kollegen in der Pathologie verbringt viel Zeit damit, solche Schnittscans herzustellen und in Meetings die Anwendung von KI voranzutreiben – das gehört zu seinem Job. Seine Arbeit in der Pathologie aber erledigt er mit den traditionellen Methoden, weil sie blitzschnell und den aktuellen KI-Methoden weit überlegen sind.

Die populärwissenschaftliche Behauptung, dass KI – besser als Fachärzte – Weichteiltumoren erkennt, ist also kompletter Quatsch und stimmt nicht?

Sie stimmt nicht einmal im Ansatz. Es gibt Hunderte Arten von Knochen- und Weichteiltumoren, die als schwer zu diagnostizieren gelten. Die KI kann heute kaum die anatomische Herkunft einer Probe erkennen. Aber irgendwann könnte sie eine große Rolle spielen, indem sie jene Analysearbeiten bewältigt, die repetitiv und für einen Menschen nicht besonders interessant sind. Ein klassisches Beispiel sind Prozesszellen in Pap-Abstrichen. KI ist großartig, wenn es darum geht, den Job eines Menschen dort zu ersetzen, wo er sich durch eine Unmenge von meist normalen Zellen durcharbeiten muss. Die oben erwähnte Studie aus dem Artikel in »Nature Medicine« untersuchte genau solche Tätigkeiten, bei denen Langeweile oder Unterbrechungen dazu führen können, dass Menschen kleine Stellen mit abnormalem Gewebe übersehen. In der Gastrointestinal-Pathologie könnte die KI beispielsweise routinemäßig Darmpolypen (Adenome) erkennen. Dem stehen zurzeit allerdings noch Kosten- und Datenmanagementprobleme entgegen. Außerdem ist die KI immer noch sehr langsam, während ein Mensch viele Schnittpräparate sehr schnell und präzise analysieren kann. Ich habe mit einigen Unternehmen über Anwendungsmöglichkeiten gesprochen, und dabei ging es jeweils darum, dem Computer beizubringen, sehr einfache spezifische Dinge zu identifizieren, die eher langweilig zu diagnostizieren sind.

Könnten Sie mir erklären, was genau Molekularpathologie ist und wie sie funktioniert?

Es gab eine Revolution in unserem Verständnis der genetischen Ereignisse sowohl bei Tumor- als auch bei Nicht-Tumor-Erkrankungen des Menschen. Dazu hat die Molekularpathologie beigetragen. Dieses Wissen kann genutzt werden, um die Diagnose einer bestimmten Krebsart zu bestätigen oder um eine wirksame Behandlung für einen Tumor oder eine Erkrankung zu wählen.

Molekulare Tests für bestimmte Chromosomen-Translokationen können beispielsweise die Diagnose mehrerer Tumorarten bestätigen. Das einzige Problem ist, dass die gleichen Translokationen bei Tumoren mit völlig unterschiedlicher Biologie zu finden sind, wobei die eine tödlich und die andere völlig gutartig sein mag, aber sie teilen eine charakteristische Chromosomen-Translokation. Das heißt, die altmodischen Methoden sind immer noch wichtig. Wenn wir aber wissen, dass ein Tumor bösartig ist, kann dieselbe Art der Prüfung angewendet werden, um die exakten niedermolekularen Medikamente zu bestimmen, die eine Heilung bieten könnten.

Es werden auch Tests auf Mutationen in bestimmten Genen durchgeführt, entweder um die Reaktion auf eine bestimmte Chemotherapie vorherzusagen oder um vorherzusagen, wie aggressiv der Tumor sein könnte. Diese Art von Tests gehört zum Bereich der Pathologie. Wir überprüfen Schnittpräparate und wählen die besten Testbereiche aus, um ein repräsentatives Ergebnis zu erzielen. Ich würde nicht darauf vertrauen, dass ein Computer dies tut. Das Gewebe in diesem Bereich kann dann entweder vom Objektträger abgekratzt und in Reagenzgläsern auf Genveränderungen analysiert werden, oder es können spezifische Reagenzien direkt auf die Objektträger aufgebracht werden, sodass jede Veränderung mit unterschiedlichen Mikroskopietechniken und mit Kenntnis des genauen Gewebetyps und der jeweiligen Anomalie visualisiert werden kann. Ein Problem in einigen Studien ist, dass die falsche Art von Gewebe die analysierte Probe verunreinigt und zu irreführenden Ergebnissen führt.

Und dann wären da noch die molekularen Tests, wie man sie aus dem Fernsehen kennt. Diese Art von Tests erfolgt an der sogenannten Mikrosatelliten-DNA, dem nicht-codierenden Teil der DNA. Diese DNA-Sequenzen sind für jede Person einzigartig. Die forensischen Anwendungen von molekularen Tests sind bekannt. Dazu gehören das Bestimmen der Vaterschaft, das Identifizieren von Kriminellen durch die biologischen Beweise, die sie am Tatort hinterlassen, und das Identifizieren verkohlter menschlicher Überreste bei Katastrophen wie Flugzeugabstürzen. Solche Tests haben die Arbeit der forensischen Pathologen modernisiert. Die Analyse der Mikrosatelliten-DNA kann aber auch im Krankenhaus genutzt werden, um festzustellen, ob ein Tumor mit einer Immuntherapie behandelbar ist.

Sie nahmen an der WHO-Weichgewebeklassifizierung teil, die zwei neue Einheiten umfasste. Welche waren das, und was war das Bahnbrechende an dieser Klassifizierung?

Ich war sowohl an der gastrointestinalen als auch an der Weichteilklassifikation der WHO beteiligt, aber meine Rolle war in beiden Fällen relativ klein. Diese Klassifizierungen werden demnächst veröffentlicht. In beiden Klassifikationen gibt es viele Neuerungen, von denen sich ein Großteil um Verbesserungen aus der Molekularpathologie dreht. Die beiden neuartigen Entitäten, die ich zur Klassifikation der Weichteile beigetragen habe, gibt es schon seit einiger Zeit, aber es dauert, bis sie international akzeptiert werden. Jetzt werden wir wirklich nerdig: Die eine Entität ist das myxo-inflammatorische fibroblastische Sarkom, das bösartig, aber nicht sehr stark ist, und die andere das anastomosierende Hämangiom, das für manche Pathologen wie ein bösartiger Tumor aussieht, aber vollkommen gutartig ist. Beide sind meine Babys, vor allem das anastomosierende Hämangiom. Meine Arbeit baute auf jener von Sharon Weiss auf, einer sehr berühmten Weichteilpathologin für das Sarkom!

Ein Hoch auf Ihre Babys und deren unkomplizierte Namen! Wenn man sie zu Tisch ruft, kann man sie vielleicht Fibi und Ana nennen.
Was halten Sie für die größte Erkenntnis der letzten Zeit in Ihrem Fachgebiet?

Das Erkennen von rechtsseitigen Darmkrebsvorläufern, die bis vor Kurzem niemand bemerkt hat. Da sie nicht wussten, wie man sie erkennt, haben Gastroenterologen sie nicht entfernt, und eine Darmspiegelung war daher bis vor Kurzem nutzlos, was die Früherkennung bei rechtsseitigem Darmkrebs betrifft. Das scheint so simpel und altmodisch zu sein, aber es ist wirklich absolut modern und wichtig. Ein Pathologiekollege namens Dale Snover von der University of Minnesota fand heraus, welche Art von Polypen sich auf der rechten Seite befand, sich als unauffällig ausgab und sich dann in Krebs verwandelte. Wir dachten sogar, dass rechtsseitige Darmkrebserkrankungen einfach aus dem Nichts auftauchten! Niemand hat Dale beachtet, und dann erkannte plötzlich jeder, dass er recht hatte. Der Polyp wird als sessiler gezackter Polyp, sessiles gezacktes Adenom oder sessile gezackte Läsion bezeichnet, je nachdem, welche Bezeichnung Sie mögen.

Ich mag eigentlich alle ...

Erst 2012 gab die American Gastroenterological Association Richtlinien für diese Art von Polypen heraus. Kurz gesagt: Die Gastroenterologin weiß jetzt, wie man diese Art von Polypen entfernt, um zu verhindern, dass Sie einen rechtsseitigen Darmkrebs bekommen. Yeah!

Gibt es Erkenntnisse, die uns helfen, Magenkrebs prophylaktisch einzuschränken?

Sicher, das ist einfach. Die Ausrottung von Helicobacter Pylori ist die große Veränderung. Früher war Magenkrebs weltweit die Nummer eins, heute nicht mehr.

Der World Cancer Research Fund sagt uns, dass die Magenkrebsraten in Asien am höchsten sind, in Afrika und Nordamerika am niedrigsten. Haben Sie eine einfache Erklärung für uns, die wir unser Wissen aus dem Netz beziehen?

Es gibt viele Daten über die Synergie von Helicobacter-Pylori-Infektionen und einer Ernährungsweise, die reich an geräucherten Lebensmitteln und arm an Obst und Gemüse ist. Fälle von Magenkrebs sind hier deutlich häufiger. Aber auch das Rauchen ist ein Faktor. All diese Dinge prägen das häufige Vorkommen von Magenkrebs in Südostasien.

Hatte die industrielle Landwirtschaft einen Einfluss auf die Krebsrate?

Das ist kein Thema, in dem ich viel Expertise habe. Falls Sie sich wegen gentechnisch veränderter Stämme von Pflanzen sorgen, die für die Resistenz gegen Krankheiten geschaffen wurden: Dies scheint keine Auswirkungen auf die Gesundheit der Menschen zu haben. Jedoch könnte der Verzehr von Fleisch, das Hormone enthält, eine gewisse Auswirkung haben, aber entsprechende Daten habe ich nicht parat.

Was wissen wir (vor allem ich) heute über Knochenkrebs, was wir vor zehn Jahren noch nicht wussten?

Was Osteosarkome angeht, gibt es viele aktuelle Daten zur molekularen Pathologie, aber diese haben keine bemerkenswerte Verbesserung in der Behandlung bewirkt. Wenn es um die Ausbreitung anderer Krebsarten in den Knochen geht, liegt die Revolution in der Immuntherapie, bei der das Immunsystem des Patienten genutzt werden kann, um Tumorzellen abzutöten. Das hat die Krebsbehandlung radikal verändert.

Gibt es Nahrungszusätze, die nachweislich krebsfördernd wirken? Und wenn ja, wird von Lobbygruppen ein entsprechendes Verbot (siehe Zucker, Tabak, Umwelthormone) verhindert?

Das ist eine interessante Frage. Es gibt Daten darüber, dass rote Farbstoffe krebserregend sind, aber um eine Wirkung zu zeitigen, sind massive Dosen erforderlich. Dasselbe gilt für verschiedene künstliche Süßstoffe. Offensichtlich sollten Menschen mit der angeborenen Stoffwechselkrankheit Phenylketonurie (Säuglinge in den USA werden darauf getestet) kein Aspartam einnehmen, ein Großteil der Menschen könnte allerdings eine LKW-Ladung davon wegstecken, das allgemeine Risiko ist also eher gering.

Interessanterweise werden zumindest in den USA Big-Pharma-Medikamente einer umfassenden Prüfung unter Berücksichtigung dokumentierter Nebenwirkungen oder anderer unerwünschter Effekte unterzogen, sobald

Probleme auftauchen, von denen das Unternehmen in der präklinischen Phase nichts wusste. Im Gegensatz dazu unterliegen Nahrungsergänzungsmittel, die in trendigen Lebensmittelgeschäften verkauft werden, keinen vergleichbaren Überprüfungsstandards. Man hat keine Ahnung, was genau man hier zu sich nimmt. Bei den Pharmazeutika dagegen sind die Inhalte und Nebenwirkungen aufgeführt. Ich nehme an, dass die Inhaber von Unternehmen wie GNC *[Anm.: General Nutrition Centers, US-Nahrungsergänzungsmittelkonzern]* und anderen Firmen, die Ergänzungsmittel verticken, das nicht so schlecht finden. Sie können unreguliert absahnen, das Ganze läuft unter dem Radar der Öffentlichkeit.

So etwas macht mich echt fassungslos, da ich Leberbiopsien sehe, die Lebererkrankungen und Tumoren bei Patienten aufzeigen, welche Nahrungsergänzungsmittel einnehmen. Wir sehen auch offene Leberzirrhosen, die eine Transplantation erfordern, bei Menschen, die Nahrungsergänzungsmittel einnehmen, die von Naturkostläden verkauft werden und alle möglichen unbewiesenen Wirkungen haben sollen. Postmenopausalen Leserinnen empfehle ich die Website des NCBI, wenn sie tatsächlich denken, dass die Einnahme von Traubensilberkerze ihnen das Gefühl geben kann, frisch und jung zu sein. Auch junge Männer, die denken, dass anabole Steroidcocktails ohne Etikett sie sexyer machen, sollten hier mal reinschauen. Die Website ist durch US-Steuergelder finanziert und eine großartige Fundgrube. Hoffentlich bleibt sie unter dem Radar der staatlichen Budgetkürzungen!

Helfen also Nahrungsergänzungsmittel ähnlich wie Homöopathie?

Ich denke, dass sie komplett nutzlos sind. Unser Körper ist genial konstruiert. Durch eine ausgewogene Ernährung erhält er alles, was er braucht, und es besteht keine Notwendigkeit, etwas aus einem Laden hinzuzufügen. Das gilt für Vitamine und Mineralien, Aminosäuren und alles andere. Natürlich können Menschen, die sich schlecht ernähren, von einer täglichen Multivitamintablette profitieren, aber alle anderen brauchen das nicht. Es gibt einige Krankheiten, die die Einnahme bestimmter Vitamine notwendig machen, und Menschen mit diesen Erkrankungen sollten dies auch tun. Und wenn jemand es vorzieht, sich Proteine lieber als Pulver anstatt aus entsprechenden Lebensmitteln zuzuführen, kann er das natürlich gerne tun. Aber eine proteinhaltige Ernährung erfüllt dieselbe Aufgabe und ist im Zweifelsfall deutlich billiger. Klar gibt es essenzielle Aminosäuren, die man braucht, aber man kann sie durch die Nahrung aufnehmen. Hüten Sie sich auch vor der Einnahme von zu vielen Vitaminen. So kann beispielsweise eine übermäßige Einnahme von Vitamin A die Leber schädigen. Die Nahrungsergänzungsmittelindustrie verdient Unmengen an Geld, und die Verbraucher haben nicht viel von diesen Produkten.

Frau Dr. Montgomery, vielen Dank für Ihre Zeit und Ihren Optimismus.

»Wissenschaft funktioniert nur im Team; je diverser, desto besser.«

Gespräch mit
LORENZ ADLUNG

Systemtheoretiker und -biologe am Weizmann Institute of Science in Rehovot (Israel), Department of Immunology. Wissenschaftsenthusiast, Blogger und zweifacher Weltmeister in Synthetischer Biologie. Hobby: Science-Slam-Poetry

Guten Morgen, Herr Adlung, haben Sie sich heute schon um den Zustand der Welt gesorgt?

Nein. Ich zähle mich nicht zu den besorgten Bürgern. Im Gegenteil, ich bin ein freier Forscher, der den Leuten mit Fakten die Angst nehmen und Hoffnung schenken möchte.

Gelingt es Ihnen, Ihren Beruf in drei Sätzen zu beschreiben?

Ich könnte mich Thomas-Mann-Sätzen epischer Länge bedienen, aber das sollte nicht nötig sein. Es genügt ein Satz: Ich erforsche mittels mathematischer Modellierung biologischer Prozesse die Wechselwirkung zwischen persönlicher Ernährung, Darmbakterien, Stoffwechselprodukten und dem Immunsystem in unserem Körper.

Das klingt einfach. Wie sieht, falls es das für Sie gibt, ein normaler Tagesablauf aus?

6 Uhr: Aufstehen.

7–8 Uhr: Querlesen, was so veröffentlicht wurde. Nach Möglichkeit nicht allzu themenspezifisch, um die Scheuklappen zu erweitern.

8–10 Uhr: Erste Experimente starten. Im Maus-Haus vorbeischauen, wo unsere Versuchstiere gehalten werden. An der Laborbank Chemikalien, isoliertes Erbgut oder dessen Abschriften in Lösung pipettieren, den Pipettierroboter oder den Thermozykler einstellen.

10–11 Uhr: Vorlesungen bekannter Forscher, die gerade am Institut zu Gast sind, oder Treffen der Teammitglieder zur Besprechung eines aktuellen Projekts in der Gruppe besuchen.

11–12 Uhr: Programmieren einiger Analyse-Routinen.

12–13 Uhr: Mittagspause samt ausgiebiger Diskussion sozialer und wissenschaftsrelevanter Aspekte.

13–15 Uhr: Entweder weiter pipettieren oder programmieren, je nachdem, was gerade dringlicher ist.

15–16 Uhr: Interne Arbeitsbesprechung. Vorstellung einiger Versuchs-/Simulationsergebnisse in kleiner Runde.

16–19 Uhr: Entweder weiter pipettieren oder programmieren, je nachdem, was gerade dringlicher ist.

19–21 Uhr: Entspannte Recherche zu aktuellen Problemen bei Experimenten oder Simulationen. An Publikationen arbeiten.

21–22 Uhr: Auspowern im Fitnesscenter auf dem Campus.

Ich liebe es, Dinge zu pipettieren. Ich wusste mit sechs, was ich einmal werden wollte. Wann und wie fanden Sie zu Ihrem Beruf?

Mit dreizehn Jahren erhielt ich unter Hunderten Bewerbern die Zulassung zu einem mathematisch-naturwissenschaftlichen Spezialgymnasium. Die Schule dort hat mich allerdings extrem gelangweilt. Ich besaß deshalb weder Fleiß noch Ehrgeiz. Mir genügte, mit minimalem Aufwand ein mediokrer Schüler zu sein.

So beginnen eigentlich Beamtenkarrieren ...

Zum Abitur sollte ich mit einem Durchschnitt von 1,3 noch zu den Schlechtesten des Jahrgangs gehören. Allerdings bemerkte ich, vielleicht gerade weil ich nicht für die Klausuren lernte, dass übergeordnete Prinzipien existieren, die man nicht auswendig lernen kann, sondern die man verstehen muss. Ich erkannte allmählich, dass das Leben nach den Regeln der Mathematik funktioniert.

Über dieser Idee sind schon Generationen von Mathematikerinnen verrückt geworden. Wenn man die biologischen Grundlagen verstanden hat, weiß man immer noch nichts über die dynamischen Aspekte, die Evolution.

Genau deshalb benötigt man Mathematik, ohne die das Ganze in seiner Komplexität kaum zu verstehen und abzubilden wäre. Ich habe mich entschieden, die Lebenswissenschaften als solche zu studieren, weil Mathematik, Physik, Chemie und Informatik nur deren an- oder abgewandte Teilaspekte behandeln. Also Biologie. Ab dem zweiten Bachelor-Semester habe ich neben dem molekularbiologischen Fokus zusätzliche Mathevorlesungen besucht und einem Projektbetreuer aus Schulzeiten, einem emeritierten Mathematikprofessor, enthusiastische Briefe geschrieben, in denen ich von der Systembiologie als Schnittmenge zwischen Mathematik und Biowissenschaften schwärmte. Keine zwei Jahre später sollte ich dann ebenjene Systembiologie als Studienrichtung im Master wählen. Wir haben dann teils experimentell und teils theoretisch gearbeitet. Das bedeutet, dass man im Labor bestimmte biologische Prozesse misst, etwa die Signalaktivierung in Blutzellen nach Hormonausschüttung, und diese Vorgänge mittels der generierten Daten am Computer durch mathematische Modelle simuliert.

Erinnern Sie sich an ekstatische Momente während des Studiums? Eben auch jenen Moment, wenn einem Menschen klar wird, seine Arbeit oder, kitschig gesagt, seine Berufung gefunden zu haben?

Als ich erstmals einige Aspekte biologischer Systeme berechnen konnte, die sich eben nicht einfach messen ließen, war das ein erhebendes Gefühl. Und jede Simulation am Computer kann, sofern sie ordentlich durchgeführt wird, potenziell ein Laborexperiment ersetzen oder zumindest komplementieren, was Mäuse- und perspektivisch auch Menschenleben zu retten vermag. Auf diese Weise zu neuen Erkenntnissen zu gelangen, ist enorm sinnstiftend. Seither gelte ich gemeinhin als »Wissenschaftsenthusiast«.

Das Gefühl, für etwas außerhalb seiner selbst zu brennen, ist großartig. Man sollte meinen, es helfe, sich in seiner albernen Sterblichkeit nicht so wichtig zu nehmen. Welcher konkrete Bereich hatte Sie erregt?

Während des Studiums und der Doktorarbeit wollte ich verstehen, wie Blutzellen Signale verarbeiten und sich vermehren. Das Wunderbare am systembiologischen Ansatz ist, dass er sich übertragen lässt. Ich wollte schlichtweg nochmals das Thema und die Methodiken wechseln, um einen ganzheitlichen Blick auf die Lebenswissenschaften zu erhalten. Jetzt fühle ich mich bereit, die großen Fragen zu adressieren ...

Ihre Doktorarbeit »Identification of regulatory mechanisms controlling signal processing in erythroid progenitor cells using mathematical modeling« lese ich gerade. Ist ein Doktortitel wichtig, um später lehren zu können, um ernst genommen zu werden? Oder ist es beides, mit dem Zusatz, dass man eine schöne Klingelschildbeschriftung hat?

Die Doktorarbeit dient der Qualitätskontrolle. Wem es gelingt, drei bis fünf Jahre an einem Thema zu forschen und die Ergebnisse halbwegs beachtlich zu veröffentlichen, der qualifiziert sich für Höheres. Das bedeutet konkret, dass man in den Projekten nach seiner Doktorarbeit noch mehr Eigenverantwortung erhält, wenn es darum geht, das Vorgehen strategisch zu planen, Gelder einzuwerben und Teammitglieder anzuweisen. Daneben existieren noch genügend Aufgaben, die von weniger qualifizierten Mitarbeitenden erledigt werden können: Biochemie- oder IT-Services zum Beispiel. Denn man benötigt keinen Doktortitel, um Puffer anzusetzen oder Datenbanken zu verwalten.

Ist meine Vorstellung von der friedlichen einsamen Welt der Wissenschaftlerinnen falsch? Ich höre immer wieder von Eitelkeit, Neid und Intrigen. Haben Sie davon schon etwas gespürt?

Nein, aber vielleicht bin ich dafür auch zu sehr Wissenschaftsromantiker. Meinem Gefühl zufolge sind Hackordnungen oder steile Hierarchien allerdings eher gruppenspezifisch und nicht systemisch. Die meisten Naturwissenschaffenden, die mir begegnet sind, legen keinen allzu großen Wert auf Titel und können wohl eher als schnodderig denn als eitel gelten.

Jetzt arbeiten Sie am Weizmann-Institut in Israel. Es muss ein Traum für einen Postdoktoranden sein. Das Bällebad der Wissenschaftler sozusagen.

Als ich vor etwas mehr als einem Jahr zum ersten Mal den paradiesischen Campus in Israel betrat und ich mit den exzellenten Forschenden zwischen top ausgestatteten Laboren, Hochleistungsrechnern, Palmenhainen und Springbrunnen ins Gespräch kam, da war meine Entscheidung gefallen. Die Atmosphäre am Weizmann-Institut war einzigartig: offen, kollegial, freundlich. Dennoch war sofort klar, dass Wissenschaft einen hohen Stellenwert besitzt und die Ansprüche entsprechend groß sind. Enorme Anforderungen und Erwartungen werden mit einem Wir-Gefühl jedoch in Motivation und Enthusiasmus umgemünzt. Das passt sehr gut zu mir. Nach wie vor. Trotz anderer lukrativer Angebote bereue ich den Schritt nicht im Geringsten.

Gibt es wissenschaftliche Arbeiten, die Sie bewundern oder auch deren Brillanz Sie glauben nie erreichen zu können?

Alles, was Grenzen überschreitet, ist bewunderns- und erstrebenswert. Sobald es interdisziplinär wird, wenn Mathematiker mit Biologen zusammenarbeiten oder Ärzte mit IT-Spezialisten in den Austausch treten: Das schafft Innovation. Wissenschaft funktioniert nur im Team; je diverser, desto besser. Darum sollte man auch nicht einer Person oder einem Forschungsansatz nacheifern. Stattdessen lohnt es, auf Verbünde und Synergien zu schauen. Interdisziplinäre Kooperationen sind intellektuell nachhaltig und stimulierend. Außerdem sind sie geboten in Anbetracht der

Komplexität der Herausforderungen, vor denen wir stehen. Alleine kann die Probleme niemand lösen. Auch ich nicht.

Nun, ich wäre dazu in der Lage, aber es kommt immer etwas dazwischen. Menschen meistens. Haben Sie noch Hoffnung für diese launige Spezies?

Ja. Die Hoffnung auf einen gemeinsamen Wertekanon, was ethische Standards und gesellschaftsrelevante Fragen betrifft. Diskussionen müssen sachlich und auf Grundlage von Fakten geführt werden, allerdings offen und öffentlich; nicht hinter verschlossenen Türen der Elfenbeintürme. Wissenschaft existiert nur für und wegen der Gesellschaft, egal, ob Grundlagen- oder anwendungsorientierte Forschung. Ich träume von einem freien Dialog. Dann kann unsere Arbeit ihre ganzheitliche Relevanz demonstrieren.

Wie erleben Sie gerade die Abnahme der Intelligenz der Menschheit? Man sagt, durch Umwelthormone und die Abhängigkeit von mobilen Endgeräten seien die Hirnareale für Kreativität drastisch beeinflusst worden.

Es liegt in meiner Verantwortung als Wissenschaftler, dem entgegenzutreten. Dafür nutze ich jede Bühne, die mir geboten wird. Das Internet, klar. Aber ich toure auch durch die Lande und versuche, den Leuten in zehn Minuten meine Forschung unterhaltsam nahezubringen. Das Format nennt sich Science-Slam. Dabei rappe ich auch immer – als Überraschungsmoment. Daneben versuche ich, auf allerlei öffentlichen Veranstaltungen mit der Allgemeinheit ins Gespräch zu kommen, was nicht immer einfach ist, aber stets lohnenswert.

Macht die Abwertung der Wissenschaft durch Populisten Ihnen Angst? Die Befeuerung des Vorurteils von Menschen, die zu träge sind, ihre Intelligenz zu schulen, dass Wissenschaft schlicht nicht existiere?

Das ist wohl die größte Gefahr für die Wissenschaft. Wissenschaft scheitert nicht daran, dass Forschungsergebnisse unerwartet sind, sondern daran, dass Forschungsergebnisse ignoriert werden. Die Qualitätssicherungsstandards in den Wissenschaften sind enorm hoch. Aber solide Befunde mit einer bestimmten Begrifflichkeit, wie Fake News oder Filterblase, abzutun und sich als gesellschaftliche Mehrheit der Debatte zu entziehen, ist äußerst fahrlässig. Die sich aufschaukelnden Extreme der Ignoranten bereiten mir sehr große Angst.

Immer wieder ist von der Verbesserung der Lebensbedingungen auf der Erde die Rede. Gefühlt scheinen die Menschen der westlichen Welt aber in der schlechtesten aller Zeiten zu leben. Ist es mangelnde Information oder die Anmaßung des seine Individualität überbewertenden Menschen, zu meinen, dass ihm alles zustünde, ohne dafür Außerordentliches zu leisten?

Faktisch ging es den Erdenbürgern im Durchschnitt wohl nie besser als heute. Nun kann man aber niemandem vorschreiben, wie man sich zu fühlen habe, zumal das statistische Mittel nicht notwendigerweise das Individuum repräsentiert. Und bei allem Fortschritt der Wissenschaft existieren noch immer für viel zu wenige Krankheiten Erfolg versprechende Behandlungsmöglichkeiten, die allen Betroffenen auf der Welt zugänglich sind und helfen könnten.

Und in Deutschland?

Deutschland geht es gut; zumindest die Forschungslandschaften blühen. Bei allen löblichen Bemühungen, sich im internationalen Vergleich weiter zu verbessern, ist die Skepsis in der Bevölkerung unverhältnismäßig groß. Das ist ein riesiges Problem, denn Wissenschaft muss wie gesagt in breiter gesellschaftlicher Akzeptanz verwurzelt sein, sonst fehlen uns auch perspektivisch die nachfolgenden Generationen an Forschenden. Deshalb müssen wir dringlichst die Wissenschaftskommunikation stärken. Vorbehalte und Ängste abbauen, in den Dialog treten und für Wissenschaft werben!

Welche Aspekte Ihrer Arbeit taugen denn zur Rettung der Menschheit?

Übergewicht, Fettleibigkeit und Diabetes stellen eine enorme Bürde für das Gesundheitssystem auf unserem Globus dar, mit weitreichenden sozioökonomischen Folgen. Zum ersten Mal in der Menschheitsgeschichte existieren momentan mehr fettleibige Menschen auf der Welt als unterernährte. Abgesehen davon, dass sich Erstere ungern vorschreiben lassen, was beziehungsweise wie viel sie zu essen haben, kann man das Problem nicht so eindimensional darstellen. Denn jeder Mensch ist individuell und reagiert unterschiedlich auf Gegessenes. Was wir essen, wird im Darm zunächst von einer Vielzahl an Bakterien zersetzt und verstoffwechselt. Arten und Anzahl der Bakterien sind von Mensch zu Mensch verschieden. Übergewicht wird von einer niederschwelligen Entzündungsreaktion der Immunzellen im Fettgewebe begleitet, die wiederum durch die

Stoffwechselprodukte unserer Darmbakterien ausgelöst werden könnte. Wenn wir die patientenspezifische Verbindung zwischen Ernährung, Darmbakterien, Stoffwechselprodukten und Immunzellen im Fett verstehen, stellt das die Grundlage dar für individuelle, computergestützte Behandlungsmöglichkeiten. Wenn meine Experimente und Simulationen funktionieren, kann damit der großen Mehrheit der Menschen auf unserem Planeten geholfen werden.

Na ja. Sie könnten auch einfach weniger Mist essen. Aber das ist im kapitalistischen System nicht vorgesehen. Haben Sie noch einen Wunsch, den ich Ihnen erfüllen kann?

Für die freie Forschung existiert, anders als für die Pharmaindustrie, keine Lobby. Ich würde mir wünschen, dass die breite Öffentlichkeit die Stellung der Wissenschaffenden stärker anerkennt. Dabei befinde ich mich als Wissenschaftler natürlich zunächst selbst in der Bringschuld: Ich muss den Menschen etwas liefern. Man biete mir eine Bühne …

Wird erledigt! – Herr Adlung, vielen Dank für Ihre Zeit und Ihren Optimismus.

»Ich lehne die Unterscheidung zwischen illegalen Drogen – wie Cannabis, Kokain oder Heroin – und verschreibungspflichtigen Medikamenten ab.«

Gespräch mit
IDDO MAGEN

Neurobiologe. Forscht am Weizmann-Institut für Wissenschaften in Rehovot, Israel. Aktueller Schwerpunkt: Profilerhebung der microRNA-Signatur bei ALS-Patienten mittels Next-Generation-Sequenzierung

Guten Morgen, Dr. Magen, haben Sie sich heute schon um den Zustand der Welt gesorgt?

Wenn es etwas gibt, das mich als Wissenschaftler beunruhigt, dann, dass die Menschen an Fake News, an erfundene Nachrichten, glauben und dass sie nicht an den Aussagen ihrer Führer zweifeln oder deren Aussagen überprüfen. Das beste Beispiel ist natürlich Donald Trump, der ständig lügt – und seine Anhänger glauben ihm. Aber auch unser israelischer Premierminister Netanjahu verbreitet Fake News und »alternative Fakten«, zum Beispiel, dass der Mufti für den Holocaust verantwortlich sei. Und er macht das ganz bewusst.

Aber natürlich. Verwunderlich ist ja nur, dass diese lose verbundene Einheit von Populisten, Faschisten, Marktradikalen und Diktatoren so lange brauchte, um die Tricks des Hitler-Regimes neu aufleben zu lassen. Endlich verständliche Erklärungen und Lösungen für die denkfaule Weltbevölkerung. Das Ausmaß der Blödheit, das gerade sichtbar wird, ist überwältigend.

Auf jeden Fall ist es gut, dass ich an dieser Stelle ein wenig von meiner Arbeit erzählen kann.

Bei der Sie auch permanent mit Lügen konfrontiert werden.

Die meisten offiziellen Behörden – die Polizei, die US-Drogenvollzugsbehörde (DEA), die Gesundheitsministerien – wiederholen die Lüge, dass Cannabis schädlich und gefährlich sei. Und leider glauben die Menschen nach wie vor daran, obwohl es so viele Beweise dagegen gibt. Es ist ermüdend.

Der Loop von falschen Behauptungen wirkt.

Eine Menge Leute glauben beispielsweise immer noch, Cannabis könne Schizophrenie verursachen, obwohl nie jemand einen unmittelbaren kausalen Zusammenhang nachgewiesen hat. Und dass es sich um eine »Einstiegsdroge« handle, die den Konsumenten zum Konsum härterer Drogen wie Heroin und Kokain verleite. Die Leute sollten die Fakten überprüfen! Es ist nicht sehr schwer, nach Statistiken über die Zahl der Cannabiskonsumenten und die der Heroinabhängigen zu suchen und zu sehen, wie sie im Vergleich zueinander stehen. In Israel konsumieren 27 Prozent der Erwachsenen Cannabis. Das sind 1 bis 1,5 Millionen Menschen. Gleichzeitig gibt es rund 20 000 Heroinabhängige, das heißt 1 bis 2 Prozent der Erwachsenen – also auf keinen Fall die Mehrheit der Cannabisnutzer.

Ehe wir weiter in die Details gehen, könnten Sie Ihren Beruf kurz in drei Sätzen zusammenfassen?

Ich bin Neurobiologe, der die Wirkungsweisen von neurodegenerativen Erkrankungen erforscht und die Möglichkeiten, sie zu diagnostizieren und zu behandeln.

Wie genau kamen Sie, um bei populärer Verständlichkeit zu bleiben, zu den Drogen?

Ich wollte einen Bachelor in Biologie machen, weil mir die Biologie mit Teilgebieten wie Genetik, Biochemie oder Ökologie breit gefächert und faszinierend erschien. Damals wurde an der Hebräischen Universität in Jerusalem ein neuer Fachbereich namens Psychobiologie gegründet, der auf biologische Verhaltensgrundlagen ausgerichtet sein sollte. Das klang für mich perfekt, weil ich immer auch an ein Studium der Psychologie gedacht hatte. Ich habe mich dann in die Neurobiologie »verliebt« und entschieden, dass Neurobiologe das ist, was ich werden will, wenn ich groß bin. Also habe ich meinen Master über die Alzheimer-Krankheit gemacht, meine Doktorarbeit über die Wirkung von Cannabis bei einer neurologischen Erkrankung durch Leberschäden bei Mäusen geschrieben und mich als Postdoc mit der Parkinson-Krankheit beschäftigt.

Das Interesse an Drogen – nicht nur im biologischen, sondern auch im sozialen und politischen Bereich – entstand, nachdem ich von meinem Postdoc-Aufenthalt zurückgekehrt war und dieses Thema in Israel öffentlich diskutiert wurde. Ich beschloss, dass ich Teil dieser Debatte sein und meine faktenbasierte Meinung als Forscher kundtun wollte. Ich habe auch ein Gutachten für eine Petition gegen die Kriminalisierung des Eigenkonsums von Cannabis verfasst, die beim Obersten Gericht Israels eingereicht wurde.

Jeder sollte in der Zeit des um sich greifenden Wahnsinns auf seinem Gebiet politisch aktiv werden. Aber lassen Sie mich noch einmal kurz zum Anfang zurückkommen. Sie umschreiben Ihre Tätigkeit mit »Erforschung der Funktion von microRNAs bei der amyotrophen Lateralsklerose

(ALS): Profilerhebung der microRNA-Signatur bei ALS-Patienten mittels Next-Generation-Sequenzierung«. Klingt großartig, und ich weiß natürlich, worum es sich handelt, aber vielleicht gibt es bei einigen Lesern Unklarheiten. Könnten Sie das Ganze in Menschensprache übersetzen?

Sicher – microRNAs sind kleine RNAs, die die Umwandlung von Proteinen aus Boten-RNA regulieren. Ihre Ausprägung ist bei vielen neurodegenerativen Erkrankungen gestört, auch bei der ALS, die eine Erkrankung der Bewegungsneuronen ist. Daher denken wir, dass die microRNAs möglicherweise bereits im Frühstadium der Erkrankung verändert sind. Wir hoffen, solche Veränderungen zu finden, die uns sagen könnten, ob eine Person die Krankheit entwickeln wird oder nicht, selbst wenn sie noch nicht manifest ist.

Na sehen Sie, so einfach ist das.
In Ihrer Dissertation beschäftigten Sie sich also mit den Auswirkungen von CBD – dem nichtpsychedelischen Teil von Cannabis – auf Lebererkrankungen bei Mäusen. Was haben Sie herausgefunden?

Ich fand heraus, dass CBD die kognitiven und motorischen Verhaltensdefizite bei den Mäusen umkehrt, deren Gallengang – das ist der Kanal, der die Galle von der Leber zum Darm leitet – ligiert, also abgebunden, wurde. Die Gallenwegsligatur führt zu einer Leberschädigung, die sich auf das Gehirn auswirkt und zu Verhaltensänderungen führt. CBD hat auch Veränderungen in der Genexpression korrigiert, die im Zusammenhang mit Entzündungen und neuronalem Wachstum stehen, sodass wir glauben, dass dies der Mechanismus ist, der die Kognition als Folge von Leberschäden beeinträchtigt.

Und sind diese Erkenntnisse auch auf den Menschen übertragbar?

Soweit ich weiß, gab es klinische Studien mit CBD beim Menschen, aber nicht speziell bei Lebererkrankungen. Die klinischen Versuche mit CBD für Epilepsie waren erfolgreich und führten dazu, dass die Food and Drug Administration (FDA) CBD für eine seltene Form der Epilepsie genehmigt hat.

Dann hätten wir das also geklärt. Zurück zum gesellschaftlichen Umgang mit Drogen. Sie wissen sicher um den Ursprung des Cannabisverbots.

In den 1930er-Jahren wurde das Prohibitionsgesetz in den Vereinigten Staaten abgeschafft. Infolgedessen wurden viele der Beamten, die an der Vollstreckung des Verbots beteiligt waren, arbeitslos, und so suchte man nach einer neuen Substanz, die man verbieten konnte, um all diesen Menschen Arbeit zu verschaffen. Cannabis war bis zu diesem Zeitpunkt nicht illegal, aber dann wurde ein neuer Leiter an das FBN, das Bundesamt für Betäubungsmittel, berufen, und er beschloss, Cannabis zu kriminalisieren, weil es von mexikanischen Einwanderern verwendet wurde. Und wahrscheinlich auch, weil die Kultivierung von Hanf zur Papierproduktion eine Bedrohung für Hersteller darstellte, die Papier aus Holz produzierten. Das führte dazu, dass ein Gesetz gegen den Konsum und Handel von Cannabis verabschiedet wurde, ohne vorher darüber zu diskutieren oder die tatsächlichen Folgen des Cannabiskonsums zu bewerten.

Sie stellen also eine Verbindung her zwischen rassistischer Politik und dem Verbot von Drogen.

Das Drogenverbot verfestigte auf jeden Fall die rassistische Politik, und Polizisten setzen die entsprechenden Gesetze gegenüber Minderheitengruppen unverhältnismäßig stark durch: In den USA werden Schwarze und Lateinamerikaner häufiger als Weiße wegen Drogenkonsums verhaftet. Ich denke, das geschieht durchaus vorsätzlich, denn die Polizei kann den Menschen nicht ansehen, ob sie Cannabis konsumieren oder nicht – also ist Racial Profiling der einfachste Weg. Man sieht das auch in Israel, wo Menschen äthiopischer Herkunft häufiger als andere wegen Drogendelikten verhaftet werden, obwohl sie nur 1,5 Prozent der Bevölkerung ausmachen.

[Unzusammenhängend fällt mir die Studie der Universität Lausanne ein, die anhand von Rückständen nachweist, dass in der Schweiz jährlich 5 Tonnen Kokain verbraucht werden.]

Die Gesetzgeber – und das sind ja Politiker – erlassen diese Verbotsgesetze möglicherweise im Wissen, dass Polizisten dazu neigen, Menschen aus Minderheitengruppen häufiger als andere zu verhaften, denn im Gegensatz zu anderen Straftaten wie Mord oder Vergewaltigung gibt es keinen Tatort mit Beweisen, denn Drogenkonsum ist ein Verbrechen ohne Opfer.

Drogenpolitik kann aber auch gegen politische Gegner gerichtet sein. Einer von Nixons hochrangigen Regierungsvertretern bestätigte später, dass der »war on drugs« in den 1970er-Jahren ausgerufen wurde, weil die meisten Drogenkonsumenten Hippies waren – in gewisser Weise war es also eine Möglichkeit, diese Gegner der Nixon-Administration zu bekämpfen, ohne dies ausdrücklich zu sagen.

Ich vermute auch, dass die Pharmalobby sehr lange gegen die Legalisierung von Cannabis war. Und die Regierungen natürlich das anarchistische Moment, das sie mit dem Drogenkonsum verbinden, fürchten.

Ja, das war der Grund für das Verbot von LSD und anderer Psychedelika in den 1960er-Jahren. Denn der Konsum dieser Substanzen war mit dem Anti-Vietnam-Protest und der »Gegenkultur« verbunden.

Reden wir über das Märchen »Einstiegsdroge Cannabis«.

Das ist einer der Mythen, die ich zu zerstören versuche. Cannabis ist keine »Einstiegsdroge« – es wurde nie ein kausaler Zusammenhang zwischen dem Konsum von Cannabis und dem Konsum anderer Drogen nachgewiesen. Es ist möglich, dass Menschen, deren erstes Rauschmittel im Leben Cannabis war, später auch andere illegale Drogen konsumieren, aber es ist weit hergeholt, zu sagen, der Konsum von Cannabis führe zum Konsum von Kokain und Heroin.

Ein weiterer Mythos ist die stark vereinfachte Aussage, Cannabis führe zu Schizophrenie. Richtiger, aber schwerer eingängig, ist, dass Variationen in einigen Genen sowohl für eine erhöhte Disposition zum massiven Cannabiskonsum als auch für die Entwicklung von Schizophrenie verantwortlich sind, daher der höhere Anteil schizophrener Individuen unter den Cannabiskonsumenten. Aber es wurde keine Kausalität nachgewiesen in dem Sinne, dass Cannabiskonsum zu Schizophrenie führen würde. Es kann auch sein, dass Schizophrene Cannabis als Selbstmedikation verwenden.

Was ist mit der Abhängigkeit?

Auch so eine Legende. Tatsächlich hat Cannabis eine viel geringere Suchtwirkung als Nikotin und eine etwas geringere Suchtwirkung als Alkohol.

Haben Sie noch ein paar schöne Drogen-Schauergeschichten parat?

Bei psychedelischen Drogen wie LSD, MDMA oder Psilocybin besteht der Irrglaube, dass Konsumenten sich häufig selbst das Leben nehmen. Tatsächlich aber ist das Risiko, dass ein Mensch Selbstmord begeht oder plant, unter dem Einfluss von Psychedelika geringer als bei Menschen, die nicht konsumieren.

Gibt es so etwas wie eine suchtaffine Persönlichkeit? Oder ist das auch ein Mythos? Wobei Gier ja auch eine Sucht ist, die das Wesen unserer Gesellschaftsordnung ausmacht, und Drogenabhängige bei Weitem weniger gesellschaftlichen Schaden anrichten als gierige Politiker und Unternehmer, wenn ich mir diese Bemerkung gestatten darf.

Beim Thema Abhängigkeit kommt es auf viele Faktoren an – zum Beispiel auf die Erbanlagen, die Umwelteinflüsse auf Drogenkonsumenten, Armut, soziale Notlagen. Einige Menschen haben eine genetische Suchtveranlagung, zum Beispiel, weil sie Veränderungen in Genen haben, die die Codierung jener Rezeptoren verantworten, welche die Wirkung von Medikamenten oder Drogen vermitteln.

Ich wünschte, ich könnte sagen, dass wir eine unverwechselbare genetische Signatur für Menschen mit einer suchtgefährdeten Persönlichkeit kennen, aber so weit sind wir noch nicht. Mit der Weiterentwicklung der Sequenzierungsmethoden, etwa der Next-Generation-Sequenzierung, die ich häufig verwende, beginnen wir, den Zusammenhang zwischen genetischen Veränderungen und bestimmten Verhaltensweisen zu verstehen. Ich hoffe, dass wir in Zukunft allein anhand des genetischen Fingerabdrucks sagen können, welche Menschen ein höheres Risiko haben, abhängig zu werden.

Wäre Abhängigkeit ohne ihre Kriminalisierung ein Problem?

In viel geringerem Maße, denn Menschen, die das Gefühl haben, abhängig zu werden, haben oft Angst davor, Hilfe zu suchen, weil sie dann kriminalisiert werden.

Würden – auch so ein Dauerargument – mehr Menschen Drogen nehmen, wenn sie legal wären?

Überraschenderweise nicht. Vielmehr kann die Legalisierung von Drogen die Konsumrate sogar senken, wie sich in Colorado gezeigt hat. Warum ist das so? Für viele Menschen, insbesondere für Teenager, erhöht die Tatsache, dass es sich um eine »verbotene Frucht« handelt, die Attraktivität gegenüber legalen Substanzen. Viele Teenager in Colorado sagten, sobald es legal sei, wäre es nicht mehr »cool«.

Im Wesentlichen glaube ich, dass die Illegalität von Drogen ihre Verfügbarkeit nicht beeinträchtigt und auch keine Abschreckung darstellt, denn Abschreckung resultiert aus einer harten Durchsetzung des Gesetzes. In Israel beispielsweise werden jedes Jahr 20 000 Strafverfahren wegen Cannabiskonsums zur Eigenverwendung eröffnet. Davon betroffen ist nur ein winziger Teil der Gesamtzahl der Cannabiskonsumenten, die in der erwachsenen Bevölkerung über eine Million beträgt. Verstöße gegen das Verbot von Cannabiskonsum werden also demnach kaum geahndet, und die Menschen wissen, dass sie relativ sicher sind, wenn sie zu Hause konsumieren.

Warum wäre es dann so wichtig, es überhaupt zu legalisieren? Um Steuergelder zu sparen, die für die Erreichung eines unrealistischen Ziels verschwendet werden; um Steuergelder aus der Kommerzialisierung zu erhalten; um den Handel regulieren zu können; und weil wir in einem demokratischen Land leben, in dem die Menschen in der Lage sein sollten, alles zu tun, was sie wollen, solange sie niemandem schaden. Selbst wenn man nicht von der Polizei verhaftet und vor Gericht gestellt wird, ist schon die bloße Erfahrung der Vernehmung für einen normalen, gesetzestreuen Bürger hart.

> *Der Traum jeder Regierung ist die absolute Kontrolle. In den meisten Ländern des Westens können die Bürger weitgehend straffrei hetzen, sexuell übergriffig werden, den Arm zum Führergruß heben, sich besaufen, Kinder schlagen. Aber gepflegt in einem freundlichen Heroinhalbschlaf zu versinken, ist kriminell.*
>
> *Worin besteht der Unterschied zwischen den Wirkungen der Ihnen bekannten Drogen?*

Jede Droge beeinflusst einen anderen Mechanismus oder ein anderes Neurotransmitter-System im Gehirn. Kokain zum Beispiel wirkt auf das Dopamin-System, das eine Rolle bei Belohnung und Vergnügen spielt, während Heroin auf das Opioid-System – ein natürliches System zur Schmerzlinderung – wirkt und Cannabis auf das Endocannabinoid-System, das an vielen Prozessen in unserem Körper beteiligt ist, darunter Immunmodulation, Schutz der Neuronen vor Schäden, Entzündungshemmung und Appetitanregung.

Ist der Fluss von Botenstoffen nach Jahren harten Drogenkonsums irreparabel geschädigt?

Er ist nicht »geschädigt«, aber das Gehirn aktiviert Kompensationsmechanismen, um die Auswirkungen der Drogen zu bekämpfen, wie zum Beispiel die Senkung der Anzahl der Rezeptoren, die die Botenstoffe binden, sie werden Neurotransmitter genannt. Das ist aber ein umkehrbarer Vorgang – sonst könnten sich die Menschen nicht von den Drogen entwöhnen.

Verwenden Menschen Ihrer Erkenntnis nach Drogen, um sich selbst zu behandeln?

Ich bevorzuge es, wenn die Leute Cannabis zur Schmerzlinderung benutzen anstatt verschreibungspflichtige Opioide, die stärker abhängig machen und potenziell lebensgefährlich sein können. Ferner denke ich, dass man Drogen verwenden kann, um Depressionen selbst zu behandeln, und ich sehe nichts Falsches daran.

Ich lehne die Unterscheidung zwischen illegalen Drogen – wie Cannabis, Kokain oder Heroin – und verschreibungspflichtigen Medikamenten ab. Beide können gefährlich sein, und es ist allein eine Frage der Dosierung und der Häufigkeit des Konsums. Denn alle illegalen Drogen beinhalten einen Wirkstoff, der isoliert als Medikament für medizinische Zwecke verabreicht werden kann. Heroin enthält den gleichen Wirkstoff wie Morphium, ist aber viel konzentrierter.

Kopieren Antidepressiva Kokain oder Heroin?

Keineswegs! Sie arbeiten nach einem gänzlich anderen Wirkprinzip. Kokain wirkt auf Dopamin, Heroin im Opioid-System und Antidepressiva im serotonergen System.

Meine Naivität bezüglich praktischer Drogenwirkungen ist abenteuerlich. Ich erkenne nie, ob jemand Drogen nimmt, es ist mir vermutlich auch zu egal, was andere Menschen mit ihrem Leben machen, solange sie nicht nerven. Könnten Sie mir die Zustände, die unterschiedliche Drogen hervorrufen, erklären?

Jede Droge verstärkt unterschiedliche Gefühle. Kokain ist ein starkes Stimulans und bewirkt, dass die Menschen extrem energiegeladen sind. *[Kokainrückstände im Grundwasser der Schweiz, denkt Frau Berg, und die gespeedeten Anzugträger im Straßenbild Zürichs.]*
Dopamin verursacht Euphorie, und Antidepressiva hellen die Stimmung auf. Die Abhängigkeit, die Drogen und Medikamente hervorrufen, hängt mit der Freisetzung von Dopamin zusammen. Und Heroin, die vielleicht am stärksten abhängig machende Droge, bewirkt eine Freisetzung von Dopamin durch einen indirekten Mechanismus – durch die Wirkung auf das Opioid-System, sozusagen das natürliche Schmerzreduktionssystem des Körpers. Kokain macht ebenfalls abhängig, aber in geringerem Maße als Heroin, wahrscheinlich, weil es in einer anderen Hirnregion wirkt, und auch, weil das Wirkungsmuster kurzlebig ist. Es gibt jedoch keine klare Antwort, warum einige Drogen sucht-

erzeugender sind als andere, und alles, was ich hier sage, ist mit Vorsicht zu genießen – das sind nur Annahmen.

Fassen wir doch nochmals die Absurdität der Kriminalisierung einiger Drogen und der Legalität der von der Pharmaindustrie erzeugten Medikamente zusammen.

Der Vorteil der Legalität eines Medikaments beziehungsweise einer Droge, auch wenn das Mittel suchterzeugend ist, besteht darin, dass sein Konsum reguliert werden kann. Andernfalls wird alles durch den Schwarzmarkt geregelt, und es besteht keine Verpflichtung, irgendwelche Standards für die Zusammensetzung der Substanzen und so weiter zu erfüllen. Darüber hinaus kann die Regierung, wenn der Verkauf legal erfolgt, die Einnahmen besteuern und das Geld unter anderem auch verwenden, um die Menschen aufzuklären, wie man das Präparat verantwortungsbewusst anwendet. Es wird so viel Geld in die Kriminalisierung von Drogenkonsumenten investiert, obwohl dies im besten Fall wenig oder gar keinen Einfluss auf die Konsumrate hat und im schlimmsten sogar einen negativen Effekt. Wenn Medikamente legal sind, können Menschen zudem Hilfe suchen, wenn sie das Gefühl haben, dass sie abhängig werden, ohne zu fürchten, ins Gefängnis gesteckt zu werden.

Der Versuch, Drogen, die schon immer Teil der Kulturen waren, zu unterbinden – bei Alkohol etwa durch Prohibitionsgesetze –, führt immer zu Misserfolgen, die nur die organisierte Kriminalität fördern.

Sind Substitutionstherapien nicht eigentlich Unsinn – und führen nur zu einer Verlagerung in eine andere Sucht?

Warum sagen Sie das?

Weil der Wechsel zu einem anderen Medikament Schrägstrich Droge nur die Symptome behandelt, nie die Ursache – die meistens das Leben ist. Oder gibt es einen medizinischen Hintergrund für Substitutionsbehandlungen?

Eine Substitutionstherapie ist keine eigenständige Therapie der Drogenabhängigkeit. Sie hilft zuerst einmal beim »Weitermachen«, während der Drogenabhängige auf vielfältige Weisen behandelt wird, die eher auf die Ursache des Problems als auf die Symptome abzielen – warum er oder sie das Medikament ursprünglich eingenommen hat (Psychotherapie). Der Vorteil des Ersatzstoffes besteht darin, dass man ihn weniger häufig verabreichen muss, da seine Wirkung länger anhält als die des Rauschgifts, sodass sich der Süchtige allmählich von der Droge lösen kann.

Glauben Sie, dass auch Heroin entkriminalisiert oder legalisiert werden sollte?

Ich bin mir nicht sicher in Bezug auf die Legalisierung, aber es sollte definitiv entkriminalisiert werden. Heroinabhängige sollten nicht wie Kriminelle behandelt werden, sie brauchen Hilfe, um ihre Abhängigkeit zu überwinden, und wenn sie ins Gefängnis kommen, verringert sich die Chance auf einen erfolgreichen Entzug, da Heroin im Gefängnis leicht verfügbar ist. In Portugal hat sich die Entkriminalisierung aller Drogen als ein Erfolg erwiesen.

Warum haben viele Menschen einen solchen Abscheu gegenüber Drogenabhängigen? Ist es die gezielte Kriminalisierung? Angst, die Kontrolle zu verlieren? Der Hass auf die eigene Anpassung an das System?

Ich denke, das liegt daran, dass in unserer Gesellschaft Selbstbeherrschung extrem positiv besetzt ist. Je stärker die Kontrolle über sich selbst, umso höher die Leistungsfähigkeit. Drogenabhängigkeit hingegen bedeutet den Verlust von Selbstkontrolle.

Sollten nicht alle, die danach verlangen und erwachsen sind, sich ungestraft betäuben dürfen? Das Leben ist nicht unbedingt ein Geschehen, das mit Klarheit ertragen werden sollte.

Philosophisch gesehen glaube ich, dass es Erwachsenen über 18 Jahren erlaubt sein sollte, Drogen zu konsumieren. Erwachsene Menschen können Verantwortung für ihr Leben übernehmen – zumindest die meisten von ihnen –, und die Regierung sollte kein Babysitter sein.

Lassen Sie uns mit etwas Positivem enden: Ich wünsche mir eine friedliche, unter Drogen stehende Weltbevölkerung. Und Sie? Sehen Sie etwas Positives?

Natürlich! Wir sehen schon, dass viele Substanzen, die als tabu galten, heute für therapeutische Zwecke zugelassen sind. Cannabis ist mittlerweile weitestgehend legal oder entkriminalisiert in vielen Staaten der USA und in manchen anderen Ländern. In Israel, wo es noch nicht komplett entkriminalisiert wurde, gibt es jetzt ein Gesetz, nach dem man erst Bußgeld zahlt, wenn man zum vierten Mal mit Cannabis erwischt worden ist. Es bewegt sich also in die richtige Richtung.

Herr Dr. Magen, ich danke Ihnen für Ihre Zeit und Ihren Optimismus!

»Einem totalitären Regime geht es nicht in erster Linie um Fehlervermeidung, sondern um Macht. Leider sind westliche Regierungen auf einem ähnlichen Weg.«

Gespräch mit
DIRK HELBING

Professor für Computational Social Science an der ETH Zürich und assoziierter Professor für Technik, Politik und Management an der Technischen Universität Delft. Schwerpunkte: Erforschung der Funktionsweise komplexer Systeme, Entwicklung von Computersimulationen zur Verhinderung von Katastrophen bzw. zum besseren Katastrophenmanagement

Guten Morgen, Herr Helbing. Haben Sie sich heute schon um den Zustand der Welt gesorgt?

Ja, das gehört zu meinem Job. Aber davon darf man sich das Leben nicht vermiesen lassen.

Können Sie Ihre Tätigkeit in einem Satz zusammenfassen?

Ich interessiere mich dafür, wie komplexe Systeme, etwa Menschenmengen, Verkehrsströme, das Finanzsystem oder die Gesellschaft, funktionieren – oder eben auch nicht – und wie man sie gegebenenfalls verbessern kann.

Sie haben als Physiker begonnen. Wann kamen Sie zur Computer- und Informationstechnologie?

Als ich die ersten Fußgängersimulationen machte, hatten Computer noch zu wenig Speicherplatz. Ich musste mir etwas ausdenken und verwendete den Bildschirmspeicher. Später wurden solche Fußgängersimulationen zur Stadt- und Eventplanung benutzt. Als ich dann nach Zürich kam, begann ich vorzuschlagen, dass man mit den heute verfügbaren Daten die gesellschaftlichen Probleme gemeinsam verstehen und lösen könnte. Die Idee für das »FuturICT«-Projekt war geboren – eine Art Apollo-Projekt für die Gesellschaft.

Lassen Sie uns erst einmal über den gefühlten Weltuntergang reden. Momentan herrscht hier bei uns eine Diskrepanz zwischen Erleben und Erlesen. Im alltäglichen Schweizer oder deutschen Leben geht alles weiter wie gewohnt. Nur einfach ein wenig anstrengender. Man fühlt, dass man als Person unwichtiger geworden ist, dass man mehr für weniger Geld arbeitet, aber die Straßen sind noch nicht von Obdachlosen bewohnt, und verhungern tut keiner. Auf der anderen Seite die Realität 2.0, die uns Flüchtlinge zeigt, Naturkatastrophen, Rechtsradikale, Konfusion und Auflösung.

Ja, die heutige Weltordnung stößt an ihre Grenzen. Wir überbeanspruchen die Ressourcen der Welt. Das führt zu Engpässen, Konflikten, Kriegen, Massenmigration usw. Das Problem kommt jetzt bei uns an. Um es zu lösen, bräuchten wir den Umbau unserer Wirtschaft und Gesellschaft – und zwar weltweit.

Wenn man dem Club of Rome glaubt, dann erleben wir jetzt die Grenzen des Wachstums. Wasser und Öl werden nach und nach knapp. Auch die Schuldenwirtschaft kann so nicht weitergehen. Schon bald wird ein Einbruch der Dienstleistungen pro Kopf prognostiziert. Spätestens ab 2050 würden Milliarden Menschen vorzeitig sterben.

Dieses am Anfang der Antwort erwähnte WIR ruft vornehmlich Ohnmacht und Aggression hervor. Wir trennen unseren Müll und fahren Fahrrad. Und müssen dennoch sehen, wie Regierungen, die WIR gewählt haben, ökologische Interessen der Wirtschaft unterordnen. Was können WIR also tun?

In der Tat haben wir im Rahmen des jetzigen Systems wenig Möglichkeiten. Aber die heutige Wirtschaftsordnung, der Kapitalismus 1.0, wie wir ihn kennen, ist kein Naturgesetz. Wir müssen uns trauen, etwas Besseres auszudenken, und das dann auf den Weg bringen.

Die manipulativ und sehr klug eingesetzte Vereinfachung der rechtspopulistischen Politiker hat eine Lösung für alle Probleme: Die Flüchtlinge müssen weg, die Nationalstaaten müssen gestärkt und die queeren Menschen in den Untergrund geschickt werden.

Das sind Ablenkungsmanöver, »Brot und Spiele«, aber Probleme löst das nicht. Als die UNO 2015 die Nachhaltigkeits-Agenda 2030 beschloss, da dachte ich mir: »Meine Herren, das ist ja sportlich – die Situation muss wirklich ernst sein!« Das Problem ist leider: Mit Hiobsbotschaften kann man keine Wahlen gewinnen.

Nun ist die UNO ja nicht gerade bekannt dafür, Probleme effizient zu lösen. Wirtschaft und Politik – oft kaum voneinander zu trennen – scheinen mir auch nicht die Rettung zu sein.

Man hat zwar schon einiges unternommen. Aber die vermeintlichen Lösungen ziehen zum Teil noch größere Probleme nach sich, etwa den Rückgang fruchtbarer Böden. Hätte man seit den 70ern jedes Jahr 3 Prozent Ressourcen eingespart, dann hätten wir heute eine nachhaltige Wirtschaft. Diese Entwicklung war sogar schon auf dem Weg. Man erinnert sich noch an »Jute statt Plastik«, autofreie Sonntage, die aufkommende Umweltbewegung, die Gründung der Grünen.

Die heute verspottet werden, wenn sie so etwas wie einen fleischfreien Tag vorschlagen. Dieser unglaubliche Hass, wenn man Fleischverzehr infrage stellt ... Apropos Vergangenheit: Kann man sagen, dass nach der Steinzeit, der Bronzezeit usw. irgendwann die Ölzeit kam?

[D. H. schmunzelt.] Die geht langsam zu Ende. Klimawandel, Peak Oil, Mikroplastik, Nachhaltigkeitskrise, die Krisen in Gesundheitswesen und Landwirtschaft sowie die Finanzkrise deuten alle darauf hin, dass jetzt etwas Neues kommt. Ich wette, wir werden bald völlig neue Technologien sehen, die das Militär bisher für sich behalten hat.

Das Öl hat ein Kapitel der Menschheitsgeschichte geprägt und auch zur Bevölkerungsexplosion auf der Erde geführt. Seit wir den Petrodollar haben, ist Geld nicht mehr durch Gold abgesichert, sondern durch Öl. So kann man zwar fast beliebig Geld erzeugen, aber das führt zu mehr Ölverbrauch, was mit CO_2-Produktion und Klimaerwärmung endet.

Lange waren die USA durch die Leitwährung Petrodollar privilegiert. Ohne Dollar bekam man kein Öl. Inzwischen sind aber die BRICS-Staaten erstarkt und drängen auf ein faires System. Das erklärt viel von der neuen Politik von Präsident Trump: Industriepolitik, NATO, Handelskriege.

Nach der Globalisierung und der Demokratisierung der Welt kommen autokratisches Denken, Diktaturen und Neofaschismus unter den Steinen hervorgekrochen. Und das in einer Zeit, in der akut globale Probleme gelöst werden müssen – das ist völlig unsinnig.

Diktatoren sind heimliche Verbündete von Krisen. Tatsächlich gibt es bedenkliche Anzeichen eines aufkeimenden digitalen Faschismus. Beispielsweise haben wir nun wieder Massenüberwachung, Propaganda und Zensur, Mind Control, Versuche der Gleichschaltung, unethische Experimente mit Menschen, Social Engineering, die Infragestellung von Menschenrechten sowie das Gerede von einem »wohlwollenden Diktator«, der Big Data als Kristallkugel und Algorithmen als Zepter benutzt. »Predictive Policing« ermöglicht einen neuen Polizeistaat. Es gibt übrigens tatsächlich Verbindungen, die bis zu den Nazis zurückreichen. Wenn wir nicht aufpassen, geraten wir in einen technologischen Totalitarismus.

Da ist es wieder, dieses mystische WIR. Wie sollen wir denn aufpassen, wenn fast jeder Schritt des täglichen Lebens bereits digitalisiert ist und kaum einer in der Lage ist, seine Systeme zu schützen, mit quelloffener Software zu arbeiten oder biometrische Kameras auszutricksen?

Wir müssen aus der bequemen Konsum-Lethargie ausbrechen, unsere Politiker aufwecken, das Treiben der Geheim- und Sicherheitsdienste transparent machen. Wir sollten selber politisch aktiv werden, Änderungen des Geld-, Finanz- und Wirtschaftssystems fordern und, soweit es geht, sie selber auf den Weg bringen – Stichwort »Blockchain«. Es gibt durchaus beeindruckende Initiativen der Zivilgesellschaft. So hat Pretty Easy Privacy (PEP) ein einfaches und kostenloses Verschlüsselungsverfahren für jeden entwickelt. Nutzen Sie es, damit Sie nicht rundum überwacht und in Ihren Konsum- und Wahlentscheidungen manipuliert werden.

Die Kombination aus Diktatur mit Mitteln der KI, Big Data und der Algorithmen läuft ja schon ganz gut.

 Ja, leider! In China erhält man jetzt nach und nach für alles, was man tut und lässt, Plus- oder Minuspunkte! Wenn man die Miete ein paar Tage später bezahlt: Minuspunkte! Wenn man bei Rot über die Fußgängerampel geht: Minuspunkte! Wenn man regierungskritische Nachrichten liest: Minuspunkte! Wenn man die falschen Freunde hat: Minuspunkte! Der Gesamtpunktestand bestimmt dann, wie viel man für einen Kredit bezahlen muss, welchen Job man bekommt, in welche Länder man reisen kann, ob man noch öffentliche Verkehrsmittel benutzen darf, welches Restaurant man besuchen darf und wie schnell das Internet ist.

Ob die Systeme in China zuverlässiger arbeiten als jene, die zum Beispiel in Deutschland schon im Einsatz sind? Die biometrische Überwachung in Berlin mit einer täglich absurd hohen Fehlerquote ...

Einem totalitären Regime geht es nicht in erster Linie um Fehlervermeidung, sondern um Macht. Leider sind westliche Regierungen auf einem ähnlichen Weg, wie das »Karma Police«-Programm des britischen Geheimdiensts zeigt – eine Art digitales »Jüngstes Gericht«. In unseren Ländern sammeln auch Unternehmen Unmengen an Daten.

Irgendwann erwartet uns dann ...

... ein beinahe perfektes digitales Gefängnis – eine Kombination aus einer »Big Brother«-Welt, Neofeudalismus und besserwisserischen staatlichen Institutionen oder Unternehmen, die sich überall einmischen.

In der Fernsehserie »Black Mirror« ersetzt der Citizen Score das Geld. In der Realität werden immer mehr Bankautomaten abgebaut. Bald wird man nicht mehr in ein Flugzeug kommen, ohne die biometrische Erkennung passiert zu haben. Ohne eine Verifizierungs-App kann man bei der Swiss Air online kein Ticket mehr kaufen (1.0 sind sie dann erheblich teurer), Ticketschalter der Bahn werden geschlossen, weil die Mitarbeiter durch Algorithmen ersetzt werden. Apple wirbt mit »Zahle mit deinem Gesicht« – soweit zum Menschenrecht auf Privatheit.

Manche Unternehmen arbeiten jetzt an superintelligenten Systemen, die nicht nur mit uns sprechen, sondern uns auch erkennen und unsere Gefühle lesen und manipulieren. Irgendwann überwachen sie uns nicht nur, sondern fangen an, uns Vorschriften zu machen und uns zu bestrafen. Das ist sicher kein Zufall. Man könnte durchaus sagen, Google (jetzt: Alphabet) spiele Gott. Das Unternehmen versucht, allgegenwärtig und allwissend zu sein. Allmächtig ist es zwar noch nicht, aber mit personalisierter Information versucht es, das Weltgeschehen zu lenken. Darüber hinaus unterstützt Google Projekte, die über das Lebensende entscheiden oder den Tod zu überwinden versuchen. Es erschafft künstliches Leben und Intelligenz. Alles Dinge, die bisher Gott vorbehalten waren.

Die Totalüberwachung für die göttliche Absolution, die freiwillige Beteiligung am Citizen-Score-Projekt in China, wäre überwältigend, sagt man. Endlich lobt einen einer. Endlich werde ich wahrgenommen. Ich habe nichts zu verbergen, ich führe ein rechtschaffenes Leben. Auch hier, in den Resten der Demokratie, kann sich kaum einer vorstellen, dass eine Staatsmacht all die Informationen über uns einmal gegen uns verwenden könnte.

Das ist das Stockholm-Syndrom. Im Laufe der Zeit verwandelt so ein System eigenverantwortliche, freie, kreative Bürgerinnen und Bürger in digitale Untertanen. Solange es mit der Wirtschaft bergauf geht, scheint alles einigermaßen o. k. Aber spätestens, wenn die Ressourcen knapp werden, wie es prognostiziert ist, schnappt die digitale Falle zu. Und dann wird das System nicht mehr nur komfortabel und nett sein. Dann wird es entscheiden, wer noch was bekommt und darf – und wer Pech gehabt hat. Es gibt sogar wieder Forschung zu Euthanasie, diesmal im Zusammenhang mit künstlicher Intelligenz. Es braucht eine Kombination von rechtlichen Vorschriften und technischen Lösungen. Persönliche Daten müssten an eine Datenmailbox gesandt werden, über die wir ihre Verwendung steuern können. Schon heute gibt es im Prinzip ein sehr detailliertes digitales Abbild von uns, ein digitales Double.

Unser Leben wird also von Firmen und Geheimdiensten kostenlos heruntergeladen, aber wir haben keine Kontrolle über unser Double und unsere Daten. Das muss sich ändern. In Zukunft könnten wir entscheiden, wer welche Daten für welche Zwecke benutzt. Außer für Statistiken dürften unsere persönlichen Daten nur verwendet werden, wenn sie von uns freigeschaltet wurden. Alle Verwendungen würden genau aufgezeichnet und wären jederzeit einsehbar. Die Unternehmen könnten alle personalisierte Produkte und Services anbieten, müssten aber unser Vertrauen gewinnen. Dadurch entstünde ein Vertrauenswettbewerb, eine digitale Vertrauensgesellschaft. Und der Zugang zu Daten würde

Wissenschaft und Wirtschaft, Spin-offs und KMU enorm nutzen.

In Ihren Videos schlagen Sie Lösungen für die Weltprobleme vor. Schade eigentlich, dass Regierungen oft die Vorschläge von Wissenschaftlern ignorieren. Entweder weil sie sie nicht verstehen, oder weil sie sich nicht mit den Interessen der Lobbys verbinden lassen.

Wir sollten uns nicht auf Mangelverwaltung konzentrieren, sondern auf die Erhöhung der nachhaltigen Tragfähigkeit der Erde. Das braucht kollektive Intelligenz und kombinatorische Innovation. Ich plädiere für einen demokratischen Kapitalismus. Denn Demokratie und Kapitalismus sind die beiden Systeme, die am erfolgreichsten waren, aber sie müssen miteinander versöhnt werden. Leider wurde bei der Demokratisierung das Geldsystem vergessen. Der Kapitalismus, wie wir ihn kennen, droht die Demokratie jetzt nach und nach zu beseitigen. An die Stelle privilegierter Könige sind privilegierte Unternehmen getreten. Sie haben sich über die Interessen von Privatpersonen und Staaten erhoben.

Wie kann die Lösung praktisch aussehen?

Wirkungsvolle Maßnahmen gegen das drohende Systemversagen wären: 1. Ein Grundeinkommen zur Existenzsicherung. 2. Crowdfunding für alle, Wettbewerb und Breiteninnovation. 3. Ein multidimensionales Koordinationssystem zur Lösung des Nachhaltigkeitsproblems. 4. Digitale Demokratie zur Förderung kollektiver Intelligenz. 5. Städtewettbewerbe zur Lösung der Weltprobleme.

Das Grundeinkommen ist doch keine Utopie, es wird einfach zur Notwendigkeit, weil viele Menschen mit ihren Teilzeitarbeits-Verträgen nicht mehr genug Geld zum Leben haben. Menschen über vierzig zum Beispiel, Alleinerziehende, Kranke. Grundeinkommen ist doch nur mehr ein eleganter Begriff für: Sozialhilfe für den nicht netzfähigen Menschen.

Nein. Wer Sozialhilfe bekommt, wird stigmatisiert und kann heute nur eingeschränkt am gesellschaftlichen Leben teilnehmen. Ein Grundeinkommen sollte nichts Beschämendes sein, schon gar nicht in Zeiten, wo die Lebensgrundlagen bald von Robotern erzeugt werden und die klassische Arbeit allmählich verschwindet. Ein Grundeinkommen hätte viele Vorteile: wirtschaftliche und politische Stabilität durch existenzielle Sicherheit. Die berufliche Neuorientierung würde gefördert und damit auch der digitale Strukturwandel, vor dem wir jetzt stehen. Es wäre denkbar, dass jeder das Gleiche bekommt oder aber 60 Prozent des letzten steuerlich erklärten Einkommens.

Wichtig ist, dass das Grundeinkommen möglichst komplett in die Wirtschaft fließt, aus der es dann durch eine Umsatzsteuer wieder entzogen wird. Das macht es billig, denn dann entsteht ein effizienter Geldkreislauf. Im Übrigen sollte man es nicht durch Einkommenssteuern bezahlen, sondern durch ein neues Geldsystem. Die Geldschöpfung sollte allen gleichermaßen zugutekommen. Heute profitieren nur wenige davon. Daher explodiert die Ungleichheit. Die Welt verdient ein besseres Geld- und Finanzsystem. Wir können es ändern. Es ist doch eigentlich nur ein Koordinationssystem für knappe Ressourcen.

Oh, das Finanzsystem. Ein Hobby von mir. Ist die Blockchain die Lösung, um das alte System zu ersetzen?

Jein. Das heutige Geld ist im Prinzip eindimensional. Dadurch gibt es ein ständiges Auf und Ab, Booms und Rezessionen, Wirtschaftskrisen, Kriege und Revolutionen, seit nunmehr Tausenden von Jahren. Immer wieder machen wir die gleichen Fehler. Die Eindimensionalität impliziert reich und arm, mächtig und ohnmächtig. Sie schafft eine geschichtete Gesellschaft, die mit demokratischer Chancengleichheit früher oder später unvereinbar wird.

Die Unlogik der neoliberalen Nahrungskette.

Wir brauchen ein multidimensionales Koordinationssystem. Wir nennen es auch das »sozioökologische Finanzsystem«. Stellen Sie sich vor, es gäbe verschiedene Sorten Geld für verschiedene Ressourcen. Damit könnte man komplexe Systeme wie unsere Wirtschaft und Gesellschaft deutlich besser organisieren. Positive Auswirkungen auf die Umwelt würden belohnt, schlechte wären teuer.

Heute wachsen die rücksichtslosesten Unternehmen am schnellsten. In Zukunft könnte man mit umweltfreundlicher Produktion Geld verdienen – genau genommen verschiedene Gelder. Statt vieler Regulierungen würde man neue Marktkräfte erzeugen, welche die Stoffkreisläufe schließen und so zu einer Kreislaufwirtschaft und Sharing Economy führen.

Kommen wir zum Crowdfunding und der Sharing-Industrie: Sind sie nicht eine Aufforderung an die Bürger, die Lücken zu füllen, die der Staat nicht mehr zu füllen bereit und in der Lage ist? In England ist das gut zu beobachten.

Private kümmern sich um die Ärmsten, Private sammeln für Künstler. Und teilen ihre Autos. Soll das die Lösung sein?

Das ist zu negativ gedacht. Es wurden sogar schon Wolkenkratzer per Crowdfunding finanziert. Warum dann nicht auch neue Medikamente und Innovationen? Jeder sollte neben dem Grundeinkommen regelmäßig eine Investmentprämie, also Geld für Crowdfunding, bekommen. Ich stelle mir vor, dass in Zukunft viele ihre Zeit mit Projekten verbringen: wirtschaftlichen, sozialen, ökologischen und kulturellen Projekten. Manche davon würden wir koordinieren, andere würden wir unterstützen. Das wäre eine flexible Organisationsform, die an die lokalen Gegebenheiten und Bedürfnisse leicht angepasst werden kann. Wer selber nicht kreativ sein oder in Projekten mitwirken will, könnte mit der Investitionsprämie immerhin bestimmen, welche Ideen, Innovationen und sozialen, ökonomischen, kulturellen, Umwelt- oder Nachbarschaftsprojekte umgesetzt werden.

Projekte klingen immer ein wenig nach: Wir machen irgendetwas Sinnloses, klingt aber toll. Nichts gegen Beschäftigungstherapie, aber wollen viele nicht eher Arbeit, feste Bürozeiten und das durch Geld bewiesene Gefühl der Nützlichkeit?

In Zeiten, in denen es um das Überleben von Milliarden Menschen geht, braucht es digitale Plattformen, die Projekte unterstützen und auch Expertenwissen für alle zugänglich machen. Persönliche digitale Assistenten können Menschen anleiten und organisatorisch unterstützen. Auch Kreativität, Innovation und Kooperation könnten durch künstliche Intelligenzsysteme gefördert werden. Mit dem sogenannten Internet der Dinge wird es einfach, Schäden zu messen und zu vermeiden, Nutzen zu stiften und einen fairen Lastenausgleich zu erreichen.

Zusätzlich braucht es Plattformen für »digitale Demokratie«. Wenn schwierige Entscheidungen anstehen, sollten die Argumente auf einer digitalen Plattform gesammelt werden. Im Unterschied zu Facebook ginge es aber nicht darum, wer am lautesten schreit, sondern alle Argumente würden so strukturiert, dass die verschiedenen Perspektiven sichtbar werden, die für ein Problem relevant sind. Dann würden die Hauptvertreter der verschiedenen Perspektiven an einen runden Tisch eingeladen mit dem Ziel, Perspektiven und Lösungen auf innovative Weise zu integrieren. Über die integrierten Lösungen kann man dann abstimmen. Es geht aber nicht in erster Linie darum, dass sich die einen gegen die anderen durchsetzen, sondern dass Lösungen gefunden werden, die für viele funktionieren. Wenn man die beste Einzellösung mit anderen Lösungen kombiniert, dann entsteht oft eine noch viel bessere Lösung. Das ist das Geheimnis der kollektiven Intelligenz.

Sie gehen da von jungen, IT-fähigen, gut ausgebildeten Menschen aus? Das sind vielleicht 10 Prozent der Weltbevölkerung.

Das sollte eigentlich reichen. Jeder benutzt Wikipedia, aber nur ein kleiner Prozentsatz hat jemals einen Artikel dafür geschrieben – und trotzdem funktioniert es.

Sie haben vielleicht auch eine Idee, wie man eine Art vernünftige Weltregierung errichten kann, eine Alternative zum Irrsinn der Abschottung von Kleinstaaten auf einer Erde, die global vernetztes Handeln verlangt.

Ich denke da an globale Städtenetzwerke. Alle paar Jahre ginge es darum, in einem freundschaftlichen Wettbewerb zwischen Städten die besten Ideen zu finden und neue Lösungen zu entwickeln. Über einige Monate hinweg würde man gemeinsam an neuen Lösungen tüfteln. Medien und Politik würden die Gesellschaft mobilisieren, um die Transformation zur digitalen und nachhaltigen Gesellschaft in kurzer Zeit zu bewältigen. Am Ende würde eine Best-of-Liste der Lösungen erstellt. Jeder dürfte sie verwenden, miteinander kombinieren und weiterentwickeln. Die Innovationsfähigkeit der Gesellschaft würde voll entfesselt, die Lösung der drängenden Weltprobleme käme schneller voran. Und wir könnten alle dazu beitragen – jedenfalls, wer will.

Sehr geehrter Herr Professor – vielen Dank für Ihre Zeit und Ihren Optimismus.

»Ich werde dafür bezahlt, über den Himmel nachzudenken.«

Gespräch mit
ABRAHAM (AVI) LOEB

Professor für Astrophysik an der Harvard University. Sechs eigenständige Bücher und über 650 weitere Veröffentlichungen, u. a. zu spannenden Themen wie der Suche nach außerirdischem Leben, der Zukunft des Alls und über schwarze Löcher

Lieber Dr. Loeb, haben Sie sich heute schon um den Zustand der Welt gesorgt?

Sicher, eine ganze Menge Dinge geben Grund zur Sorge. Doch gleichzeitig besteht auch viel Anlass zu Hoffnung. Es gibt ein berühmtes Zitat von Rabbi Nachman von Breslow:
»Die ganze Welt ist lediglich ein sehr schmaler Steg, und das Entscheidende ist, keine Angst vor ihm zu haben.«

Nun, wohlan – oder wie Herr Schopenhauer sagt: Der Optimismus ist in den Religionen wie in der Philosophie ein Grundirrtum, der aller Wahrheit den Weg vertritt. Doch zurück zu interessanteren Themen als den kulturpessimistischen. Können Sie Ihren Beruf in drei Sätzen beschreiben?

Ich werde dafür bezahlt, über den Himmel nachzudenken. Meine Hauptinteressen sind der Ursprung und die Zukunft des Universums, die Eigenschaften von schwarzen Löchern und die Suche nach außerirdischem Leben. Ich wurde auf einem Bauernhof geboren und betrachte die Wissenschaft als ein Privileg, meine Neugierde auf die Welt, wie ich sie seit meiner Kindheit habe, fortzusetzen und weiterzuleben.

Sie sind auf einem Bauernhof aufgewachsen? In Israel?

In der Tat, das war im Moschaw Beit Hanan, etwa 20 Kilometer südlich von Tel Aviv.

Erinnern Sie sich an den Moment, als Ihnen klar wurde, womit Sie Ihr Leben verbringen wollen?

Als Kind interessierte ich mich vor allem für Philosophie. Ich fuhr immer mit einem Traktor in die Hügel meines Dorfes und las Bücher über Existenzialismus. Mit 18 Jahren wurde ich allerdings zum Militär eingezogen. Da ich es vorziehe, geistige Arbeit zu leisten, habe ich mich bemüht, in physikalisch-technischen Projekten unterzukommen. Dies brachte mir das Angebot für eine Postdoktorandenstelle in Harvard ein mit der Bedingung, dass ich in die Astrophysik wechsle und dort später eine Lehrstelle übernehme. Dabei stellte ich schnell fest, dass die Astrophysik Raum für spannende philosophische Fragen bietet. Das Ganze war vergleichbar mit einer arrangierten Ehe, in die man sich fügt, um dann zu erkennen, dass man letztlich seine wahre Liebe geheiratet hat.

 Sie arbeiten am interdisziplinären Zentrum Black Hole Initiative der Harvard-Universität. Von dem wunderbaren Namen, der mich zum Träumen bringt, mal abgesehen – was machen Sie da?

Die Black Hole Initiative, deren Gründungsdirektor ich bin, ist ein Zusammenschluss von Astronomen, Physikern, Mathematikern und Philosophen, die alle an der Erforschung von schwarzen Löchern interessiert sind. Das Projekt ist weltweit einzigartig. Für mich schließt sich der Kreis von meiner frühen Liebe zur Philosophie bis zu jener zur Astrophysik. Die Physiker hoffen, das Informationsparadoxon lösen zu können, die Mathematiker und Philosophen wollen herausfinden, was das Wesen der Singularität im Zentrum des schwarzen Lochs ist. Hier bricht Albert Einsteins Theorie der Schwerkraft zusammen, weil sie die Quantenmechanik nicht berücksichtigt.

Die schwarzen Löcher [hier das erste gelungene Bild], in denen, laienhaft gesagt, Materie verschwindet. Ähm ... wohin verschwindet sie?

Stephen Hawking hat vor fast einem halben Jahrhundert in einer detailgenauen Berechnung nachgewiesen, dass schwarze Löcher durch die Emission von Wärmestrahlung Materie verdunsten. Entsprechend dieser Berechnung gibt es nichts, was übrig bleibt. Eine grundlegende Frage, an der sich Physiker nach wie vor abmühen, ist: Wohin gelangt die Information, die in das schwarze Loch hineingegangen ist? Die Quantenmechanik besagt, dass eine Information nicht verschwinden kann, Hawkings Berechnungen hingegen haben gezeigt, dass sie es tut. Dieses Informationsparadoxon ist eines der ungelösten Probleme der modernen Physik.

Ich liebe dieses offenkundige Sich-intensiv-Beschäftigen mit etwas, das es vielleicht gibt. Vielleicht aber auch nicht. Es ist sehr ehrlich im Gegensatz zu vielem, was wir angeblich verstehen und behaupten.
Sie haben mit 24 Ihren Doktor in Plasmaphysik gemacht. So weit, so normal, aber was ist Plasmaphysik? Und was war das Thema Ihrer Doktorarbeit?

Meine Dissertation beschäftigte sich mit Plasmaphysik, also der Physik der heißen Gase. Ihr Titel war: »Partikelbeschleunigung auf hohe Energien und Verstärkung der kohärenten Strahlung durch elektromagnetische Wechselwirkungen in Plasmen«.

Ich verstehe natürlich, was das bedeutet, aber könnten Sie es kurz für Nicht-Astrophysikerinnen erklären?

Ich habe neue Wege aufgezeigt, wie geladene Teilchen über viel kürzere Distanzen auf hohe Energien beschleunigt werden können, als das mit bereits existierenden Beschleunigern wie dem Large Hadron Collider im CERN möglich ist. Würden diese Methoden eingesetzt, könnten künftige Beschleuniger wesentlich höhere Energien erreichen. Darüber hinaus habe ich neue Wege zur Erzeugung von Laserstrahlung untersucht.

Ha, das CERN. Ich vermute, das gibt es ebenso wenig wie Bielefeld. Apropos Irrsinn. Wie kann es einem Normalbegabten gelingen, sich die Unendlichkeit des Alls vorzustellen, ohne den Kopf gegen die Wand zu schlagen?

Stellen Sie sich einfach vor, Sie wären eine Ameise in einer Großstadt. Als Ameise brauchen Sie sehr viel Zeit, um die Stadt zu durchqueren, doch in Wirklichkeit ist einfach nur alles sehr viel größer und weiter als in den Größenverhältnissen, in denen Sie als Nicht-Ameise leben. So gesehen ist hier aus qualitativer Sicht nichts schwer zu begreifen. Alles ist schlicht in der gleichen Weise größer, wie der Abstand zwischen den Kontinenten größer ist als Ihre Körpergröße. Was am Universum hingegen so überwältigend ist, ist sein Inhalt: hier zunächst die Tatsache, dass dieselben Gesetze, die die Natur selbst in Laborversuchen regeln, eben auch das Verhalten des Universums auf enormen Maßstäben bestimmen. Das ist keine Selbstverständlichkeit. Das Universum hätte ja ebenso gut chaotisch sein können. Menschen unterwerfen sich den gesellschaftlichen Gesetzen nicht mit annähernd der gleichen Präzision wie die Natur den Gesetzen der Physik. Dies allein ist schon eine Tatsache, die mich zutiefst beeindruckt.

Darüber hinaus birgt das Universum eine bemerkenswerte Fülle von Phänomenen, die weitaus außergewöhnlicher sind, als wir sie auf der Erde finden. Ich sage nur: explodierende Sterne, die beschleunigte Ausdehnung des Universums, dunkle Materie, schwarze Löcher, eine Vielzahl von Planeten unterschiedlicher Form und Zusammensetzung und so weiter. Die Erkenntnis, dass es in diesem riesigen Raum, welchen wir beobachten können, mehr bewohnbare Planeten gibt als Sandkörner an allen Stränden der Erde, deutet für mich darauf hin, dass wir nicht allein sein können. Irgendwo dort draußen muss es einfach Leben geben. Wir müssen es nur finden. Und sobald wir andere intelligente Zivilisationen gefunden haben, lautet die Schlüsselfrage: »Sind sie klüger als wir?« Und wenn ja: »Was können wir von ihnen lernen?«

Ich bin vollkommen Ihrer Meinung. Aber die meisten Menschen haben ja schon Mühe damit, sich vorzustellen, dass es neben ihnen Milliarden andere Menschen auf der Erde gibt. Apropos Unverständnis: Das All war ... schon immer da?

Wir wissen nicht, was vor dem Urknall passiert ist. Dies ist eines der ungelösten Geheimnisse der modernen Kosmologie.

Das führt mich zum nächsten Problem meines begrenzten Verstandes. Das All war eventuell immer da und ist unend-

lich. Gibt es wissenschaftliche Erkenntnisse, die Ihnen dabei helfen, mit diesen unbegreifbaren Basisinformationen umzugehen?

Ja, wir können nach Hinweisen aus der Anfangszeit des Universums suchen. Es gibt einige Beobachtungswerte wie Gravitationswellen oder die Statistik von Dichteschwankungen, die uns darüber informieren können, was im Universum vor oder kurz nach dem Urknall vor sich ging.

Und was beinhalten diese Basisinformationen? Sie merken, ich suche immer noch Antworten auf die Fragen: Was war vor dem All? Wie kann etwas nicht enden? Und wenn es endlich wäre: Was schließt sich an diese Endlichkeit an? Alles, was uns auf der Erde umgibt, hat Anfang und Ende, selbst die Luft ist begrenzt.

Wir kennen die Antworten auf diese Fragen noch nicht. Wir müssen Geduld haben und mit der Unsicherheit leben. Was wir sicher wissen, ist, dass Einsteins Theorie der Schwerkraft unvollständig ist, weil sie, wie schon erwähnt, keine Quantenmechanik berücksichtigt. Die Verbindung von Einsteins Schwerkraft mit der Quantenmechanik wird den Schlüssel zur Beantwortung Ihrer Fragen liefern. Wir werden vielleicht feststellen, dass das Universum aus dem Nichts herausgeschlüpft ist oder dass ihm eine Schrumpfungsphase vorausgegangen ist.

Ich versuche es gerade. Man kann den überforderten Menschen also fast verstehen, der sich einen Gott vorstellt, der das All und die Erde herstellt. Wobei mir das auch nicht hilft. Der Gott, was ist das? Eine Superkraft? Woher kommt sie?

Ist sie das All? Wo war sie, bevor das All geschaffen wurde, und was war dieses davor?

Es gibt bekanntlich viele Definitionen von Gott, von denen ich nur zu dem philosophischen Gott, wie Baruch Spinoza ihn beschrieben hat, eine Beziehung herstellen kann. In dieser Begriffsbestimmung spiegelt sich die von mir bereits erwähnte erstaunliche Ordnung wider, die die Naturgesetze an den Tag legen: »Es ist gewiss, dass diejenigen die Ruhmbegierigsten sind, welche das größte Geschrei erheben über den Missbrauch des Ruhmes und die Eitelkeit der Welt.«

Das führt zu der Frage: Gibt es wirklich Wissenschaftler, die bezweifeln, dass sich außerhalb der Erde Formen von Leben im All befinden?

Ja, es gibt eine große Gruppe von Wissenschaftlern, die denken, dass wir einzigartig oder besonders sind. Für mich ist das ein Ausdruck von Arroganz. Ich ziehe den Grundsatz der »kosmischen Bescheidenheit« vor, demnach die Tatsache, dass wir existieren, darauf hindeutet, dass wir nicht allein sind, weil ein Viertel aller Sterne Planeten mit ähnlichen Oberflächenbedingungen hat wie die Erde.

Kommen wir zu diesem Flugkörper, der zigarrenförmig oder in der Form eines verrosteten Weißbrotes gesichtet wurde. Da Sie zu dem Thema schon viel gesagt haben, nur kurz nachgefragt: Hat Ihnen die vollkommen logische Erklärung, es handelte sich um ein Flugobjekt von Außerirdischen, geschadet?

Keineswegs. Allein letzte Woche haben sich fünf Filmproduzenten mit mir in Verbindung gesetzt, die einen

Dokumentarfilm über mein Leben und meine Arbeit produzieren wollen.

Ist es nicht absurd, dass man Gefahr laufen kann, seine Reputation zu verlieren, wenn man neugierig ist, was ja eigentlich der Grundantrieb allen Wissens, aller Erfindungen ist?

Da stimme ich Ihnen zu. Aber ich kümmere mich nicht darum, was andere Leute denken. Meine eigene Berufspraxis hat mich gelehrt, soziale Trends zu ignorieren und den Grundsätzen zu folgen, die ich für wichtig halte: Innovation und Risikobereitschaft sind unerlässlich, um Entdeckungen zu machen. Vorurteile sollten aus dem wissenschaftlichen Diskurs verbannt werden.

Dieses Flugobjekt ... Warum kam die Meldung der Sichtung nicht in allen Nachrichten zur Hauptsendezeit? Ich habe zum Beispiel trotz überbordender Neugier und Konsum aller Nachrichten erst sehr spät davon gehört.

Letztlich ist es so gekommen. Ich habe nicht mit einer so großen Resonanz gerechnet. Wir haben einen normalen wissenschaftlichen Artikel geschrieben, der eine Abweichung in der Flugbahn des Objekts Oumuamua erklären sollte, die nicht allein durch die Schwerkraft der Sonne zu erklären ist. Wir haben die These aufgestellt, dass Oumuamua vom Sonnenlicht getrieben werden könnte, wie die

Lichtsegel, die wir derzeit in der Initiative Breakthrough Starshot entwickeln, an der ich beteiligt bin.
Zum Vergleich: Im vergangenen Jahr habe ich ein weiteres Paper veröffentlicht, das eine Anomalie eines ungewöhnlich kalten Gases im frühen Universum erklärt, wie es auch im

Experiment Edges gezeigt wurde. In diesem Beitrag haben wir die Vermutung geäußert, dass dunkle Materie eine geringfügige elektrische Ladung aufweist, um so die Anomalie zu erklären. Dieses Paper zur dunklen Materie wurde innerhalb weniger Wochen zur Veröffentlichung freigegeben und fand in den Medien nur wenig Beachtung.

Wie erklären Sie sich das?

Es erhielt die normale Aufmerksamkeit einer neuen wissenschaftlichen Idee. Das war so weit nicht ungewöhnlich. Die Medien interessieren sich natürlich viel mehr für Politik als für Wissenschaft. Doch man sagt ja oft: In die Zeitung von heute wird morgen der Fisch gewickelt. Die Aufmerksamkeit der Medien ist also kein Maß für langfristige Bedeutung.

Haben Sie ein Beispiel dafür, dass Ihre Arbeit auf ein großes Medieninteresse stieß, ohne unbekannte Flugobjekte zu thematisieren?

Die Resonanz auf das Lichtsegel-Paper war anders. Ich hatte nicht geplant, eine Pressemitteilung dazu herauszugeben, aber der Redaktor von »The Astrophysical Journal Letters« schrieb mir in einer E-Mail: »Du solltest über eine Pressemitteilung zu diesem Thema nachdenken.« Bevor ich dazu kam, haben zwei Blogger über unseren Beitrag auf arXiv berichtet, wo ich regelmäßig Beiträge veröffentliche, bevor sie zur Publikation freigegeben werden, um Kommentare von der Community zu erhalten, bevor der Beitrag abgeschlossen ist. Innerhalb weniger Tage ging der Artikel auf Social Media viral.

Seitdem erhalte ich täglich Dutzende von Anfragen von Zeitungen und TV- und Radio-Sendern. Also, ja ... Das war völlig unerwartet. Aber ich tue mein Bestes, um diese öffentliche Aufmerksamkeit für einen guten Zweck zu nutzen: um zu erklären, dass die Pionierwissenschaft die meiste Zeit mit Unsicherheit aufgrund von Datenmangel verbunden ist, dass Innovation und Risikobereitschaft unerlässlich sind, um Entdeckungen zu machen, dass Vorurteile aus dem wissenschaftlichen Diskurs verbannt werden sollten und Fehler toleriert werden, damit sich Innovationen durchsetzen können.

Glauben Sie, dass – Teile von – Regierungen durchaus über außerirdisches Leben Bescheid wissen, es aber relativ wenig kommuniziert wird, weil die menschliche Abneigung gegen alles Fremde besser auf Erdbewohner beschränkt wird, um damit zu politisieren?

Nein, ich glaube nicht, dass die Regierungen kompetent genug sind, um diese Geheimnisse für eine lange Zeit zu bewahren.

Erinnern Sie sich an den Roswell-Zwischenfall? Was war das?

Ich bin mir nicht sicher, ob die Interpretation richtig ist, aber wahrscheinlich war es ein Wetterballon.

Extraterrestrisches Leben kann gasförmig sein, es kann Formen haben, die wir uns nicht vorstellen können mit unseren limitierten Hirnen, die nur auf Bekanntes zurückgreifen können. Stellen Sie sich ab und zu vor, es würde Ihnen und Ihrem Team gelingen, Kontakt mit Außerirdischen aufzunehmen? Wie könnte das aussehen?

Es wäre ein Schock, denn höchstwahrscheinlich wären sie viel fortschrittlicher als wir. Ich bin allerdings sehr zuversichtlich, dass wir noch zu meinen Lebzeiten Kontakt aufnehmen werden.

Sie haben diesem Gedanken sicherlich mehr Aufmerksamkeit geschenkt als die meisten von uns. Wie würden Wissenschaftler den Prozess der Kontaktaufnahme mit fremden Wesen tatsächlich angehen?

Wenn wir zu diesem Punkt kommen, sollte die UNO einen internationalen Ausschuss von Wissenschaftlern und politischen Entscheidungsträgern ernennen, der alle Fakten berücksichtigt und entscheidet, wie am besten zu handeln ist.

Im Zweifel immer erst mal freundlich sein. Vielleicht sind die Außerirdischen ja nicht höher entwickelt, sondern auf dem geistigen Stand von – sagen wir – Nazis.
Nun, ein anderes Thema. Sie forschen zu Lichtsegeln. Können Sie das Prinzip mit einfachen Worten erklären?

Wir entwickeln im Grunde die Technologie, ein Segel mit Licht so anzutreiben, wie ein Segel auf einem Segelboot von der von seiner Oberfläche reflektierten Luft vorangetrieben wird.

Wie weit sind Ihre Forschungen?

Entweder das Licht der Sonne wie im Fall der Ikaros-Mission der japanischen Raumfahrtagentur Jaxa oder das Licht eines leistungsstarken Lasers wie im Projekt Breakthrough Starshot.

Gelingt es Ihnen, die momentane politische Entwicklung – hin zu sich absichtlich idiotisch stellenden Diktatoren, gesponsert von neoliberalen Kräften, zur Wissenschaftsfeindlichkeit im Namen des Wählers – auszublenden, oder bekommen Sie das mit, und wie sehr beleidigt es Ihren Verstand?

Was ich so höre, lässt mich bisweilen daran zweifeln, dass unsere Zivilisation intelligent ist. Möglicherweise sind wir das Gespött der fortgeschritteneren Zivilisationen, sollten sie uns beobachten.

Was ist Ihrer Meinung nach Ihre bisher größte Leistung?

Meine wichtigsten wissenschaftlichen Errungenschaften stehen in Zusammenhang mit der Erstellung innovativer Vorhersagen über das Universum, die sich als wahr erwiesen haben. Die zwölf besten von ihnen sind in diesem Dokument zusammengefasst.

Haben Sie noch ein paar weitere Leseempfehlungen?

Mein Vortrag »The Case for Cosmic Modesty« ist recht gut, Sie finden ihn auf Youtube. Aber noch besser ist die folgende Liste meiner Meinungsartikel (mit anklickbaren Links).

Herr Doktor, können Sie uns am Ende noch ein wenig Optimismus mitgeben?

Ich bin zuversichtlich, dass Wissenschaft und Technologie unser Leben auf bislang kaum vorstellbare Weisen verbessern werden, mit Medikamenten, die die durchschnittliche Lebensdauer der Menschen auf über 100 Jahre erhöhen, und Robotern, die all die schwere Arbeit übernehmen, die in der

Vergangenheit von Menschen erledigt werden musste. Ich bin zuversichtlich, dass die heutige junge Generation einige unserer großen Herausforderungen und existenziellen Probleme lösen wird, ohne die Vorurteile und Diskriminierungen, die frühere Generationen gekennzeichnet haben. Und schließlich bin ich zuversichtlich, dass wir uns erfolgreich in den Weltraum hinauswagen und dadurch nicht länger alles auf nur eine Karte, nämlich die Erde, setzen müssen.

Eines der Gebiete, die ich unterstütze, ist die Weltraumarchäologie, also die Suche nach Relikten alter Kulturen, die nicht mehr existieren. Nur findet die Suche eben im Weltraum statt. Meine Hoffnung ist, dass uns das Auffinden von Relikten toter Zivilisationen im Weltraum eine wichtige Lektion lehren wird, damit wir uns zusammenreißen und unseren Planeten und andere Menschen besser behandeln, sodass wir ein vergleichbares Schicksal vermeiden können.

Herr Dr. Loeb, ich danke Ihnen für Ihre Zeit und Ihren Optimismus.

»Männer haben etliche Gründe, Angst vor der Klitoris zu haben.«

Gespräch mit
ODILE FILLOD

Ingenieurin, Kognitionswissenschaftlerin und unabhängige Forscherin im Bereich Wissenschaftssoziologie. Arbeitet freiberuflich in Paris, Schwerpunkt: Fragen von Geschlecht und Gender. Sie entwickelte ein 3-D-Klitoris-Modell (2016) und stellte die Daten als Open-Source-Code bereit.

Guten Morgen, Frau Fillod. Haben Sie sich heute schon um den Zustand der Welt gesorgt?

Ich bin mir nicht sicher, ob ich Ihre Frage verstehe. Auf jeden Fall kann ich Ihnen sagen, dass ich jeden Tag um den Zustand der Welt besorgt bin.

Es scheint, Sie haben die Frage richtig verstanden. Gelingt es Ihnen, Ihren Beruf in drei Sätzen zu beschreiben?

Früher hatte ich einen Beruf, aber jetzt nicht mehr: Meine Tätigkeit ist im Wesentlichen freiwillig. Ich bin freiberufliche Forscherin im Bereich wissenschaftliche Sozialstudien. Hauptsächlich untersuche ich die Erstellung und Verbreitung von Forschungsdaten über biologische Unterschiede zwischen Frauen und Männern. Basierend auf meinen Forschungen verfasse ich Beiträge, ich halte Vorträge, blogge, gebe Interviews ...

Welche Struktur haben Sie sich für Ihre Arbeit eingerichtet? Gibt es für Sie so etwas wie einen normalen Arbeitstag?

Als mein Sohn jünger war, sagte er immer, meine Arbeit sei »computern«, und meinte, dass ich irgendetwas am Computer mache. Ich denke, das fasst es ziemlich gut zusammen.

Ich sitze vor meinem Computer, lese, denke und schreibe, wobei ich mit ziemlich vielen Leuten interagiere – wenn auch meistens per E-Mail – und regelmäßig vergesse, zu Mittag zu essen.

Bevor wir über die Problematik der Mittagsmahlzeit reden, nach der man immer müde wird und den halben Tag verliert – können Sie mir Ihren wissenschaftlichen Werdegang schildern? Das interdisziplinäre Studium der Kognitionswissenschaft besteht, soweit ich weiß, aus Gebieten der Informatik, der Linguistik, der Neurowissenschaft und der Philosophie. Anders gefragt: Was zum Teufel lernt man da?

Mein Werdegang begann im Ingenieurwesen, und ich habe einen Master in Kognitionswissenschaft gemacht. Nach dem Abschluss meines Studiums an der École Centrale in Paris arbeitete ich jedenfalls etwa zwölf Jahre lang als Ingenieurin, zunächst als Beraterin in der Informationstechnologie, dann in einer Bank. Anschließend absolvierte ich ein Soziologie-Masterstudium, hängte meinen Job an den Nagel und begann eine Doktorarbeit, die ich nach fünf Jahren aufgab. Einer der Gründe, warum ich meine Dissertation aufgab – und warum ich jetzt als Freiberuflerin arbeite –, war, dass ich das Feld der strengen Soziologie längst verlassen und mich tief in die interne Kritik der Disziplin begeben hatte. Während dieser fünf Jahre und den folgenden entwickelte ich mich zur Spezialistin für biologische Studien über die zerebralen, kognitiven Verhaltensunterschiede zwischen Frauen und Männern. Mittlerweile mische ich mich sogar hin und wieder mit Artikeln in das Feld der Neurowissenschaften ein. Meine Arbeit zur politischen Nutzung dieser wissenschaftlichen und pseudowissenschaftlichen Diskurse führte mich auch zum »Flirt« mit der Moralphilosophie.

Wäre ich Alexander Kluge, würde ich jetzt leise raunen: »Im Deutschen wird Ethik in der Tradition Ciceros als Moralphilosophie bezeichnet.« Fragen, die vor allem die Fähigkeit des Fragenden zeigen, sich gute Stichworte zu machen. Wie und wann begann sich aus Ihrem Wissen ein konkreteres Arbeitsgebiet zu entwickeln? Gab es Schlüsselmomente?

Mitte der 1990er-Jahre begannen sich sowohl die Evolutionspsychologie, die auf das Geschlecht angewandt wurde, als auch Neuroimaging-Studien, die angeblich die biologischen Grundlagen kognitiver, verhaltensbezogener und letztlich sozialer Unterschiede zwischen Frauen und Männern aufzeigten, in der Populärwissenschaft, den Medien und der Mainstreamkultur zu verbreiten. Mir wurde langsam klar, dass mit diesen Diskursen etwas nicht stimmte. Ich habe fast zehn Jahre vergeblich nach fundierten Studien in diesem Feld gesucht, bis ich zu dem Schluss kam, dass ich sie selbst erstellen musste. Ich entschied, dass es sich lohnte, alles liegen zu lassen und mich dieser Sache zu widmen.
Und es hört nicht auf. Im Moment wird ja angeblich nachgewiesen, warum Frauen kein Interesse daran haben, IT zu studieren.

So ziemlich jedes Land erlebt gerade eine starke, oft konservativ-populistische Gegenbewegung zum Kampf der Frauen um eine menschliche Gleichberechtigung. Es werden wieder einmal klassische Frauen- und Männerbilder und die traditionelle Familie propagiert, was meiner Meinung nach immer mit Angst und Schwäche, aber auch mit wirtschaftlicher Unsicherheit und der simplen Sorge um traditionell männlich besetzte Arbeitsplätze zu tun hat. Was ist der aktuelle Stand der Konflikte in Ihrem Land?

In Frankreich verweilt die Bewegung gerade ein wenig in Bereitschaftshaltung, weil die Regierung keine Initiative zeigt, um sie wiederzubeleben. Aber sie wäre mit Sicherheit startklar, wenn es darum ginge, den Kampf gegen Genderstereotypen in den Schulen von Neuem aufzunehmen, der unter Druck der Politik im Jahr 2014 aufgegeben werden musste. Darüber hinaus sind Leugnung, Ignoranz, Missbrauch oder Fehlinterpretation von Wissenschaft leider auch in fortschrittlichen Kreisen sehr präsent.

Apropos geschmeidige Übergänge – lassen Sie uns von der Klitoris reden. Das Wissen um dieses Organ soll bis in die Renaissance zurückreichen. Warum ist bis heute »populär« so wenig bekannt über die Beschaffenheit und die Funktion der Klitoris?

Die Klitoris wird Ende des ersten, Anfang des zweiten Jahrhunderts in zwei griechischen medizinischen Abhandlungen zum ersten Mal erwähnt, hier liegt auch die Geburtsstunde des Begriffs selbst; ihr verborgener Teil wurde aber erst in den 1550er-Jahren von italienischen Anatomen entdeckt. Tatsächlich wissen wir viel über das Wesen und die Funktion der Klitoris, welchen vielen Aspekten mit denen des Penis übereinstimmen. Das Problem ist, dass dieses Wissen nicht gelehrt wird, es nicht Teil der allgemeinen Kultur geworden ist. Der Grund dafür ist recht einfach, glaube ich: Es liegt daran, dass die Klitoris keinem anderen Zweck dient als der sexuellen Lust von Frauen, ohne Beziehung zur Fortpflanzung und zu dem, was Männern Freude bereitet, wenn sie Sex mit Frauen haben.

Haben Sie, als Ihnen die Idee kam, ein Modell der Klitoris anzufertigen, direkt an die Realisierung durch 3-D-Drucktechnik gedacht, oder haben Sie erst 1.0-Herstellungsmöglichkeiten erwogen?

Zuerst wollte ich ein 3-D-Modell in tatsächlicher Größe erstellen, um es in einem Lehrvideo zeigen zu können. Ich bat eine befreundete Künstlerin, Marie Docher, eines nach meinen Vorgaben zu modellieren, und sie schlug vor, ein druckfähiges 3-D-Modell zu erstellen. Ohne sie gäbe es dieses 3-D-Modell nicht!

Interessiert Sie das 3-D-Drucken generell oder nur zweckgebunden?

Es war nur für diesen Zweck für mich von Interesse.

Wie genau haben Sie den Aufbau der Klitoris, die zum größten Teil im Inneren des Körpers liegt, studiert? Gab es Skizzen, Präparate?

Ich habe die vorhandene wissenschaftliche Literatur zu diesem Thema sehr gründlich durchgesehen und darauf aufbauend Skizzen angefertigt. Dann bat ich das Fab Lab der Cité des sciences in Paris, mir zu helfen, diese Skizzen in ein druckfähiges 3-D-Modell umzuwandeln. Wir mussten ziemlich schnell arbeiten, und so war ich mit dem ersten Modell nicht vollauf zufrieden. Im Dezember 2016 habe ich deshalb mit Unterstützung eines motivierten Naturwissenschaftslehrers und eines 3-D-Geeks eine verbesserte Version erstellt.

Wie weit ist das Vorhaben gediehen, Ihr Modell in allen französischen Schulen zum Bestandteil des Sexualkundeunterrichts zu machen, und wie ist die Situation dieses Faches in Frankreich generell?

Mein eigener Plan war nie so ehrgeizig. »The Guardian« fabulierte, mein Modell würde an alle französischen Schulen verteilt werden, und viele ausländische Medien griffen dies auf, aber es ist nicht wahr. Ich weiß nur, dass einige es im naturwissenschaftlichen Unterricht benutzen – ich habe keine Ahnung, wie viele Leute dies tun. Der Zustand der Sexualerziehung in Frankreich ist alles andere als glanzvoll: Das Gesetz, das drei Unterrichtseinheiten pro Jahr vorschreibt, wird nicht angewandt, die Pädagogen sind schlecht ausgebildet, falsche Vorstellungen und sexistische Darstellungen werden in diesem Zusammenhang verbreitet, es gibt keine Fortbildungsprogramme, keine Evaluationen ... Das Sprechen über sexuelle Lust, ohne Fokus auf Reproduktion, Verhütung und Geschlechtskrankheiten, wird immer noch als eine sensible Angelegenheit betrachtet. Das ist einer der Gründe, warum Professoren wenig oder gar nicht über die Klitoris sprechen und warum das Bildungsministerium nicht den Mut aufbringt, sich in diesem Bereich zu engagieren. Nur wenige Individuen tun etwas. Mancherorts. Vereinzelt.

Wie enttäuschend. Wenn jedes Kind in der Schule lernen würde, dass die Klitoris nicht nur ein kleiner Punkt irgendwo da unten ist, den der Penis mit etwas Glück auch reizen kann, sondern ein großes Organ, dessen Funktion der des Penis ähnlich ist, nur dass es allein der Lust dient, würde das ja vermutlich die Sexualität der nächsten Generation vollkommen verändern.

In der Tat. Das glaube ich.

Mädchen würden lernen, dass es nicht ihre Schuld ist, wenn sie keine befriedigende Sexualität erleben, oder sie würden wenigstens eine Ahnung haben, wie man masturbiert. Sie würden lernen, dass ihre Sexualität keineswegs etwas empfangend Passives ist.

Genau.

Apropos: War es Freud, der die Legende vom Orgasmus erfunden hat? Und wem haben wir den geheimnisvollen G-Punkt zu verdanken? Statt Mädchen und Frauen zu vermitteln, wie ihre Sexualität funktioniert, nämlich relativ einfach, wurden Generationen auf die Suche nach inneren Orten geschickt, die immer mit Frustration enden musste.

In den 1880er-Jahren legten in Europa mindestens zwei Ärzte dar, dass die Vagina die Hauptquelle der Lust bei Frauen sei: der Franzose Pierre Garnier und der Österreicher Richard von Krafft-Ebing in seiner berühmten »Psychopathia sexualis«. Von Krafft-Ebing führte die Vorstellung ein, dass bei Jungfrauen die Klitoris die Quelle der Lust sei und die Vagina und der Gebärmutterhals nach der »Defloration« an deren Stelle trete. Diese These wurde in Freuds Theorie der Entwicklung der »Weiblichkeit« aufgenommen. Eduard Hitschmann und Edmund Bergler, zwei in die USA emigrierte österreichische Psychoanalytiker, prägten dann in ihrem 1934 erschienenen Buch über die weibliche Frigidität den Begriff »Vaginalorgasmus«. Frigidität wurde von ihnen als die Unfähigkeit definiert, einen »vaginalen Orgasmus« zu erreichen, und für sie war bereits die Stimulation der Klitoris ungesund und deutete auf ein psychologisches Problem hin, das im Zusammenhang mit der Weigerung stand, seinen Platz als Frau in der Gesellschaft anzunehmen.

Die Geschichte des G-Punkts ist unabhängig von der des »vaginalen Orgasmus« zu sehen. Im Jahr 1950 beschrieb Gräfenberg die weibliche Ejakulation, und er wies darauf hin, dass sie mit sexuellem Vergnügen und nicht mit Lubrikation verbunden sei. Es waren Frank Addiego und seine Kolleginnen, darunter Beverly Whipple, die 1981 zu Ehren von Gräfenberg den Begriff G-Punkt prägten, basierend auf der Fallstudie einer Frau, die den Orgasmus zusammen mit der Ausscheidung von Flüssigkeit aus der Harnröhre bei manueller Stimulation einer Fläche ihrer vorderen Vaginalwand beschrieb.

Was ist Ihrer Ansicht nach der Grund dafür, dass gerade in der heterosexuellen Sexualität bis heute so eine große Unwissenheit über die weibliche Sexualität und die weiblichen Geschlechtsorgane herrscht?

Wir leben seit Langem in einer Kultur, die phallokratisch, androzentrisch und zudem von einer gewissen religiösen Sexualmoral geprägt ist, die nicht-reproduktive Sexualität verurteilt. In diesem Zusammenhang werden die Sexualität von Frauen und ihre Geschlechtsorgane im Grunde genommen nach wie vor hinsichtlich ihrer Nützlichkeit für Fortpflanzung und männliche Lust betrachtet. Alles, was außerhalb dieses Rahmens liegt, wird tendenziell ignoriert oder abgelehnt: die zentrale Aufgabe der Klitoris, die Tatsache, dass Frauen eine eigenständige und aktive Sexualität haben können und nicht nur eine reaktive oder passive, die Tatsache, dass die vaginale Penetration durch einen Penis selten die beste Methode ist, um einen Orgasmus zu erreichen, und so weiter.

Was meinen Sie: Ist das Desinteresse vieler Männer oder ihre Angst vor der weiblichen Sexualität der Grund dafür, dass immer noch eine absurde Unwissenheit über die Klitoris und ihre Funktionsweise herrscht? Könnte die männliche Angst, dass ein Penis nicht zwingend erforderlich ist, damit eine Frau Orgasmen hat, ein Grund sein? Oder ist es vielen einfach zu anstrengend, trotz ihrer Erregung so komplizierte Bewegungen wie das Reiben der Klitoris durchzuführen?

Männer haben etliche Gründe, Angst vor der Klitoris zu haben: Ihre grundlegende Homologie mit dem Penis untergräbt die beruhigende Hierarchie zwischen jenen, die »etwas zwischen den Beinen haben«, und jenen, die es nicht haben; sie stellt eine Grundlage männlicher Identität infrage, die um den Wert von Penisgröße, Erektionsfähigkeit und sexueller »Macht« herum aufgebaut ist; das Verständnis ihrer zentralen Rolle zerstört die Vision des Penis als Zauberstab, der die Quelle des sexuellen Vergnügens der Frauen par excellence wäre; damit geht die Angst einher, dass Frauen ganz auf Männer verzichten und sie loswerden wollen könnten. Die Klitoris stellt die typischen sexuellen Szenarien infrage, die sich ausschließlich auf das männliche Vergnügen konzentrieren – die Frau soll sexuell befriedigt werden, indem in sie eingedrungen wird, die heterosexuelle Sexualbeziehung endet, wenn der Mann ejakuliert hat und seine Erektion endet ...

> *Dass es für den Penis und die männlichen Sexualorgane wunderbare Modelle gibt und von den weiblichen Geschlechtsorganen nicht, ist vermutlich dem Umstand geschuldet, dass Sexualwissenschaft, wie alle Bereiche der Wissenschaft und der Gesellschaft, männlich geprägt war?*

Diese Erklärung erscheint mir etwas kurz und ungenau, zum einen, weil Frauen bereits seit Jahrzehnten in der Medizin und der Biologie sehr präsent sind, zum anderen, weil es Männer waren, die die Klitoris in der Geschichte sehr detailliert beschrieben haben, wie Georg Ludwig Kobelt, der nicht zögerte zu bekräftigen, dass die sexuelle Lust bei Frauen von diesem Organ und nicht aus der Vagina käme, oder wie Alfred Kinsey, der Mitte des 20. Jahrhunderts die wissenschaftliche Sexualforschung gründete, auf der Schlüsselrolle der Klitoris bestand und der der Ansicht war, dass die Konzentration auf die Vagina das Ergebnis einer kulturellen männlichen Dominanz sei.

Meines Erachtens liegt das Problem eher in der Verbreitung wissenschaftlicher Erkenntnisse in der Gesellschaft und der allgemeinen Kultur – ein Wissen, das in diesem Fall, wie bereits gesagt, als gefährlich oder nutzlos angesehen wurde.

Außerdem standen viele Frauen ebenfalls hinter dem Mythos des vaginalen Orgasmus und anderen sexistischen, frauenfeindlichen und konservativen psychoanalytischen Vorstellungen von Sexualität und Genitalien. Ich denke zum

Beispiel an Françoise Dolto, eine in Frankreich sehr beliebte Psychoanalytikerin, und auch andere Psychoanalytikerinnen arbeiten leider heute noch in die gleiche Richtung. Hier gibt es ein Problem, das Frankreich im Besonderen betrifft, denn eine bestimmte dogmatische Psychoanalyse hat einen erheblichen Einfluss auf uns behalten, der glücklicherweise überall sonst auf der Welt verloren gegangen ist.

Aber dahinter steckt sicherlich auch eine größere politische Bedeutung.

Tatsächlich hilft es, die Klitoris unsichtbar zu machen ...

Oder sie zu entfernen ...

... um eine patriarchale und heteronormative gesellschaftliche Organisation aufrechtzuerhalten, ihren Einsatz abzuwerten oder gar zu pathologisieren, wie es Hitschmann und Bergler in diesem Zusammenhang ausdrücklich getan haben. Es ist kein Zufall, dass feministische Aktivistinnen regelmäßig die Initiative ergreifen, die Klitoris in den Vordergrund zu stellen, wie Ruth Herschberger in »Adam's Rib« (1948, USA), Anne Koedt in »The Myth of Vaginal Orgasm« (»Der Mythos des vaginalen Orgasmus«, 1970, USA), die kollektiven feministischen Autoren von »A New View of a Woman's Body« (»Ein neuer Blick auf den Körper einer Frau«, 1981, USA) oder neuerdings in Frankreich das Kollektiv »Osez le féminisme!« (»Wagt den Feminismus!«), das 2011 eine Informationskampagne mit dem Titel »Osez le clito!« (»Wagt den Kitzler!«) durchführte.

In Ihrem Blog »Allodoxia – Un observatoire critique de la vulgarisation« (»Kritisches Beobachtungsinstrument der

populären Darstellung von Wissenschaft«) kritisieren Sie Studien der angeblichen Unterschiede zwischen männlichen und weiblichen Hirnen, auf deren Grundlagen Geschlechterklischees reproduziert werden, und die ungebremste Leidenschaft, mit der sich einige Wissenschaftler mit vermeintlich naturgegebenen Unterschieden zwischen männlichen und weiblichen Gehirnen beschäftigen.

Statistisch signifikante Unterschiede zwischen Probandengruppen werden in wissenschaftlichen Fachjournalen mit größerer Wahrscheinlichkeit veröffentlicht als sogenannte Nullbefunde. In der Geschlechterhirnforschung ist es besonders gravierend. Für Cordelia Fine, die an der University of Melbourne in Australien arbeitet und solche Nullbefunde publiziert hat, liegt das an der großen Selbstverständlichkeit, mit der in Studien gezielt auf Geschlechterunterschiede hin getestet werde. Gibt es für die manipulative oder simplifizierte Wiedergabe von Forschungsergebnissen noch andere Gründe, als ein patriarchales Dominanzmodell aufrechtzuerhalten?

Nun, es ist ein sehr weites Thema ... Ich habe gerade einen langen Vortrag gehalten, um einige Antworten auf diese Frage zu geben, und ich kann ihn in diesem Interview nicht in zwei Zeilen zusammenfassen, sondern nur sagen, dass die Dinge weitaus komplizierter sind als das. Um ein Beispiel zu nennen, das diese Komplexität beleuchtet: Es geschieht insbesondere im Namen eines bestimmten (essenzialistischen) Feminismus, dass fragwürdige Forschung über die Unterschiede zwischen Frauen und Männern reproduziert und falsch ausgewertet wird.

Im deutschen Diskurs ist eines der wichtigsten Werke von einem Mann verfasst worden (dem hinteren Platz, den das Land im Europavergleich in Sachen Gleichberechtigung einnimmt, geschuldet): Rolf Pohls »Feindbild Frau«. Seine These ist, dass sich über die Jahrtausende an dem tief verwurzelten Hass einiger Männer auf Frauen nicht viel geändert hat. Haben Sie eine These entwickelt, warum das so ist? Geht es schlicht um Macht und deren Erhalt?

Meine Überzeugung ist, dass die Grundlage dafür weniger im Willen der Männer liegt, ihre Macht oder Privilegien zu erhalten, als im Bedürfnis, ihr Selbstwertgefühl aufrechtzuerhalten und das zu bewahren, was im Zentrum ihrer Identität steht: die Vorstellung, dass sie Männer sind und dass ein Mann, ein echter Mann, anders zu sein hat als Frauen und über ihnen steht.

Erleben Sie in Frankreich auch gerade einen Rückschritt in Belangen der Gleichberechtigung und der Aufklärung, der Toleranz und der Akzeptanz von Wissenschaft durch das Erstarken der Rechtspopulisten? Und den Wunsch vieler nach klaren, bekannten Parametern zur Einordnung der Welt?

Ja, aber Negierung, Ignoranz, Missbrauch und Fehlinterpretation von Wissenschaft sind leider Teil einer breiteren Bewegung, die auch in fortschrittlichen Kreisen am Werk ist.

Auch über die genaue Bedeutung von Gender und Geschlecht herrscht eine weitverbreitete Unwissenheit. Soziologisch betrachtet ist Geschlecht eine Strukturkategorie. Geschlechtszuweisungen bestimmen unsere gesellschaftliche Positionierung, demnach macht das Geschlecht einen wesentlichen Teil unserer Identität aus. Geschlecht umfasst aber auch biologische Aspekte. Wie würden Sie Geschlecht definieren?

Das hängt vom Kontext ab. Ich für meinen Teil verwende dieses Wort in zwei sehr unterschiedlichen Bedeutungen. Wenn ich von Gender als einem System spreche, beziehe ich mich auf alles, was in der Kultur, den sozialen Beziehungen und den materiellen Lebensumständen vorhanden ist, Individuen je nach Geschlecht bestimmte Funktionen, Orte, Rollen zuschreibt und sie dazu drängt, bestimmte Fähigkeiten und bestimmte Verhaltensweisen zu entwickeln und nicht andere. Wenn ich von Gender in Bezug auf Menschen spreche, dann meine ich damit sämtliche Eigenschaften, die gesellschaftlich als mehr oder weniger feminin oder mehr oder weniger maskulin kategorisiert sind.

Meine Gespräche mit Wissenschaftlerinnen und Wissenschaftlern in letzter Zeit geben mir Hoffnung. Wollt ich nur mal schnell anmerken. Ihre Arbeit verändert die Welt.

Wenn ich das nur könnte! Nett, dass Sie das sagen.

Waren Sie schon immer politisch, oder wann ist der Wille, konkret etwas zu ändern, entstanden? Und wodurch?

Seit meiner frühesten Kindheit war ich immer sowohl über Ungerechtigkeit als auch über ihre falschen Rechtfertigungen empört, wahrscheinlich, weil ich sehr früh und sehr direkt damit konfrontiert wurde. Aber es dauerte lange, bis mir klar wurde, dass ich aktiv werden und etwas bewegen konnte.

Woran arbeiten Sie im Moment?

Ich führe viele verschiedene Projekte parallel durch. Am intensivsten arbeite ich derzeit an der Analyse bestimmter Diskurse über die Ungleichheit von Gesundheitschancen zwischen Frauen und Männern sowie an einem neurowissenschaftlichen Forschungsprojekt, das ich aufzubauen versuche. Ich muss auch bald einen Text über egalitäre Sexualerziehung liefern, Teile meiner Website Clit'info »entgiften« und die Kategorie »Geschichte« mit Unmengen von Dingen füttern, die auszuarbeiten mir bislang die Zeit fehlte. Ich arbeite an mehreren antisexistischen Erziehungsprojekten in Frankreich und im Ausland mit ...

Es ist unwahrscheinlich, dass wir noch eine wirkliche Gleichberechtigung erleben, die ja vermutlich mit einer Gleichheit der Kapitalverteilung zu tun hat. Was kann jede Frau dazu beitragen, diesen Prozess zu beschleunigen, der immer wieder mit circa 150 Jahren angegeben wird? Vermutlich, um uns zum Aufgeben zu bewegen.

Diese Art von Schätzung ist Blödsinn, keine Wissenschaft. Gleichheit tritt vielleicht niemals ein, oder möglicherweise geht plötzlich alles ganz schnell. Sozialer Fortschritt ist kein natürliches Schicksal von Gesellschaften: An ihm muss konkret gearbeitet werden, um sicherzustellen, dass er stattfindet, und er hängt konkret von verschiedenen Machtverhältnissen ab, die sich mit der Zeit entwickeln dürften.
Es liegt an jeder Frau – und jedem Mann –, darüber nachzudenken, was sie oder er tun kann. Sozialer Fortschritt kann durch die Erziehung geschehen, die Sie Ihren Kindern vermitteln wollen, durch die Verhaltensweisen, die Sie zu übernehmen oder nicht länger zu übernehmen entscheiden, durch die Beteiligung an militanten Aktionen zugunsten

von Gesetzesänderungen oder an militanten Aktionen, die einfach darauf abzielen, Ungleichheiten und Ungerechtigkeiten sichtbar zu machen, durch die Herstellung von Werkzeugen intellektueller oder konkreter Art im Dienste der Gleichheit ...

Ich bin sehr glücklich über diese Antwort. Sie macht Mut. Und der ist nötig, um aktiv zu werden. Aktiv werden ist immer mit Angst verbunden, denn man setzt sich aus. Im Moment scheint es, als befänden wir uns alle in Lars von Triers Film »Melancholia«. Ein Komet rast auf die Erde zu, und wir hampeln hier unten in alten Rechts-links-Schemen herum und versuchen, den Rückschritt, den Diktatoren und Autokraten mit neoliberalen nationalistischen Ideen bewirken, zu bekämpfen ...

... ja, und zugleich erscheint mir der Zustand so katastrophal – ökologisch, ideologisch, sozioökonomisch und hinsichtlich der für die Aufrechterhaltung von Demokratien notwendigen Grundlagen –, dass ich mir sage, dass dies zwangsläufig einen Rückstoß, eine gesunde Reaktion hervorrufen wird. Ich versuche, optimistisch zu sein.

Haben Sie eine Idee, wie die Menschheit zu retten wäre?

Die Zerstörung des Gendersystems würde schon viel helfen.

Frau Fillod, ich danke Ihnen für Ihren Kampfgeist und Ihre Zeit.

»Um aus der Geschichte zu lernen, ist es wichtig zu verstehen, welche Geschichten wir uns erzählen.«

Gespräch mit
HEDWIG RICHTER

Historikerin. Lehrte und forschte am Hamburger Institut für Sozialforschung, Schwerpunkte: europäische und US-amerikanische Geschichte im 19. und 20. Jahrhundert, Wahl- und Demokratieforschung, Migration, Gender, Religion. Seit 2020: Professur für Neuere und Neueste Geschichte an der Universität der Bundeswehr, München

Guten Morgen, Frau Dr. Richter. Haben Sie sich heute schon um den Zustand der Welt gesorgt?

Nein. Ich habe mich an der Welt gefreut. Der erste Blick aus dem Fenster am Morgen, das wiedergefundene alte Buch, die Mitmenschen, der Frühling, Twitter und so.

Hut ab. Bei der Flut von täglichen Erregungsnachrichten denke ich ja meist: Die Sehnsucht der Menschen, auszusterben, ist gigantisch. Es spricht für Ihren Glauben an die Macht der Aufklärung, dabei eine gute Laune zu bekommen.

Ich bin Historikerin.

Lassen Sie mich durch, ich bin Historikerin. Fällt mir da unzusammenhängend ein.

Die Welt könnte öfter auf unsere Zunft hören.

Unbenommen. Können Sie Ihren Beruf in drei Sätzen beschreiben?

Lesen, im Archiv wühlen, schreiben. Ideen haben, um die Welt besser zu verstehen – oft im Austausch mit Kolleginnen und Kollegen. An der Universität kommt die Arbeit mit den Studierenden dazu: Auch das ein Privileg!

Was war denn die letzte aufregende Entdeckung, die Sie im Archiv gemacht haben?

Einen Stimmzettel von 1870 habe ich in South Carolina gefunden. Er zeigt, wie viel Demokratie in dieser Zeit mit dem einfachen Mann – und wie viel sie mit weißer Männlichkeit zu tun hatte. Eine Fährte auf der Suche nach Antworten darauf, warum Demokratie lange Zeit ein reines Männerspiel war. Historikerinnen wie Mary Beard, Birte Förster oder Josephine Hoegaerts verweisen auf das alte Ideal der schweigenden, sich selbst verleugnenden Frau.

War der Wunsch, die Welt zu verstehen, Grundlage für Ihre Studien? [Geschichte, Germanistik und Philosophie an der Universität Heidelberg, der Queen's University of Belfast in Nordirland, der Freien Universität Berlin. Forschungsaufenthalte in Frankreich, den USA, der Schweiz und in Tschechien ...]

Auf jeden Fall. Aber Forschen ist auch einfach die Arbeit, mit der ich meinen Lebensunterhalt verdiene.

Sie werden bis zu Ihrem Lebensende keine definitive Antwort auf die Frage bekommen, was die Welt im Innersten zusammenhält. Euphorisiert Sie das, oder beelendet es Sie mitunter, dass wir immer nur Bruchstücke verstehen können? Dass jede Wahrheit die Möglichkeit von tausend anderen Wahrheiten in sich trägt?

Ich finde das verwirrend und schön und traurig und betörend. Mein Hero Max Weber hat gesagt, dafür sind Wissenschaftler da, dass ihr Wissen überholt wird.

Natürlich. Der große Max Weber. Wann entstand bei Ihnen das Interesse für Ihr spezielles Fachgebiet der Demokratiegeschichte? Gab es einen Moment, in dem Ihnen Ihr Berufswunsch klar wurde, oder sind Sie mit unklarem Ziel verschiedenen Interessen gefolgt?

Es war typisch deutsch: Warum machen Menschen so was wie die Shoa? Ganz früh hat uns unsere Mutter von den Verbrechen der Nazis erzählt. Über viele Jahre hinweg hatte ich deswegen Albträume, und tagsüber stellte ich mir immer wieder die Frage: Wie konnte das passieren? Die NS-Verbrechen wurden und sind der Fluchtpunkt meines Denkens. Wie funktionieren Gesellschaften? Ergibt sich eins aus dem andern? Daraus entwickelte sich ein Interesse für Diktaturen – und dann für Demokratie. Dann für Wahlen, weil wir anhand dieser Praxis näher am Volk sind.

Es ist aber auch klar, dass das eine Erzählung ist, die ich mir zurechtlege, um mein Leben zu verstehen. Wäre ich Musikerin geworden, würde ich davon berichten, wie Musik mich von jeher begeistert hat. Auch diese Geschichte wäre richtig. Mich fasziniert: Warum erzählen wir uns welche Geschichten? Demokratiegeschichte ist besonders aufschlussreich, denn Demokratie ist ein wesentliches Merkmal nationaler Identitäten geworden. Ist das nicht zum Beispiel eine wichtige Frage: Warum spielen Revolution und Gewalt in dieser Geschichte eine so zentrale Rolle? Warum kommen Frauen darin kaum vor?

Darüber können wir nur spekulieren. Vermutlich ist die Unterdrückung der Frau, ihre Verbannung in den privaten Raum und die jahrhundertelange Erziehung zur Zurückhaltung, ein wesentlicher Faktor. Es heißt immer, man muss die Geschichte kennen, um die Zukunft gestalten oder auch verändern zu können. Im Moment scheint es, als würde, trotz all der Kenntnis um die Dummheit einiger Teile der Bevölkerung, mit dem Wissen um die verheerenden Auswirkungen von Diktatoren und Autokraten, die Geschichte wiederholt. Ist das zu negativ gedacht?

Aber zeigt nicht schon Europa die Lernfähigkeit der Menschen? Demokratien führen außerdem untereinander so gut wie nie Krieg. Selbst weltweit hat die Anzahl der Kriege gravierend abgenommen. Das hat viel mit den Institutionen zu tun, die sich Menschen, aus der Geschichte lernend, errichtet haben: NGOs wie Amnesty International, oder etwa die UNO. Das Repräsentativprinzip halte ich für eine besonders geniale Erfindung. Und ganz entscheidend ist der Sozialstaat, eine zentrale Säule unserer Demokratien.

Dazu sollten wir erst einmal in unserem kleinen Kreis klären, was das Wort genau meint. Was ist Demokratie?

Darf ich ein bisschen ausholen?

Besser Sie als ich.

Hier wird gerne Abraham Lincoln zitiert: »That government of the people, by the people, for the people.« Er sagte das 1863 während des Bürgerkriegs, also während das Land im schrecklichsten Krieg steckte, den die Welt bis dahin gesehen hatte. Es war ein Land, in dem weiterhin viele davon überzeugt waren, dass Menschen wie Tiere behandelt werden dürfen, selbst Abraham Lincoln hoffte darauf, dass die Afroamerikanerinnen und -amerikaner nach Afrika »zurückkehren« würden. Und doch fügte Lincoln in dieser Rede hinzu: »Government of the people, by the people, for the people« werde von der Erde verschwinden, wenn es in den USA nicht überlebt. Wow! Der Parlamentarismus in England, der Rechtsstaat in Preußen, die partizipativen Strukturen im süddeutschen Raum, die republikanischen Traditionen in der Schweiz und in Frankreich – all das zählt nicht? Warum lockt Demokratie solche verzerrten nationalen Erzählungen hervor? Nahezu jede Nation hat mittlerweile eine ganz eigene Demokratieerzählung, die meistens davon absieht, dass Demokratie sich in der nordatlantischen Welt doch recht parallel entwickelt hat.

Lincolns Definition von Demokratie erweist sich denn auch als eine alte europäische Weisheit. 1791 notierte Clemens Fauchet: »Tout pour le peuple, tout par le peuple, tout au peuple.« Der Revoluzzer und Rassist Ernst Moritz Arndt, der zu den vielen Intellektuellen gehörte, die zu Beginn des 19. Jahrhunderts die Zukunft in der »Demokratie« sahen, wiederholte 1814 den Spruch. Die Definition war also recht gängig. Aber wie soll das gehen, dass das Volk regiert? Ganz praktisch? Demokratietheoretiker haben schon früh auf den fiktiven Charakter von Demokratie hingewiesen. Demokratie ist eine Utopie, ein Projekt. Menschen haben mit ihr immer wieder etwas anderes gemeint. Und doch ist es nicht willkürlich, was wir darunter verstehen: Demokratie hat stets etwas mit Freiheit, mit Gleichheit und mit Gerechtigkeit zu tun.

Jetzt habe ich meine Frage fast vergessen – wir waren dabei, zu klären, ob Menschen aus Vergangenem lernen können ...

Um aus der Geschichte zu lernen, ist es wichtig zu verstehen, welche Geschichten wir uns erzählen. Dabei wird deutlich, dass diese Geschichten nicht losgelöst sind von dem, was wir unter »Wirklichkeit« verstehen. Die Erzählung beispielsweise, dass die Alliierten nach 1945 in Deutschland aus dem Nichts eine Demokratie geschaffen haben, erweist sich als problematisch. Die Historikerin Margaret Anderson hat – wie mittlerweile auch viele andere – gezeigt, wie intensiv die Deutschen schon während des Kaiserreichs mit den Wahlen und mit einem erstarkenden Parlament Demokratie geübt haben. In meiner Forschung über Preußen im 19. Jahrhundert war ich ebenfalls überrascht, wie früh partizipative Strukturen geschaffen und eingeübt wurden – ganz ähnlich wie in den anderen europäischen Ländern.

Demokratie naiv zu exportieren, ist ja ein etwas kolonialistisch angehauchtes Hobby der westlichen Welt.

Ja! Demokratie lässt sich nicht aus dem Nichts von einer Besatzungsmacht einführen – das war auch 1945 nicht der Fall. Die USA haben aber aus dem Narrativ der wunderbaren Transsubstantiation Deutschlands in eine Demokratie fatale Schlussfolgerungen gezogen: Man könne in ein Land einmarschieren, Wahlen abhalten lassen – und fertig ist die Demokratie. Das ging schief, egal, ob im Irak oder in Afghanistan. Weil Demokratie ein langwieriger Lernprozess ist. In Ägypten, wo die Demokratie von unten hätte kommen können, ist es auch nicht gelungen: weil das ungeübte, ungebildete Wahlvolk bei der ersten Gelegenheit die demokratische Verfassung abgewählt und für den Autokraten gestimmt hat. Demokratie ist eben nicht nur Gleichheit und Volkswille, sondern auch Freiheit, Schutz von Minderheiten, Verfassungsstaat, Checks and Balances, Rechtsstaat. Eine wichtige Lehre aus der Geschichte ist, dass Demokratie von ihrer Einschränkung lebt.

Die großen Diktatoren dieser Welt haben sich zumeist als die wahren und echten Demokraten bezeichnet. Und in seinen Hochzeiten hatte Hitler gewiss eine Mehrheit der deutschen Frauen und Männer hinter sich.

Der Begriff der Demokratie wird in den westlichen Ländern gerne für allerlei Unfug strapaziert. In der Schweiz zum Beispiel gelangen Themen zur Volksabstimmung, die zum einen feststehende Bestandteile der unterzeichneten Menschenrechtsverträge sind, Bestandteile der Menschenrechte, die nicht verhandelbar sein sollten. Und natürlich ist es auch insofern problematisch, da die Möglichkeiten der Manipulation durch sehr finanzstarke Kräfte nicht zu unterschätzen sind.

David Cameron, der in unfassbarem Egoismus seine Macht an die Zukunft Europas gekoppelt hat, ignorierte diese Lehre. Der Brexit war nicht Demokratie in Reinform, sondern ein demokratisches Missverständnis. Denn es ergibt Sinn, über komplexe Fragen kein Plebiszit abzuhalten, schon allein, weil sie sich nicht in Ja-Nein-Antworten bringen lassen. Wir stimmen ja auch nicht per Volksentscheid über verzwickte Krankenversicherungssysteme ab; vielmehr werden in langwierigen parlamentarischen Verfahren Expertinnen und Experten einbezogen, Fachgremien gebildet und nach angemessenen Diskussionszeiten im Parlament Beschlüsse gefasst.

In der westlichen Welt wird von Teilen der Bevölkerung gerade infrage gestellt, dass wir in einer Demokratie leben. Was würden sie einem Menschen antworten, der sie infrage stellt?

Wann zeigte denn der Erdball ein demokratischeres Gesicht? Gewiss nicht vor 1945. Etliche behaupten, in den 1950er-Jahren sei die wahre Demokratie in der Welt gewesen. Da habe es die geringste soziale Ungleichheit gegeben und eine hohe Wahlbeteiligung. Zweifellos war das eine gute Zeit für weiße Männer, die ihre Macht nicht gerne teilen. Frankreich beispielsweise führte den grausamen Algerienkrieg mit Folter und Menschenrechtsverletzungen. In den USA blieb die afroamerikanische Bevölkerung ausgegrenzt, Lynching war immer noch nicht tabuisiert. Außerdem gestaltete sich das öffentliche Leben – wie in Europa – als ein Herrenklub: egal, ob in Redaktionen oder Parlamenten, in Gerichten oder Kirchen. Es waren restriktive Gesellschaften, in denen individuelle Freiheiten einen eher geringen Stellenwert hatten, Kolonialismus vielen als feine Sache und Homosexualität als Verbrechen galt. War die Welt während des Kalten Krieges gerechter, friedlicher, irgendwie demokratischer? Wohl kaum. Was wir feststellen können und worauf der Politikwissenschaftler Yascha Mounk hinweist: In den letzten zehn bis fünfzehn Jahren können wir einen gewissen Niedergang der Demokratie feststellen. Ungarn, Polen, Russland, aber auch die populistischen Bewegungen in Westeuropa – und die Gestalt von Donald Trump. In der Tat ist das beunruhigend. Sobald wir jedoch mehrere Jahrzehnte in den Blick nehmen, lässt sich eine Tendenz zu mehr Demokratie nicht abstreiten.

Warum schätzen viele das Privileg, in einer Demokratie zu leben, nicht mehr? Wissen sie zu wenig über das Leben in Diktaturen?

Bestimmt verängstigt die Globalisierung viele Menschen, die dann als Gegenreaktion Identitätsmarker errichten – das Kreuz, die Weißwurst, das Kopftuch. Ein weiteres Problem liegt wohl tatsächlich darin, dass die Gleichheit der Geschlechter immer selbstbewusster eingefordert wird. Es gibt eine ganz klare Gruppe von Verlierern: weiße Männer, die sich die Alleinherrschaft wünschen. Manche Intellektuelle (wie mein Lieblingspessimist Dirk Jörke) sehen als Ursache des Populismus ja die soziale Ungleichheit. Das Problem ist nur: Früher war die Welt nicht sozialer. Die Arbeitszeiten haben sich in den letzten Jahrzehnten für alle eklatant verkürzt, Frauen besitzen ganz neue Chancen, die Gehälter sind alles in allem gestiegen, im schlimmsten Fall stagnieren sie seit einigen Jahren. Und wenn die Menschen »Ausländer raus« schreien, meinen sie »Ausländer raus« und nicht: »Ich will ein gerechteres Sozialsystem.«

Den Einfluss des Netzes nicht zu vergessen ...

Ja, bestimmt tragen auch die sozialen Medien zur Krise bei: Jeder und jede hat eine öffentliche Stimme, jeder kann Verschwörungstheorien publizieren und bestätigen lassen. Hier zeigt sich das Doppelgesicht der Demokratie: Denn es ist ja begrüßenswert, dass nicht nur wenige Menschen den Journalismus gestalten, es ist gut, wenn Menschen aufmerksam die »Tagesthemen« schauen und auf Fehler hinweisen. Aber wir müssen neue Regeln finden, um die neuen Kommunikationsformen kompatibel für unsere offenen Gesellschaften zu gestalten. Warum sollten wir das nicht hinkriegen? Europa ist auf einem guten Weg.

Was sagen Sie zu den Thesen meines Lieblingssoziologen Wilhelm Heitmeyer, der seit etwa dreißig Jahren vor der Rückkehr des Faschismus in Deutschland warnt, weil dieser nie wirklich verschwunden sei? Gemäß Ihrer These lernen Menschen aus der Geschichte. Aber wie kann es dann in Deutschland zu dem neuen Erstarken der rechtsextremen Parteien kommen?

Antisemitismus ist grauenvoll. Es erschreckt mich, welche Macht er nach wie vor in Deutschland hat. Auch in anderen europäischen Ländern. Die bulgarische Schwiegermutter einer Freundin zitiert mit großer Selbstverständlichkeit die »Protokolle der Weisen von Zion«. Die Ermordung der Frau in Frankreich, weil sie Jüdin war. Das ist entsetzlich, und mein Optimismus lässt die Flügel hängen. Echt.

Zugleich sollten wir nicht unterschätzen, dass vieles, was heute als rechtsextrem gilt, bis weit in die Siebzigerjahre in Europa in bürgerlich etablierten Parteien gedieh. Die deutsche FDP beispielsweise war ein bekanntes Sammelbecken für einstige NS-Parteigenossen. Der Antisemitismus verschwand nicht von heute auf morgen mit der Wiedereinführung der Demokratie. Nazis, die Verbrechen begangen hatten, saßen in Amt und Würden und unterdrückten mit ihren Parteigenossen die Bemühungen eines Fritz Bauer, die deutschen Verbrechen aufzuklären. Heute empört sich das ganze Land darüber, wenn ein Politiker (in ekelhafter Weise) das Denkmal für die ermordeten Juden in Europa kritisiert. Die Grenzen des Sagbaren und des Machbaren haben sich (wieder »in the long run«) in die richtige Richtung verschoben, denke ich. Auch die viel belächelte Willkommenskultur gegenüber den Geflüchteten hat doch gezeigt, dass der Argwohn vieler Intellektueller, im Herzen eines jeden Deutschen dräue ein Fascho, vielleicht nicht ganz so überzeugend ist.

Sie wissen, dass negative Botschaften, Alarmismus und Angstverbreitung immer mehr Aufmerksamkeit erfahren als Optimismus und positive Neuigkeiten. Wie versuchen Sie Ihre Fakten in einer Zeit der zunehmenden Wissenschaftsskepsis an die Menschen zu bringen?

Heute gibt es ganz neue Kommunikationsmöglichkeiten: Das Onlineangebot der meisten Zeitungen, die ich sehe, erscheint mir vernünftig, auch wenn es nicht immer meine Meinung widerspiegelt. Oder Wikipedia: Was für eine Demokratisierung des Wissens! Wikipedia ist kein Tummelplatz für Extremisten geworden.

Wissenschaftlerinnen und Wissenschaftler schreiben ihre Einträge meist schlauerweise selber. Ich stoße aber immer wieder auf Artikel, die daraus bestehen, dass in Wikipedia Zeitungsartikel als Quelle angeführt werden. So entsteht dann zitierfähiges Weltwissen. Ich räuspere mich.

Was mein Fachgebiet betrifft, bin ich immer wieder erstaunt, wie gut Wikipedia ist. Historikerinnen nutzen die Enzyklopädie, um Frauen in die Geschichte zu schreiben. Frau Berg, darf ich Sie da auch mal was fragen? Ihre Texte strahlen einen profunden Pessimismus aus (auch wenn ich in letzter Zeit einige Gegentendenzen ausgemacht habe). Warum reden Intellektuelle so gerne vom Weltuntergang? Weil Kritik und Krise mehr hergeben als Kinderschutz und Konflikteindämmung? Weltweit leben heute halb so viele Menschen in Armut wie noch vor wenigen Jahren: Warum bekümmert das so viele Geistesmenschen so wenig?

Meine Texte, egal, ob Bücher oder Stücke, sind Variationen der immer gleichen Themen – der Albernheit unseres Daseins, das mit einer großen, bekannten Demütigung endet. Und des Paradoxons, dass wir meinen, die Welt würde ohne uns nicht sein, wir der Welt aber egal sind. Ich habe immer eine große Liebe für traurige Menschen empfunden. Außenseiter, sogenannte Freaks, seltsame Leute, die nicht in den Erwartungen anderer funktionieren, die wie alle geliebt werden wollen und es nie erleben. Von daher: ja, ein wenig pessimistisch, aber auch süß. Die für mich interessanten Künstlerinnen beschreiben Unvollkommenheit und Suche. Unfertige Zustände reizen zum Denken. Zufriedenheit und Perfektion muss man nicht beschreiben. Sie verlangen nicht nach Entwicklung.

Apropos Pessimismus: Es ist manchmal schon erstaunlich, was die Menschen hinkriegen in ihrem kläglichen Dasein. Etwa eine Eisenbahn zu bauen: unglaublich, was dahinter an Vermittlung und Kooperation steckt. Oder dass die deutsche Wiedervereinigung ganz okay ablief, trotz des Auftrumpfens der Wessis und des Geheuls der Ossis.

Apropos Osten: Wenn Sie könnten, wie würden Sie einen Staat organisieren?

Ich bin ein Fan unserer liberalen Demokratien, weil sie die Lehren der Geschichte ziemlich gut umgesetzt haben und weil in diesen Gesellschaften die von Ihnen geliebten Außenseiter und Abweichler am ehesten in Würde leben können. Dieses System ist auch deswegen gut, weil es von Kritik und Veränderung lebt. Die Offenheit ermöglicht Korrekturen: Wie können wir besser mit dem Problem der sozialen Ungleichheit umgehen? Wie schützen wir effektiver unsere Umwelt?

Deutschland hat es nun seit Kanzler Schröder und seiner Agenda 2010 und dem gelinde gesagt neoliberalen Kurs der jetzigen Kanzlerin mithilfe von Lohndumping zum Exportweltmeister gebracht. Ist es schon wieder der deutsche Drang, Weltmacht zu werden, der nun zum Erstarken der rechtsextremen Parteien führt, die sich der vernachlässigten Bürgerinnen und Bürger annehmen?

Dieser Diskurs, der Großteil der Menschheit versinke in Armut und Disgrace, die Bürgerinnen und Bürger würden vernachlässigt, die politische Elite habe sich abgekoppelt: Woher kommt der? Warum springen auf diesen von Rechtsextremen angeheizten Zug so viele Menschen auf? Weder Umfragen noch irgendwelche strukturellen Umstände geben diese düsteren Visionen her. Alles in allem finde ich: Wir haben in den Parteien viele engagierte, kluge Leute. Und es erscheint mir logisch, dass Extremisten immer den »Sumpf« austrocknen wollen – »Sumpf« dient als Synonym für die Differenziertheit unserer Gesellschaften, für die Komplexität von Gerechtigkeit, für das mühevolle Geschäft der Demokratie. Vielleicht bestärken und bestätigen manche Linke mit ihrem Hang zum Pessimismus rechtsextreme Tendenzen? Sollten wir nicht unsere Gesellschaft mit ihrer Toleranz und ihren Freiheiten verteidigen? Demokratisierung hängt eng mit unserem Geschichtsverständnis zusammen (darauf haben viele Demokratieforscher hingewiesen): dass die Welt kein unveränderliches Tal der Tränen ist, in dem wir nur den Mond anheulen und auf ein besseres Jenseits hoffen können, sondern dass Menschen sich für potent halten und die Welt gestalten wollen. Ich verstehe Ihre melancholische Sympathie für das pessimistisch-süße Leben, das Traurige und Unzufriedene. Aber es erscheint mir wirklich bemerkenswert, dass gerade so viele Linke heute aus dem Jammern und Ängstigen gar nicht mehr rauskommen. (Ist doch eigentlich eine konservative Haltung.)

> *Ich gebe Ihnen nur bedingt recht. Kritik an Technokratie ist kein linkes Privileg. Es gibt klügere Formen der Demokratie als die von Lobbys beeinflusste Parteienpolitik. Es gibt Formen direkterer Teilhabe, die man andenken könnte. Deutschland versinkt nicht in Elend. Aber es gibt Fakten (Stichworte: Pflegeberufe, Hebammen, Alleinerziehende, Rentner, ländliche Infrastruktur, Netzabdeckung), die nicht wegzudiskutieren sind. Es gibt Atomkraft und Kohleabbau, die eindeutig gegen den Volkswillen durchgesetzt werden. Der Vergleich mit ärmeren Ländern Europas (Rumänien?) hilft nicht für eine allgemeine Zufriedenheit der Bevölkerung, weil: Sie lebt nun mal in Deutschland.*
>
> *Apropos EU: Könnten Sie die Probleme der jetzigen EU schildern, und haben Sie sich mit Macrons Ansatz einer Erneuerung beschäftigt? Was halten Sie davon?*

Die EU muss sich mit den geschilderten Problemen auseinandersetzen: der Globalisierung und den Ängsten, die sie hervorruft. Ein einiges Europa könnte nicht zuletzt eben darauf eine Antwort sein. Ich finde die EU großartig, und ich nehme es Angela Merkel wirklich übel, dass sie nicht regelmäßig ein Loblied auf diese Errungenschaft der Menschheit singt. Macrons Ideen, dass wir Europa weiter stärken und ausbauen, finde ich richtig.

Weil wir grade vom Penis reden: Die Verlustgefühle der weißen männlichen Mittelschicht sind natürlich berechtigt, aber sind nicht eigentlich Frauen nach wie vor die größte diskriminierte Minderheit auch in Europa, wenn man sich die Zahlen der Altersarmut ansieht, der Lohnungleichheit, der Gewalt gegen sie? Warum werden Frauen nicht rudelweise zu Nazis?

Das erscheint mir als eine der spannendsten Fragen. Steckt nicht in vielen aktuellen Problemen im Kern die Frage nach der Geschlechterordnung? Warum erscheint eine egalitärere Welt diesen Männern so unerträglich? Warum ist Terrorismus weitgehend eine männliche Angelegenheit? Was können wir aus der entstehenden neuen Geschlechterordnung für die Neuordnung einer gerechteren Welt lernen? Warum fällt jungen Migrantinnen die Schule zumeist leichter als jungen Migranten?

Womit wir bei einem Ihrer weiteren Fachgebiete wären, der Migration.

Bei meinen Forschungen über die »Gastarbeiter« in den 1960er- und 1970er-Jahren in Europa fiel mir auf, dass der Diskurs irreführend ist: arme Migranten, die von den Aufnahmegesellschaften abgelehnt werden, es dann aber doch irgendwie schaffen, sich zu integrieren. Die meisten der Arbeitsmigranten wollten zurück in ihre alte Heimat – und die überwältigende Mehrheit hat das getan.

> *Zu sehen sind aber viele ehemalige Gastarbeiterfamilien, die geblieben sind. Warum sollten sie, nachdem sie zum Reichtum vieler europäischer Länder beigetragen haben, auch verschwinden? Die Flüchtigen, die heute nach Europa kommen, so denken die meisten, werden also auch bleiben.*

Wir haben es hier mit einer weiteren interessanten Erzählung zu tun: der Arbeitsmigrant als das Opfer, das partout im Aufnahmeland bleiben wolle. Von den rund 14 Millionen eingewanderten »Gastarbeitern« in den 1950er- bis 1970er-Jahren kehrten aber etwa 12 Millionen zurück (bei aller Vorsicht gegenüber den schwer zu ermittelnden Migrationszahlen). Warum? Ich kenne mich etwas mit der italienischen Arbeitsmigration aus. Nicht nur das Aufnahmeland Deutschland (ganz ähnlich wie die Schweiz oder Frankreich) ging davon aus, dass die Arbeiter wieder zurückkehren würden – die Migrierenden selbst hofften darauf. Mit dem verdienten Geld wollten sie sich in ihrer Heimat den sozialen Aufstieg ermöglichen.

Natürlich ist die Migration heute eine ganz andere. Aber auch heute sollte man berücksichtigen, wie komplex der Migrations- und Integrationsprozess ist. In der Geschichte vom »Gastarbeiter« als Opfer ist die Aufnahmegesellschaft oder vielmehr »die Politik« für alles verantwortlich. Integration ist aber viel komplexer. Es wird nicht berücksichtigt, dass die Migrantinnen und Migranten auch Akteure sind, sich beispielsweise integrieren wollen oder womöglich andere Lebensziele haben. Die Lehre, die wir aus der Arbeitsmigration ziehen könnten, sollte dabei helfen, ein schlichtes Opfer-Täter-Narrativ zu meiden. Obwohl es zweifellos auch

Fremdenfeindlichkeit gegen die »Gastarbeiter« gegeben hat, zeigt ein genauer Blick beispielsweise, wie zentral Bildung ist. Die Integration von Einwanderern hat wesentlich damit zu tun, mit welchem Bildungsgrad sie kommen. Einwanderinnen und Einwanderer aus Polen beispielsweise sind ausgesprochen gut in Deutschland integriert, weil sie in aller Regel mit einem hohen Bildungsgrad ins Land kommen. Obwohl sie teilweise viel kürzer in Deutschland leben als italienischstämmige Deutsche, haben ihre Kinder bessere Bildungsabschlüsse und bessere Jobs. Italiener kamen zu einer Zeit, als vor allem ungelernte Fachkräfte angeworben wurden – und ein Großteil der italienischen Migranten kam als Analphabeten.

Es geht im Moment ja vornehmlich um den Sammelbegriff Islam und vornehmlich um die Zuwanderung aus muslimischen Ländern, womit zum Teil reale Probleme zum Großteil als Kampfbegriff von Faschisten verwendet werden.

Politik sollte Ängste ernst nehmen, aber nicht danach ihre Politik ausrichten – unabhängig davon, wer die Panik schürt. Auch dafür haben wir ein repräsentatives System: dass vage Gefühle und klarer Hass nicht vorreflexiv in Politik umgesetzt werden.

Ist es falsch zu fordern, dass sich neu zugezogene Menschen den Verabredungen unterordnen, die sich eine Gesellschaft – wie gerade Gesellschaften in Europa – über lange Zeit erarbeitet hat? Werte wie ein zivilisierter Umgang miteinander, Religionsfreiheit, die Unantastbarkeit der Frauenrechte, die Rechte von Homosexuellen?

Ich kenne niemanden, der dazu auffordert, aufgrund der Migration Werte von Toleranz und Nächstenliebe aufzugeben. Das ist ein Gerücht von Rechtsextremen. Als ich auf dem Videoclip den jungen syrischen Mann sah, der mit seinem Gürtel auf den vermeintlichen Juden einschlug, wurde mir klar, was danach auch Politikerinnen und andere Personen der Öffentlichkeit gesagt haben: Wir müssen gegen diesen faschistoiden Antisemitismus vorgehen, den manche Einwanderer in ihrer Heimat systematisch gelehrt bekommen. Ihn herunterzuspielen, wäre gewiss der falsche Weg.

Sind nicht viele Bürger zu Recht verunsichert, weil lange eine Rechtsungleichheit zu herrschen schien, die aufgrund von übertriebener politischer Korrektheit unterschiedliche Maßstäbe anlegte?

Müssen nicht alle lernen, mit der sich pluralisierenden Welt umzugehen – die Regierungen, die Gesellschaften, jede einzelne Bürgerin? Wenn es um Beschneidung von Mädchen geht oder um Mord und Totschlag, ist die Antwort recht einfach. Doch oft müssen wir abwägen und neu überlegen: Ist es okay, wenn – wie in England – zunehmend auch kleine Mädchen ein Kopftuch tragen? Finde ich als Feministin blöd; aber kann der Staat Eltern vorschreiben, was ihre Töchter tragen dürfen? Aus der Geschichte lernen heißt auch, die Veränderungen und Ängste nicht einer einzelnen Gruppe zur Last zu legen. Wer unsere Gesellschaft verteidigt, muss die Freiheit und Würde aller verteidigen, auch die von Musliminnen und Muslimen.

Neben tausend anderen Faktoren, die mit der digitalen Umstellung der Welt und der daraus resultierenden Unsicherheit, mit den Schäden, die wir der Erde zugefügt haben, zu tun haben und so weiter – würden Sie bestreiten, dass es bei der letzten großen europäischen Einwanderungsbewegung Fehler gegeben hat? Als ich Frau Merkel ihre Wir-schaffen-das-Beschwörung wiederholen hörte, dachte ich: ja. Großartig. Aber wie? Wie sollte Europa das schaffen? Es fehlten mir Pläne, die das Volk, für das die Regierung arbeitet, darüber informieren, wie genau die Menschlichkeit organisiert wird. Als Pessimistin dachte ich damals, vor etwa drei Jahren, das wird Bürgerkriege geben.

Nicht wahr, es ist erstaunlich, dass es bisher so relativ gut geklappt hat?

Wenn man von der inszenierten Spaltung der Gesellschaft absieht. Und von den vollkommen überholten Rechts-links-Zuordnungen, die plötzlich wieder aktuell sind.

Das stimmt. Wir sollten die Probleme nicht übersehen. Viele Migranten sind offenbar Analphabeten. Bildungsforscher verweisen darauf, dass es nahezu unmöglich ist, als Analphabet eine Fremdsprache zu erlernen. Falls es sich nicht um Menschen handelt, denen wir ohnehin Schutz gewähren müssen, dann sollten wir die Frage stellen: Ist es gut für die betroffenen Menschen und für unsere Gesellschaft, diese Menschen aufzunehmen? Denn anders als zu Zeiten der italienischen Arbeitsmigranten gibt es nur wenige Jobs für ungelernte Arbeitskräfte. Das heißt, viele von ihnen müssten hier als Arbeitslose leben, mit einem unbefriedigenden Lebensstandard, mit wenig Bildung – und mit all den Problemen, die das für ihre Kinder mit sich bringt. Ich kritisiere eine Migrationsforschung, die vorgibt, sich für Geflüchtete zu engagieren, solche und andere Probleme aber ausblendet.

Gab es in der bekannten Geschichte der Erde Zeiten, die der jetzigen ähneln?

Mir fällt keine ein. Was mir aber auffällt: Gegenbewegungen bei großen Umbrüchen, wie wir sie aktuell erleben, sind nicht unüblich. Gegen die aufklärerischen Ideen und den anwachsenden Liberalismus entstand im 19. Jahrhundert der Konservatismus, der versuchte, sich gegen die Moderne zu stemmen. Die aufbrechende Frauenemanzipation um 1900 löste weltweit einen bitterbösen Antifeminismus aus. Etwas Ähnliches sehen wir heute.

Und wie ging es nach den Gegenbewegungen weiter? Siegt der humanistische Gedanke? Der Fortschritt? Oder siegt immer der Kapitalismus? Die Märkte, Sie wissen schon ...

Frau Berg, es freut mich, dass Sie das Thema anschneiden: Marktwirtschaft und Demokratie. Sie stehen in einem spannungsreichen Verhältnis, sind aber keine antagonistischen Kräfte. Die ganze Idee der Gleichheit und der Demokratie und der Menschenwürde ließ sich nur mit dem wachsenden Wohlstand plausibilisieren – und wenigstens teilweise auch umsetzen. Die Historikerin Lynn Hunt zeigt, wie Menschenrechte darauf beruhen, dass Menschen in die Lage versetzt werden, Menschenwürde überhaupt erst mal zu denken. Und dafür war es nicht zuletzt notwendig, dass

Menschen nicht mehr in erbärmlichen Umständen lebten. Wenn eine Frau jedes Jahr ein Kind bekam – mit schlechten Überlebenschancen –, wenn sie den Tag damit zubrachte, aus dem Acker ihr Überleben zu kratzen, wenn der Mann sie rechtmäßig durchprügeln durfte (so sah das Leben einer gewöhnlichen Frau bis zur Sattelzeit um 1800 in etwa aus, wie es die Historikerin Olwen Hufton nachzeichnet) – dann sind Ideen von Menschenwürde und Gleichheit allenfalls ein Scherz. Demokratisierung braucht bessere Lebensumstände, genug zu essen, ein Dach überm Kopf, aber auch Alphabetisierung und Zeitungen (wie sonst sollen die Menschen etwas von Politik erfahren?), Straßen und Internet (wie sonst lässt sich miteinander kommunizieren?), freie Zeit (siehe Zeitunglesen und Menschenwürde) – und all das geht nur mit viel, viel Geld.

Kein System hat so viel Wohlstand hervorgebracht wie das »kapitalistische«. Allerdings hat der Kapitalismus auch großes Unrecht produziert: die Verelendung der Arbeiter, die Kinderarbeit, die Zerstörung der Umwelt. Doch spätestens seit der Mitte des 19. Jahrhunderts lernten die Gesellschaften daraus. Entscheidend erscheint mir die Frage, wie es den Ärmsten und Schwächsten geht. Und in den westlichen Marktwirtschaften geht es ihnen so gut wie sonst nirgendwo. Und: Nie war die Stellung der Frauen so gut wie in unseren liberalen Gesellschaften. Das ist kein Aufruf zur Stagnation, sondern dafür, dass wir mit den Mitteln einer aufgeklärten Zivilgesellschaft und eines guten Regierungssystems weiterhin Armut, Unfreiheiten und Ungerechtigkeiten bekämpfen.

Der gute alte Kapitalismus. Von dem man immer sagt, er ist nicht perfekt, aber es fehlen die Alternativen.
Da wird es wohl Zeit, dass ich ein paar ausarbeite.
Frau Dr. Richter, ich danke Ihnen für Ihre Zeit und Ihren Optimismus.

»Menschen sind mit dem Rest des Lebens auf der Erde nicht mehr vereinbar.«

Gespräch mit
CARL SAFINA

Meeresökologe, Kämpfer für Tier- und Naturschutz, arbeitet u. a. an der Stony Brook University im US-Bundesstaat New York. Autor mehrerer Bestseller, darunter »Beyond Words. What Animals Think and Feel« (2015). Gründer der Natur- und Umweltschutzorganisation »The Safina Center«

Guten Morgen, Professor Safina, haben Sie sich heute schon um den Zustand der Welt gesorgt?

Witzig! Und ja. Häufig geschieht das sogar in meinen Träumen. Deswegen dürfen unsere Hunde morgens nach dem Aufwachen zu uns ins Bett: um uns an die Freude am Leben und seine Schönheit zu erinnern, damit wir den Tag glücklich beginnen.

Können Sie Ihren Beruf in drei Sätzen zusammenfassen?

Ich schreibe – in Artikeln und Büchern – über das Leben all der anderen Lebensformen, mit denen wir Menschen uns den Planeten teilen, und über die ethische Verpflichtung, die sich daraus ergibt. Ich leite eine kleine Gruppe kreativer Leute, die an genau diesen Themen arbeiten in Printformaten, Filmen, Fotografien, Vorträgen oder Soundinstallationen. Und wir engagieren uns für die Erhaltung natürlicher Lebensräume und den Tierschutz. Ich unterrichte Wissenschaftskommunikation. Und ich werde häufig eingeladen, Vorträge zu halten. Die Beziehung des Menschen zur lebenden Welt ist eine sich beschleunigende Katastrophe. Deshalb schreibe und spreche ich darüber.

Erinnern Sie sich an den Moment oder die Situation, als Ihnen klar wurde, womit Sie Ihr Leben verbringen möchten?

Davon gab es viele, schon in der Kindheit: beim Angeln und Zelten, bei der Begegnung mit wilden Tieren und unseren zahlreichen Haustieren ... Ich war immer fasziniert von Tieren. Als ich ungefähr sieben Jahre alt war, lernte ich das Wort »bedroht« kennen, und ich hatte das Gefühl, dass es sich dabei um etwas Schlimmes handeln müsse. Vielleicht ist das der Ursprung meines Bedürfnisses, irgendwie zu helfen. Später hat sich dieser Wunsch verfestigt und wurde zu einer Berufung. Es folgte ein Studium in Umweltwissenschaften und Ökologie, das ich mit einer Promotion abschloss. Aus der Leidenschaft meiner Kindheit wurde mein Beruf; meine Arbeit hat als Wissenschaftler begonnen, heute arbeite ich vermehrt als Autor. Ich bin ein großer Freund der Natur, der uns umgebenden lebendigen Welt.

Tiere zu erforschen bedeutet, sie zu beobachten?

Ja. Hauptsächlich geht es darum, Tieren dabei zuzusehen, wie sie Entscheidungen treffen und sich in ihren natürlichen Lebensräumen verhalten. Darüber hinaus beinhaltet es neurowissenschaftliche Aspekte. Und einige Laborexperimente zu Verhalten und Entscheidungsprozessen, darüber, wie Tiere Werkzeuge bauen, einander helfen und dergleichen.

Gerade im Bereich der Erforschung der neuronalen Netze bei Lebewesen hat sich in den letzten Jahren sehr viel getan.

Wir wissen heute viel mehr über Gehirne, Nervensysteme, Neurochemie und die Funktionsweisen der Psyche als noch vor ein paar Jahren. Wir können MRT-Geräte benutzen, um

Gehirnaktivitäten zu beobachten. Aus der Logik des Verhaltens lassen sich Rückschlüsse auf die Funktionsweise des »Geistes« eines Lebewesens ziehen – und jede Kreatur handelt auf ihre Weise logisch. Sämtliche höheren Lebewesen verfügen über Sinnesorgane wie wir. Auch wenn die Gewichtung womöglich anders ist, werden doch immer Augen zum Sehen verwendet, Ohren zum Hören und Nasen zum Riechen. Wenn man also ein Lebewesen auf der Suche nach Nahrung sieht, auf der Flucht vor Gefahr oder bei der Versorgung seiner Jungen, so ist das alles für uns vollkommen plausibel, denn das Tier agiert innerhalb seiner Lebensumstände auf die gleiche Weise sinnvoll, wie wir das innerhalb unserer tun. Man blickt nicht auf andere Lebewesen und sagt: »Ich habe keine Ahnung, was dieses bizarre Verhalten soll.«

Die Gehirne von Menschen und Tieren ähneln sich.

Unsere Gehirne und Nervensysteme sind nahezu identisch. Menschen sind große Tüftler und Werkzeugmacher, was zu einer umfangreichen materiellen Kultur und Technologie geführt hat. Und die menschliche Sprache ermöglicht eine sehr differenzierte Kommunikation. Insofern sind wir intelligent. Aber wir sind auch nur klug genug, um die gewaltigsten Probleme zu schaffen, während wir nicht klug genug sind, sie zu erkennen, zu vermeiden oder zu lösen.

Dass praktische und theoretische Tierforschung oft getrennt betrieben wurden, ist neben der Versachlichung von Tieren vielleicht ein Grund, warum ihre Erforschung lange Zeit stagnierte?

Viele Studien von Forschern, die ausschließlich im Labor arbeiten, zeigen, wie verstrickt diese Leute in ihre vordefinierten Konzepte sind. Sie beobachten einfach keine »echten« Tiere. Meist streiten sich die theoretischen Wissenschaftler darüber, welche Lebewesen sich ihrer selbst bewusst sind und aus diesem Bewusstsein heraus agieren – dabei haben die meisten von ihnen nicht einmal die gleichen Definitionen des Begriffs »Eigenbewusstsein«. Es sind überwiegend Menschen, die noch nie systematisch wilde Tiere in freier Wildbahn beobachtet haben, und die ratlos zu sein scheinen, wenn es darum geht, Schlüsse aus deren Verhalten zu ziehen – Labor-Forscher eben. Sie schauen sich nicht an, wie das Tier seine Umgebung erkundet. Sie stecken es in ein Labyrinth oder konfrontieren es mit einem Parcours oder einem Puzzle, mit Dingen also, die nichts mit seinem eigentlichen Leben zu tun haben.

Es gibt aber auch sehr nützliche Forschungsergebnisse aus dem Labor. So lässt sich beispielsweise unter Laborbedingungen zeigen, dass ein Papagei aus Situationen herausfindet, aus denen ein Hund oder Kleinkind nicht herausfinden könnte. Oder dass bestimmte Vögel ihre Nahrung in ein anderes Versteck bringen, sobald sie merken, dass ein anderer Vogel sie beim Deponieren beobachtet hat. Wenn ihnen aber keine anderen Vögel beim Verstecken zugesehen haben, lassen sie die Nahrung am Ursprungsort. Dies sind Laborversuche, die kognitive Fähigkeiten zeigen. Und es gibt natürlich eine Menge sinnvolle neurowissenschaftliche Untersuchungen. Man kann zum Beispiel bestimmte Areale im Gehirn einer Katze reizen und dadurch unmittelbar aggressives Verhalten auslösen – und nachweisen, dass Menschen in korrespondierender Versuchsanordnung die gleichen Gehirnareale aktivieren. Ich will also nicht sagen, dass man im Labor nichts lernen kann, sondern nur, dass es einige Wissenschaftler gibt, deren Ansatz nicht darin besteht, Tiere so zu beobachten oder Experimente so einzurichten, dass deutlich wird, wie Tiere natürlicherweise agieren. Feldbiologen interessieren sich viel mehr dafür, was Tiere *tun,* als dafür, ob ihr Verhalten in ein Schema passt.

Viele Studien belegen, dass Tiere wie wir über ein Bewusstsein verfügen, dass sie Mitgefühl und Anteilnahme entwickeln (wie manche Menschen auch), dass sie boshaft sein können.

Viele Menschen haben immense Vorurteile gegenüber der Vorstellung, dass Tiere Emotionen haben könnten. Wir zögern nicht, ein Tier als hungrig zu bezeichnen, wenn es isst, als durstig, wenn es trinkt, oder als müde, wenn es sich nach einer großen Anstrengung ausruht. Aber wenn es spielt oder sich liebevoll verhält, sagen wir, dass wir keine Ahnung haben, was es möglicherweise gerade erleben könnte.

Nehmen wir Mitgefühl und Anteilnahme: Jeder Hund erkennt, wenn eine Person weint. Elefanten suchen die Knochen ihrer Toten wieder auf. Wale, Wölfe und sogar Vögel rufen tagelang nach einem Gefährten, der getötet wurde. Ich würde gerne mehr Beweise für menschliches Mitgefühl und ein menschliches Bewusstsein für das Leiden und die Zerstörung sehen, die wir anrichten, für das Elend, das andere Menschen und Nichtmenschen ständig erleiden.

Andere Untersuchungen belegen, dass sich Elefanten ihrer Umgebung ebenso bewusst zu sein scheinen wie jeder Mensch. Sie sind ihren Familien gegenüber weitaus loyaler und friedlicher, als wir Menschen es sind. Sie scheinen in vielerlei Hinsicht ein besseres, ruhigeres, ein sich gegenseitig mehr unterstützendes Leben zu führen – mal davon abgesehen, dass sie alle und überall unter dem lebensgefährlichen Einfluss von Menschen stehen. Und auch, was Schimpansen betrifft, sind ihre mentalen Prozesse zumindest in mancher Hinsicht viel schneller als unsere.

Kichern Mäuse und Ratten nicht auch, wenn man sie kitzelt?

Wissenschaftler haben die Laute von Ratten aufgezeichnet, die gekitzelt werden. Die Tiere kommen immer wieder zurück, um sich weiter kitzeln zu lassen. Wenn man diese Aufnahmen verlangsamt abgespielt, klingt es wie menschliches Kichern. Also ja.

Wo haben Sie Tiere mit einem Sinn für Humor erlebt?

Viele Tiere spielen gerne, vor allem Säugetiere und einige Vögel. Wir haben ein verwaistes Eichhörnchen aufgezogen, das es liebte, gekitzelt zu werden, und das Kicherlaute von sich gab. Wir haben einen jungen Waschbären aufgezogen, der es liebte, zu ringen und im Wasser zu spielen. Hunde spielen natürlich auch sehr gerne. Und Delfine, Papageien, Krähen ... Für mich ist dieser Sinn für Vergnügen eine Art Humor. Affen machen tatsächlich Dinge, die wie Streiche wirken, zum Beispiel, wenn sie Aufseher mit Wasserschläuchen nass spritzen.

Einiges klang in Ihren Beispielen bereits an, aber vielleicht können Sie noch einmal konkretisieren: Wie reagieren Tiere auf Krankheit und Tod? Es scheint mir sehr logisch, dass sie zum Beispiel Todesangst empfinden, Trauer und Panik, wenn sie zum Schlachten abtransportiert werden, sich auf dem Weg zu den Bolzenschussgeräten befinden.

Tiere, die in Sozialverbänden, Herden oder Rudeln leben, sind in der Regel nach einem Todesfall deutlich niedergeschlagen; sie vermissen das Tier, das gestorben ist, und sind in diesem Sinne traurig. Einige Tiere wie Elefanten, Affen und Delfine scheinen Krankheiten zu »verstehen«, sie kümmern sich um denjenigen, der leidet, trösten sich.

Sie haben von Tieren gesprochen, die ihre Jungen unterrichten. Das wäre eigentlich ein eindeutiges Indiz für ihre Intelligenz, die sie dem Menschen vergleichbar machen würde, dieses Verhalten wird aber oft als Instinkt abgewertet. Als ob unser menschliches Verhalten nicht auch zum Großteil instinktgetrieben wäre ...

Es gibt tatsächlich einige Tiere, die Wissen weitergeben. Wie auch bei uns Menschen, werden die Kinder, die Jungtiere, unterrichtet. Wir Menschen verhalten uns unseren Kindern gegenüber oft auf dieselbe Weise, wie sich unsere Eltern uns gegenüber verhalten haben. Viele Tiere lernen, indem sie ihre Eltern in den ersten Entwicklungsmonaten oder -jahren begleiten, sie beobachten und imitieren. Elefanten und Schwertwale bleiben jahrzehntelang bei ihren Müttern. Andere Tiere trennen sich nach wenigen Wochen. Die Bandbreite ist enorm.

Wir haben über Humor gesprochen, über Gefühle. Gibt es Tiere, die in irgendeiner Art künstlerisch tätig sind, also etwas tun, das zur Entwicklung des Verstandes beiträgt, aber im engeren Sinne nicht überlebenswichtig ist?

Ich glaube, dass es nur sehr wenige Beispiele für nichtmenschliche Kunst gibt. Affen und Elefanten, denen man das Malen beigebracht hat, tun dies in der Regel, um eine Belohnung zu erhalten, nicht um sich kreativ oder individuell auszudrücken. Daher glaube ich nicht, dass das Kunst ist. Allerdings würde ich die Art und Weise, wie Laubenvögel ihre Nestbauten mit ästhetischem Gespür dekorieren, als künstlerisch bezeichnen. Und viele, viele Tiere verfügen über ein solches ästhetisches Gespür, wenn es darum geht, das Aussehen und den Gesang potenzieller Partner zu beurteilen; auch das könnte eine Art Kunstverständnis sein.

Ein weiteres Beispiel: In einem südafrikanischen Aquarium lebte einst ein Babydelfin namens Dolly. Eines Tages, als Dolly gerade mal sechs Monate alt war, beobachtete sie einen Trainer, der an der Aquariumscheibe stand, eine Zigarette rauchte und den Rauch in die Luft blies. Dolly schwamm zu ihrer Mutter, saugte kurz an ihr, kehrte dann wieder zur Scheibe zurück und blies eine Milchwolke ins Wasser, die ihren Kopf umhüllte. Irgendwie kam Dolly auf die Idee, mit der Milch den Rauch zu imitieren. Mit einer Sache etwas anderes darzustellen, das ist das, was wir Kunst nennen.

Was würden Sie also sagen – was unterscheidet den Menschen von Tieren?

Menschen sind Tiere. Was unterscheidet uns von anderen Tieren? Diese Frage können Sie auch in Bezug auf Elefanten, Löwen und Hauskatzen stellen. Sie sind alle einzigartig. Die Verherrlichung unserer eigenen Einzigartigkeit, während wir gleichzeitig versäumen, ihre Einzigartigkeit zu sehen und zu schätzen – und es gleichzeitig versäumen, unsere tiefe Zusammengehörigkeit insgesamt zu erkennen –, ist ein entscheidendes Anzeichen für die Grenzen des menschlichen Intellekts. Was den Menschen auszeichnet, ist sein Extremismus: Wir sind die kreativste und destruktivste, die mitfühlendste und grausamste aller Spezies.

Die Grenzen unseres Verstandes – mein Lieblingsthema – zeigen sich oft darin, dass Menschen Tieren, die ihnen zu nichts nutzen, eine Existenzberechtigung absprechen.

Sind wir fähig zu Mitgefühl – oder kümmern wir uns nur um das, was wir zum Überleben brauchen können? Warum essen wir uns nicht gegenseitig auf, »um zu überleben«? Warum töten wir nicht unsere Konkurrenten? Nun, tatsächlich tun wir ja all diese schrecklichen Dinge.

Warum reden wir nicht stattdessen darüber, dass alle Lebewesen gleichermaßen zu dieser Erde gehören, dass ihre außergewöhnliche Schönheit – die sie untereinander schätzen – auch das menschliche Leben bereichert? Warum hinterfragen wir nicht unseren eigenen Moralkodex und sprechen über die Tatsache, dass alle Religionen im Hinblick auf die menschliche Verantwortung innerhalb der heiligen Schöpfung zumeist Lippenbekenntnisse ablegen? Warum verhandeln wir nicht die Frage, ob Tiere und die Natur von uns Menschen nicht eigentlich ein viel besseres Verhalten verdienen?

Was halten Sie von der Jagd und all den Argumenten, die die Jagd für sinnvoll oder notwendig erklären?

Auch hier: Es gibt eine Vielzahl unterschiedlicher Umstände und Beweggründe für die Jagd, und ich glaube nicht, dass man sie alle pauschal verurteilen kann. Vieles an der Jagd finde ich abstoßend und grausam. In einigen wenigen

Fällen halte ich sie nicht für eine schlimme Sache – beispielsweise die Jagd auf überreiche Rotwildarten, deren natürliche Feinde wir eliminiert haben, vor allem, wenn wir sie anschließend als Nahrung verwenden. Wenn nichts unternommen wird, um ihre Bestände zu reduzieren, verhungern sie oft im Winter, was sie noch mehr leiden lässt.

Die Tiere beschließen ja auch nicht, die Menschen aufgrund der Überbevölkerung zu reduzieren. Auch von uns sterben viele wegen des Mangels an Nahrung oder einfach: wegen der Armut. Jagen Sie?

Ich habe früher Falken trainiert und mit ihnen Kaninchen gejagt; das war eine ziemlich natürliche Sache, und ich habe viel gelernt. Allerdings habe ich irgendwann auch verstanden, dass es für die Kaninchen nicht gerade toll war, also beschloss ich, mich da rauszuhalten und die wilden Falken ihre Bedürfnisse ausleben zu lassen. Für mich war es irgendwann nicht mehr angenehm, also hörte ich damit auf. Falken liebe ich aber immer noch. Und Kaninchen auch. Ich gehe aber auch nach wie vor angeln, um Nahrung zu gewinnen, das bedeutet: im Wasser zu jagen. Ich weiß, dass die Fische Angst und Stress empfinden, und ich bemühe mich, diese so gering wie möglich zu halten. Ich mag Muscheln, und Muscheln sind Tiere, also zählt das wohl als eine Art der Jagd. Andere Arten der Jagd, insbesondere die Trophäenjagd auf Raubtiere wie Wölfe, Bären und Großtiere wie Elefanten, sind aber eine absolute Horrorshow.

Der Mensch hat sich alle Lebewesen mit neuronalen Netzen nach seinen Bedürfnissen zum Untertanen gemacht, weil er es aufgrund seiner wunderbaren Extremitäten konnte.

Vermutlich wurde mit Tieren verfahren wie mit Kindern und Frauen – in der Überzeugung, eine Sache, ein Ding, vor sich zu haben, weil es kein Bewusstsein dafür gab, dass Tiere empathisch sind, dass sie ein Bewusstsein haben.

Auch mit nicht wenigen Männern wurde so verfahren – wenn man daran denkt, was ablief, wenn westliche Kulturen auf andere Kulturen mit weniger gewalttätigen Neigungen und weniger zerstörerischen Waffen trafen. Gleichwohl muss man vielleicht wissen: Die ursprüngliche Praxis – in der Zeit vor unserer Zivilisation – war es, Tiere für ihre unglaublichen Kräfte und Sinne zu verehren und zu respektieren. Erst seitdem wir sesshaft geworden sind und den Kontakt zur natürlichen Welt verloren haben, ist unsere Anschauung im Wesentlichen geprägt von Respektlosigkeit und dem Drang zur Unterwerfung. Mittlerweile erkennen einige Menschen wieder, dass andere Lebewesen auf ihre eigene Weise denken und fühlen.

Offensichtlich sind Tiere in der Lage, Tiere zu lieben. Ist der Mensch auch in der Lage, Tiere zu lieben?

Einige Menschen sind dazu in der Lage – wenn es um einzelne Tiere geht. Ein Mensch war zur Liebe zu allen Tieren fähig, und ihn haben wir heiliggesprochen: Franziskus. Interessanterweise las ich heute Morgen eine Geschichte darüber, wie deutsche Feuerwehrleute eine halbe Stunde damit verbrachten, eine Ratte zu retten, die in einem Schacht gefangen war. Es ist bemerkenswert, dass wir in der Lage sind, uns so auf ein Individuum zu konzentrieren. Wären stattdessen fünfzig Ratten aus dem Schacht gekommen, ich bin mir sicher, dass sie die Tiere alle getötet hätten.

Temple Grandin erfand Methoden, um Tiere – weil für den Menschen verträglicher – entspannt zur Schlachtung zu führen. Gehen Ihnen Entwicklungen, die den Tieren ihr kurzes Leben minimal verbessern, zu wenig weit?

Genau. Die Art und Weise, wie sie zum Sterben gebracht werden, ist oft besser als die, auf die sie ihr Leben leben dürfen.

Mit Ihrem Wissen um das Empfinden der Tiere – wie geht es Ihnen, wenn Sie sehen, dass Tintenfische zu Tode geschlagen werden, Schweine in Schlachthäuser geführt werden und Kühe in Massentierhaltungsboxen gepfercht stehen? Sie wissen schon, all die Massaker, die Menschen täglich gegenüber Tieren ausüben.

Das alles erschüttert mich. Das Schlimmste an unserem Umgang mit anderen Tieren ist allerdings nicht das Töten. Schließlich ist der Tod an sich eine Erfahrung, der wir alle gegenüberstehen, und das Sterben ist eine unausweichliche, natürliche Angelegenheit. Aber ein Leben in Gefangenschaft ist unnatürlich und erbärmlich. Auch Menschen halten sich in vielerlei Hinsicht gegenseitig gefangen. Das ist eines der Hauptmerkmale der Zivilisation: dass der Kampf um Freiheit und Würde – Lebensqualitäten, die für jeden Wildvogel grundlegend sind – für den Menschen in vielerlei Hinsicht seit so vielen Jahrhunderten und bis mindestens heute andauert. Wir können uns nicht einfach gegenseitig in Ruhe lassen; wir sind von der Kontrolle besessen.

In Deutschland wurde gerade entschieden, dass Ferkel weiter ohne Betäubung kastriert werden dürfen – Schweizer Bauern können ihre Kühe weiterhin enthornen. Können Sie anhand der beiden Beispiele erklären, was das für die

Tiere bedeutet? Und wie sieht es mit den Tierschutzgesetzen in Amerika aus?

Nun, als jemand, der ohne Betäubung beschnitten wurde, kann ich lediglich sagen, dass Babys weinen, aber normalerweise keine Erinnerung daran haben. Ich weiß nicht, wie schmerzhaft die Enthornung für die Kälber ist. Die entscheidende Frage ist, welche Art von Leben diese Ferkel und Kälber vor sich haben. Meistens ist ihr Leben ein absolutes Elend. In Amerika sind die Massentierhaltungen im Laufe der Zeit immer schlimmer geworden. Das ist für mich das eigentliche Problem. Natürlich gibt es auch viele Menschen, die sich für eine Verbesserung der Haltungsbedingungen einsetzen. Aber in vielerlei Hinsicht ist die moderne Landwirtschaft eine Katastrophe und ein Horror.

Mich würde interessieren, ob die Menschen darauf verzichten würden, Tiere zu essen, wenn vegetarische Fleischersatznahrung zum gleichen Preis wie das billige Fleisch der Massenproduktion erhältlich wäre – oder ob es Ihrer Meinung nach für die Menschen eine Art Nervenkitzel ist, eine »minderwertige« Kreatur in sich aufzunehmen. Geht es da zum Teil auch um den Mythos der Macht durch Fleisch? Ich denke an Männer, die Fleisch grillen ... Was könnte das möglicherweise bedeuten? Ein steinzeitliches Vergnügen, kombiniert mit einer Verbrüderung?

Bitte, bitten Sie mich nicht, die Machtmotivationen von Männern zu erklären! Als Mann empfinde ich zu viele meiner Geschlechtsgenossen als ziemlich deprimierend. Andererseits sind wir aber zu facettenreich, als dass man uns pauschal als eine Horde von Grillmeistern verurteilen könnte.

Als Jäger haben sich die Menschen weiterentwickelt. Aber nicht als Bauern. Ich bekomme den gleichen Nervenkitzel beim Kauf einer Aubergine wie beim Kauf eines Stücks Fleisch, das heißt: gar keinen. Ich verstehe, warum Menschen in bestimmten Arten der Jagd einen Sinn sehen, obwohl ich viele Formen der Jagd verabscheue. Ich fange Fisch und esse ihn, damit ich verstehe, was es bedeutet, sein Essen aus der Natur zu holen und es mit einer Geschichte nach Hause zu bringen. Ich betrachte Fische aber nicht als untergeordnet. Wenn mich beim Schwimmen ein Hai angreifen würde, dann wäre seine Überlegenheit unbestritten, und ich würde es ihm nicht vorwerfen, dass er es auf mich als Beute abgesehen hat.

Doch um noch einmal ernsthaft zum Thema Fleischersatzprodukte zurückzukehren: Bereits diese Bezeichnung ist ein Grund dafür, dass sie überhaupt ein Thema sind. Warum sprechen wir von »Ersatz«, wenn es unglaublich leckeres Gemüse und vor allem Pilze und Nudeln gibt sowie viele, viele neue und kreative Wege, sie zuzubereiten und zu servieren? Eine tolle Gemüsemahlzeit zuzubereiten, anstatt Säugetierblut auf meinen Arbeitsplatten und Schneidebrettern zu verteilen, empfinde ich als eine klare Aufwertung meiner Küchenkultur. Es ist gut, nicht an Salmonellen oder Fäkalien denken zu müssen, die womöglich in mein Essen gemischt sind. Veganes Essen ist so viel sauberer. Die vielen gesunden Veganer beweisen, dass der Mensch keine Tiere als Nahrungsquelle benötigt.

Kann man Menschen zu Vegetariern machen? Und wie?

Menschen, denen bewusst wird, was auch ich erlebt und gelernt habe und in meiner Arbeit zu vermitteln versuche –

ganz zu schweigen von den umfangreichen Informationen, die viele andere Gruppen zur Verfügung stellen –, und die dann immer noch regelmäßig Fleisch essen, haben eine Schwachstelle in ihrem Mitgefühl und in ihrem Verantwortungsbewusstsein.

Weil wir gerade von Krieg reden: Was halten Sie von militanten Tierschützern?

Ich bin kein Fan von militanten Haltungen egal welcher Art. Ich bin dagegen, wenn Leute in Universitäten einbrechen und die Forschung ruinieren, indem sie zum Beispiel Hunderte von Labormäusen aus den Käfigen lassen. Ich wäre glücklicher, wenn ich die gleiche Leidenschaft für natürliche Lebensräume und den Schutz von Wildtieren sehen dürfte. Aber ich sympathisiere mehr mit diesen Aktivisten und ihren Gesinnungen als mit der kapitalistischen Art der Landwirtschaft, mit Monsanto, Exxon und der Republikanischen Partei in den Vereinigten Staaten, deren Handeln eher durch brutale Unmenschlichkeit und Unterdrückung als durch Mitgefühl und den Kampf für die Freiheit aller Menschen und aller Lebewesen motiviert ist.

Was würden Sie also von der Fleischwirtschaft erwarten oder verlangen? Was muss Ihrer Meinung nach dringend geändert werden?

Ich würde die Massentierhaltung abschaffen. Diese Art der Fleischproduktion ist in mehrfacher Hinsicht schlecht für die Welt: Sie verursacht Leiden, zerstört den Lebensraum von Millionen von Wildtieren und trägt viel zum Klimawandel bei. Massentierhaltung ist auf allen Ebenen abscheulich. Sie trägt in hohem Maße zur Waldvernichtung bei, weil wir gewaltige Lebensräume zerstören, nur um die Tiere zu füttern, die wir zur Schlachtung halten. Und sie trägt immens zum allgemeinen Leid in der Welt bei.

Wenn die Menschen Fleisch wollen, sollten sie ihre eigenen Tiere halten und sie töten. Wenn sie das nicht können oder wollen, entsteht daraus kein wirklicher Verlust, weil es keinen echten Bedarf an Fleisch gibt. Zumindest sollten die Betriebe kleinbäuerlich sein und keine Fabriken für lebendes Fleisch, und die Tiere sollten sich weiträumig bewegen können. Wir haben vier Hühner für Eier. Sie können sich jeden Tag ohne Einschränkung und ohne Zäune bewegen. Nachts gehen sie in ihren Stall, und wir schließen einfach die Tür. Bevor wir sie angeschafft haben, wollte ich keine Eier kaufen.

Wie wird die Erde für den Menschen aussehen, wenn sich das Artensterben in unverminderter Geschwindigkeit fortsetzt?

Erstens wird die Welt immer mehr aus monströsen Städten bestehen. Mehr Stress, mehr Anonymität, mehr Gedränge. Aus diesem Grund sind wir auch mit Umweltverschmutzung, globaler Erwärmung, Übersäuerung der Ozeane und Entwaldung einverstanden. Und diese Dinge verursachen bereits spürbare Destabilisierungen. Mehr Erwärmung und das Insektensterben werden das Ende der Zivilisation sein, wie wir sie kennen. Die landwirtschaftlichen Erträge werden sinken. Wir werden in ständigem Umbruch und Rückzug leben, in einer Welt des ständigen selbst verschuldeten Konflikts. In den Vereinigten Staaten erleben wir bereits seit dem Hurrikan Katrina im Jahr 2005 Sturm-, Flut- und Brandkatastrophen, die so groß, teuer und häufig sind, dass wir die Schäden nicht wieder beheben können.

Viele Menschen reagieren erst, wenn sie selber betroffen sind. Erklärt das die Trägheit im Umgang mit den Erkenntnissen über das Arten- und Insektensterben?

Auch hier geht es um die Grenzen der menschlichen Intelligenz, des Mitgefühls und der Ethik. Was wir nicht brauchen, ist uns egal. Das ist nicht besonders edel von uns. Und einige der Konsequenzen aus dem Artensterben, wie das Zusammenbrechen der Insektenpopulationen, könnten für die Landwirtschaft verheerend sein. Wir verhalten uns noch immer, als wäre der Ernstfall nicht längst da. Wir sind nicht klug genug, um das Ausmaß des Schadens zu erkennen. Wir begreifen, dass wir in der Lage sind, globale Probleme zu schaffen, aber nicht, dass wir sie dringend lösen müssen.

Wir essen Meeresfrüchte, die Plastik enthalten. Einige der Chemikalien in verschiedenen Kunststoffen beeinflussen unser Immunsystem und unseren Hormonhaushalt. Viele Kunststoffe sondern giftige Chemikalien ab. Wenn man sich Krebserkrankungen, Östrogenkonzentrationen, reduzierte Spermienzahlen usw. ansieht, ist offenkundig, dass unsere Vergiftung der Welt uns selbst keineswegs ausschließt.

Wir zerstören und degradieren einen Großteil des Lebens auf der Erde, verschmutzen Luft und Grundwasser, ersticken den Ozean mit Plastikmüll. Wir haben die Ausrottung von Tier- und Pflanzenarten auf das Tausendfache der natürlichen Rate beschleunigt, und die globale Erwärmung und Übersäuerung der Ozeane wird im nächsten Jahrhundert unermessliches Leid verursachen. Doch all das kümmert uns nicht sonderlich. Das verdeutlicht die Beschränktheit der menschlichen Intelligenz. Und wir sind nicht klug genug, um unsere eigene Begrenztheit zu sehen, dadurch sind wir sehr destruktiv und gefährlich.

Das wird ein Gespräch über die geballte Dummheit unserer Spezies. Schade, dass es nicht millionenfach an Konzernvorstände und an Lobbyisten und Politikerinnen verteilt wird, die erst nach der Antwort auf die Frage »Was zum Teufel unternehmen Sie dagegen?« den Raum verlassen dürfen. Gerade gefallen sich alte Politiker in der Beschimpfung von Kindern, die es wagen, sich Gedanken um den Planeten zu machen.

Ich sehe die Auswirkungen des Klimawandels überall. Ich sehe Entwaldung, den gewaltigen Verlust natürlicher Lebensräume, die Zersplitterung wild lebender Tierpopulationen und den massiv abnehmenden Bestand frei lebender Tiere.

Fänden Sie das Aussterben des Menschen einen drastischen Verlust für den Planeten?

Die Existenz des Menschen ist ein Nachteil für fast alle anderen Lebensformen. Die wichtigsten Lebensräume – Wälder, Feuchtgebiete, Grasland, Süßwasser, Korallenriffe, das Meer – sind am stärksten gefährdet und in Mitleidenschaft gezogen, und die Wildpopulationen befinden sich fast alle auf einem äußerst niedrigen Stand im Vergleich zu dem, auf dem sie sich noch vor wenigen Jahrhunderten befanden. Außerdem sind sie in einem beschleunigten Rückgang begriffen. Das bedeutet letztlich etwas sehr Erschreckendes für uns: Menschen sind mit dem Rest des Lebens auf der Erde nicht mehr vereinbar.

So, Zeit für gute Laune. Gibt es Anzeichen eines Umdenkens in breiteren Schichten der Gesellschaft?

Ich sehe in der Tat eine ganze Menge Anzeichen für ein Umdenken – dass viele Probleme mittlerweile in ihrer Relevanz erkannt und nicht mehr verdrängt werden. Zudem gibt es eine Bewegung hin zu größerer Anteilnahme. Aber dieses Lösen von Problemen und Mitfühlen ist bislang noch nicht der bestimmende Faktor für den Kurs der Zivilisation. Die Zerstörung von lebenserhaltenden Systemen und Lebensgemeinschaften ist nach wie vor das dominierende Prinzip.

Jetzt haben Sie es wieder ruiniert. Welche Hoffnungen haben Sie, dass der Mensch seinen Umgang mit der Natur und den Tieren ändert?

Die Geschichte zeigt, dass wir uns im Laufe der Zeit überwiegend in bessere Richtungen bewegen. Das Problem ist, dass der Fortschritt hier viel zu langsam ist.

Wenn Sie Verstand verteilen könnten, wie würde das Resultat in einem utopischen Fall aussehen?

Das Zugeständnis gleicher Menschenrechte für alle Frauen unserer Welt könnte zum Beispiel das Problem der Überbevölkerung lösen, die alle unsere Umweltprobleme antreibt oder verschlimmert. Das liegt daran, dass Frauen, die Schulbildung genossen haben, die Eigentum besitzen, über Bewegungsfreiheit verfügen und eigenständig Entscheidungen treffen können, sich in der Regel für weniger Kinder mit besserer Betreuuung entscheiden. Wenn wir das Bevölkerungswachstum umkehren und uns von der Energie aus fossilen Brennstoffen verabschieden und die Landwirtschaft entgiften, könnte der Mensch eine Zukunft haben, die dem Begriff Mensch würdig ist. Wenn wir von zivilisiert zu »humanisiert« übergehen, werden wir in unserem Leben Platz für ein vertretbares Zusammenleben mit dem Rest des Lebens auf der Erde schaffen.

Ein schönes Schlusswort und ein lieber Gruß an die wachsende Zahl sogenannter Lebensschützer. Amen und vielen Dank, Herr Professor, für Ihre Zeit und Ihren geringfügigen Optimismus.

»Die große Verbreitung von sexueller und nicht sexueller Gewalt in der Partnerschaft zeigt, dass der Nahbereich nach wie vor der gefährlichste Ort für Frauen ist.«

Gespräch mit
ROLF POHL

Männlichkeitsforscher, Soziologe, Sozialpsychologe, Studium der Geschichte, Politikwissenschaft, Soziologie und Psychologie. Bis 2017 Professor für Sozialpsychologie am Institut für Soziologie der Universität Hannover. Verfasser zahlreicher Bücher und Aufsätze. Hauptwerk: »Feindbild Frau« (Offizin Verlag, Neuauflage im Paperback: 2019)

Herr Professor Dr. Pohl, haben Sie sich heute schon um den Zustand der Welt gesorgt?

Ja, wobei der Ausdruck »Sorge« sicherlich noch untertrieben ist. Wie ließe sich das auch vermeiden, ohne sich der täglichen Nachrichten zu verweigern?
Gut, man könnte sich dazu durchringen, der katastrophalen Dramatik des Weltgeschehens, den wachsenden gesellschaftsbedingten und menschengemachten Angriffen auf Natur, Klima, Demokratie, Menschenrechte und Humanität, entweder mit Gleichgültigkeit zu begegnen oder sie zu leugnen. Oder aber mit dem Blick von Berufsoptimistinnen oder Gesundbetern unter dem Motto zu beschwichtigen: »Eigentlich ist die Welt doch gar nicht so schlecht.« Und – wenn wir diesem affirmativen Motto weiter folgen – unsere wunderbaren zivilisatorischen, technischen, gesellschaftlichen und politischen Errungenschaften gegen die Dauerempörten zu verteidigen und alle verblendeten, an einem rigorosen Schwarz-Weiß-Moralismus erkrankten Rechts-, Links- und religiösen Ideologien sowie andere Gefährdungen des ach so humanen Zusammenhalts unserer funktionierenden Demokratien in die Schranken zu weisen. In verschiedenen Varianten ist diese unkriti-

sche eine durchaus verbreitete, aber ziemlich naive Sicht auf die Welt.

Die kollektive Überforderung angesichts der durch das Netz erkennbaren Komplexität von »allem« und der Wunsch nach einfachen Antworten.

Was mich als Sozialpsychologen am meisten beunruhigt, sind die nicht nachlassende und zurzeit eher wieder anwachsende kollektive Irrationalität und vor allem der vorherrschende, von tendenziell Gewalt erzeugenden Wahrnehmungsmustern bestimmte Umgang mit den grundlegenden Problemen der Welt und den Konflikten unserer postmodernen Gesellschaften. Aber wir leben ja, so heißt es dann euphemistisch, in einem »postfaktischen Zeitalter«, in dem die Lüge systematisch zur Wahrheit umgedeutet wird.

Der Punkt, an dem mich der Mut verlässt, sind die Meinungen, die so schwer durch Fakten zu widerlegen sind, denn die Fakten, die die Hälfte der Bevölkerung akzeptiert, sind empirisch, wissenschaftlich. Die andere Hälfte der Bevölkerung hält sie für Lügen. Es gibt keinen Ausweg.

Hauptsache, es stehen starke »authentische« und damit »wahre« Gefühle hinter ihnen. Und Hauptsache, sie folgen – so zum Beispiel beim Berliner AfD-Vorsitzenden Georg Pazderski zur Rechtfertigung seiner gezielten politischen Lügenkampagnen gegen Geflüchtete – der Logik »perception is reality«, Wahrnehmung ist Wirklichkeit. Hier geht es also nicht wirklich um die Verbesserung der Welt, um ein Ringen um Wahrheit durch den freien Austausch von Argumenten in wechselseitiger Anerkennung. Es geht vielmehr um das rein subjektive – oder, wie der Sozialphilosoph

Theodor W. Adorno es einmal genannt hat, das bloße oder »pathische« – Meinen und damit um Kampf, Sieg und die Erringung von Vorherrschaft durch systematische Realitätsumdeutung. Wie die Psychoanalyse uns lehrt, hat das eher mit Wahn als mit Wirklichkeit zu tun.

Apropos Wissenschaft: Gab es in Ihrem Leben einen Auslöser dafür, Psychologie beziehungsweise Sozialpsychologie zu studieren?

Grundsätzlich ging es mir immer schon um das Interesse an einer Erkenntnis der gesellschaftlichen und insbesondere der psychischen Ursachen dieser vor allem politisch so gefährlichen Irrationalität. Diesem Interesse nachzugehen, war mir an der Universität Hannover in den 1970er-Jahren vor allem in den Fächern Soziologie und Psychologie beziehungsweise Sozialpsychologie unter dem Einfluss des damaligen Institutsleiters Peter Brückner und seiner Mitarbeiterinnen möglich.

Wie kam es dazu, dass Sie sich besonders dem Studium der Männlichkeit widmeten?

In der Soziologie interessierten mich in erster Linie die gesellschaftstheoretischen Analysen von Macht- und Herrschaftsverhältnissen. In der Sozialpsychologie war es schwerpunktmäßig der Zusammenhang von Gewalt und historisch gewachsenen gewaltförmigen Verhältnissen. Es ging also, angelehnt an eine schlichte, aber einleuchtende Formulierung Brückners, um die gerade heute wieder hochaktuelle Grundfrage, warum sich die Menschen das antun, was sie sich antun, und worin die historischen, gesellschaftlichen und politischen Ursachen dafür liegen. Dabei hielt und halte ich eine kritische Verwendung der Psychoanalyse als Theorie des Unbewussten bis heute für unerlässlich, um eine solche die subjektiven und gruppenbezogenen Motiv- und Konfliktlagen einschließende Untersuchungsperspektive einnehmen zu können.

Vor diesem Hintergrund und beeinflusst durch die am Institut für Sozialpsychologie in Hannover etablierte Frauen- und Geschlechterforschung wandte ich mich der Politischen Psychologie und einer kritischen Männlichkeitsforschung zu. Auch hier stand vor allem die Frage nach den subjektiven und den gesellschaftlichen »Produktionsregeln von Gewalt« (Brückner) im Mittelpunkt. Das hing wesentlich mit dem wohl wichtigsten Auslöser für meine Wahl dieser Forschungsthematik zusammen: den Enthüllungen über die furchtbaren Massenvergewaltigungen im Kontext der Ex-Jugoslawien-Kriege in den 1990er-Jahren und den anschließenden ersten breiten Diskussionen über den Einsatz von sexueller Gewalt als Kriegswaffe. Die Hauptfrage, die mich seitdem in diesem Feld umtreibt, ist die nach den weitgehend unbewussten Tiefenstrukturen von Männlichkeiten in Gesellschaften mit männlicher Dominanz und Vorherrschaft. Und damit der Versuch, wissenschaftlich zu verstehen, welche spezifischen Verknüpfungen von Sexualität, Macht und Weiblichkeitsabwehr die vorherrschenden Konstruktionen von »Normalmännlichkeit« immer wieder bestimmen und unter welchen Bedingungen diese Verknüpfungen, auch wenn sie empirisch nicht für jeden einzelnen Mann gelten, ihr destruktives Potenzial entfalten.

Ihr Buch »Feindbild Frau« erschien 2004. Es war prägend für mein feministisches Verständnis. Erinnern Sie sich an

die Verfassung, in der Sie waren, als Sie dieses Buch geschrieben haben?

Das Buch ist in zwei Etappen und unter unterschiedlichen Begleitumständen entstanden. Die theoretischen Hauptteile sind bereits 1996 als eine Sammlung von Bausteinen zu einer Psychoanalyse der Männlichkeit im Rahmen meines Habilitationsverfahrens unter starkem beruflichem Qualifizierungsdruck erschienen. Die Überarbeitung und vor allem die Erweiterung um die eher anwendungsbezogenen Beispielfelder Adoleszenz und männliche Jugendgewalt, Männlichkeit und Perversion sowie Männlichkeit und sexuelle Gewalt in Kriegen für die Publikation 2004 erfolgten dann stärker unter dem nachhaltigen und erschütternden Eindruck der Materialerhebung. Insbesondere die Recherchen über die sexuellen Gewalthandlungen unter Kriegs-, aber auch unter zivilen Bedingungen waren angesichts der erschreckenden Brutalität, Grausamkeit und inhumanen Mitleidlosigkeit meist schwer auszuhalten und brachten die notwendige wissenschaftliche Distanz immer wieder an ihre Grenzen.

Weil wir gerade vom Krieg reden: Wäre die Art des befehlsausführenden Abschlachtens anderer Menschen auch möglich, wenn nur Frauen eingezogen würden? Oder begebe ich mich hier in den Bereich sexistischer Annahmen?

Das ist eine interessante, aber absurde und rein hypothetische Frage. Es wird niemals eine ausschließlich oder überwiegend weibliche Armee im Kriegseinsatz geben. Außerdem können Frauen nach der allgemeinen Logik des Militärischen ebenso mit einer tötungsbereiten Gruppenmentalität zum »Abschlachten« gedrillt werden wie Männer – auch wenn Frauen in realen Einsätzen oft eher für Aufgaben eingeteilt werden, die »weichere«, also Soft Skills erfordern. Die Idee einer reinen Amazonenarmee war und ist ein Mythos, denn diese angesprochene Logik des Militärischen ist grundsätzlich schon immer – und in ihrer modernen Gestaltung erst recht seit dem Siegeszug der Nationalarmeen und der Einführung der allgemeinen Wehrpflicht Anfang des 19. Jahrhunderts – eine kriegerisch-männliche Logik. Der abgewehrte, ursprünglich innere Hauptfeind des soldatischen Mannes ist, das wissen wir spätestens seit den »Männerphantasien« von Klaus Theweleit aus den 1970er-Jahren, weiblich und damit als bedrohlich konnotiert.

Was lässt, wenn kein Wehrpflichtzwang besteht, also vornehmlich männliche Menschen in Kriege ziehen und einen Heldentod in Kauf nehmen?

Die militärische Sozialisation und stärker noch der Krieg tragen mit ihrem systematischen Umbau der zivilen in eine soldatische Persönlichkeit deutliche Merkmale einer hypervirilen kollektiven Selbsterzeugung. Eine initiationsähnliche Wiedergeburt, die Spuren der »weichen«, als unmännlich und damit als weiblich denunzierten Züge beseitigen und so den Einfluss Angst auslösender Weiblichkeitsbilder abwehren soll. Dies lässt sich wunderbar anschaulich nachlesen in Ernst Jüngers Erfahrungsberichten über den Ersten Weltkrieg – »Der Kampf als inneres Erlebnis« und »In Stahlgewittern«, eine ästhetisierende Verklärung der »Feuertaufe« als eine Art mann-männlicher Reinkarnation ohne störende Frauen. Das Fabulieren über einen reinigenden Gesundungsprozess in einem Gaskrieg ist eine zutiefst verstörende, männlich-destruktive Wiedergeburtsfantasie. Aber auch in der Gegenwart finden wir immer wieder Bestätigungen des genuin männlichen Charakters der militärischen und kriegsbezogenen Logik. So etwa bei dem anerkannten Militärhistoriker Martin van Creveld. Für ihn sind Kriege weiterhin ein kulturell und entwicklungspsychologisch notwendiger Männlichkeitsbeweis. Notwendig, weil es im Unterschied zur Entwicklung der weiblichen Gebärfähigkeit keine biologischen Übergänge des Jungen zum Mann gebe und der Junge folglich durch kulturelle Riten erst männlich gemacht werden müsse. Diese Erzeugung von Männlichkeit könne nur durch Männer selbst erfolgen, da es vor allem darum gehe, endgültig die Bindung an die Mutter aufzulösen und die damit verbundene »weibliche Substanz« aus den Körpern und den Seelen der jungen Heranwachsenden auszutreiben. Mangels traditioneller Initiationsriten habe diese Funktion nun das Militär übernommen, und in letzter Konsequenz, so lautet die trübe, männlichkeitsverherrlichende und gleichzeitig antifeministische Quintessenz, sei kein Tätigkeitsfeld so geeignet, die Männlichkeit zu bestätigen, wie der Krieg. Erst der Krieg biete den Männern die Gelegenheit, sich und ihre Persönlichkeit voll zu entfalten. Dass das alles geschehen soll, um Volk, Vaterland und insbesondere die »eigenen« Frauen zu schützen oder gar zu retten – geschenkt!

Wie sehr das damit verbundene Archaisch-Kriegerische neben dem Hightech-Soldatischen auch in modernen Armeen immer wieder eine Renaissance erfährt, zeigt sich spätestens dann, wenn es ernst wird, also wenn es zum Kriegseinsatz kommt.

Weltweit werden pro Tag mindestens 137 Frauen ermordet. Nicht eingerechnet die Dunkelziffer, nicht eingerechnet die Zahl der Vergewaltigungen, Verstümmelungen, der Akte der Gewalt gegen Frauen. Häufig hervorgerufen durch einen Partner. In der westlichen Welt sind sich jedoch viele Frauen sicher, dass ihnen das mit ihrem Partner nicht passieren kann.

Die große Verbreitung von sexueller und nicht sexueller Gewalt in der Partnerschaft zeigt, dass der Nahbereich nach wie vor der gefährlichste Ort für Frauen ist. Darauf weist ja eindringlich die kürzlich erschienene weltweite Studie der UNO-Frauenorganisation über »Familien in einer sich ändernden Welt« hin. Frauen können sich daher im Grunde nicht wirklich sicher sein. Die Überzeugung, der eigene Partner sei anders und könne niemals gewalttätig werden, ist vor diesem Hintergrund verständlich, aber sicherlich etwas gewagt.

Andererseits wäre ohne eine solche Überzeugung überhaupt keine heterosexuelle Beziehungsaufnahme gerechtfertigt, wenn freiwillige Askese oder ein Wechsel der Geschlechterpräferenzen nicht infrage kommen. Trotz des statistischen Ausmaßes offener Gewalt, trotz der immens hohen Dunkelziffer sowie der allgemeinen Verbreitung anderer, weniger manifester Ausdrucksformen einer bis zum Hass reichenden Frauenfeindschaft müssen wir außerdem bedenken, dass selbstverständlich nicht alle Männer potenzielle Gewalttäter sind. Hier muss zwischen der Struktur geschlechtlicher Ungleichheitslagen und der empirischen Verfasstheit einzelner Männer und ihrem vorherrschenden Habitus unterschieden werden. Also: Alle frauenfeindlichen Gewalttaten werden (bis auf wenige Ausnahmen) von Männern begangen, aber nicht alle Männer sind tatsächliche oder potenzielle Gewalttäter.

Frauen wissen, dass sie mit der Mutterschaft oft abhängig werden. Jede siebte Frau in der Schweiz verliert mit der Schwangerschaft ihren Job, ihre berufliche Laufbahn erfährt eine Unterbrechung, und die Frauen werden oft mit der Kindererziehung alleingelassen. Und dennoch entscheiden sie sich für die Fortpflanzung.

Zu den deutlichen Kennzeichen der genannten strukturell unveränderten Geschlechterhierarchien gehört – neben dem Gender Pay Gap, der geringen Repräsentanz von Frauen in Leitungspositionen und der weiblichen Dominanz bei unbezahlten Care-Tätigkeiten – auch die Tatsache, dass trotz aller Reformen und freiwilliger Bewegungen auf der Männerseite die Vereinbarkeit von Familie und Beruf nach wie vor stärker den Frauen angelastet bleibt. Verglichen mit anderen Ländern scheinen in der Schweiz die beruflichen Benachteiligungen von Müttern trotz Mutterschaftsgeld und anderer Reformen besonders krass ausgeprägt zu sein. Auch dagegen hat sich ja der landesweite Frauenstreik am 14. Juni 2019 mit seinem Kampf gegen Geschlechterstereotype, Sexismus und Gewalt gegen Frauen gerichtet.

Warum sich Frauen unter diesen Bedingungen dennoch für beides – für Kinder und Beruf und im Notfall dann eben doch eher für Kinder – entscheiden, vermag ich als Mann schwer zu sagen. Die Notlage ist jedenfalls Ausdruck eines Dilemmas, das nicht selbst verschuldet ist. Und im Grunde verdient die Entscheidung berufstätiger Frauen für die Geburt gerade angesichts der zu erwartenden Nachteile sogar größeren Respekt, Anerkennung und einen breiteren Kampf gegen rückständige, frauenfeindliche Mentalitäten in offenbar vielen Schweizer Unternehmenskulturen.

Die Schweiz wurde gemäß einer UNICEF-Studie zum kinder- und familienunfreundlichsten Land gewählt, was an den patriarchalen Strukturen und dem gelebten Motto »Kinderbetreuung ist Frauensache« liegt. Die Schweiz liegt in Sachen politischer und wirtschaftlicher Teilhabe von Frauen konstant auf einem der hinteren Plätze in internationalen Untersuchungen. Jede zweite Frau in der Schweiz erlebte in unterschiedlichen Formen sexuelle Gewalt. Es gibt kaum ein westliches Land mit einer so rückständigen Gesetzgebung zum Schutz der Frauen vor Vergewaltigung. Fällt mir gerade unzusammenhängend ein.

In allen Bereichen, in denen Frauen es wagen, in vermeintliche Männerdomänen vorzudringen, sind sie sexuellen Übergriffen, Hass on- und offline sowie Herabwürdigungen ausgesetzt. Bleibt da nur, Kampfsport zu lernen, in ständigem Abwehrmodus zu leben?

Oder anders gefragt: Gibt es eine Lösung zwischen Valerie Solanas' Manifest und dem langen Weg durch politische Institutionen, der nach unseriösen Schätzungen noch Hunderte von Jahren dauern kann?

Sicherlich ist Kampfsport als persönliche Schutzmaßnahme nicht falsch. Aber es gibt Alternativen zwischen dem radikal-ironischen, viele Männer auch heute noch zu wahren antifeministischen Angst- und Hassstürmen hinreißenden Aufruf von Solanas zur »Vernichtung« der Männer als unerlässlicher Vorbedingung für den Aufbau einer menschlichen Gesellschaft auf der einen Seite und dem Vertrauen auf schleichenden Wandel der Verhältnisse im Schneckentempo auf der anderen Seite. Ansätze gibt es hier auch neben den bereits angesprochenen Strömungen einer neuen Frauenbewegung zuhauf, etwa in den Kämpfen gegen rechts sowie in der Friedens-, der Ökologie- und der Klimaschutzbewegung. Es ist sicherlich kein Zufall, dass der Anteil von Mädchen und Frauen an den »Fridays for Future« unverhältnismäßig hoch ist. Diese verstreuten Ansätze müssten politisch verstärkt, gebündelt und ausgebaut werden. Ein resignatives Abwarten oder Zurückziehen kann jedenfalls keine Lösung sein.

Die Neuordnung der Weltmächte, die Digitalisierung und Frauen, die an Einfluss gewinnen: Das alles führt zu einem verzweifelten Aufbäumen vieler verunsicherter Männer, die ihre Stärke in nationalistischen Männerbünden suchen.

Die Männer, die mit diesem verzweifelten, aber politisch nicht ungefährlichen Aufbäumen reagieren, glauben, dass alles Übel der Welt und insbesondere die angebliche »Krise der Männlichkeit« auf den Siegeszug des männerhassenden Feminismus und die Errichtung eines totalitären »Feminats« zurückzuführen sei. Dieses Aufbäumen kann eigentlich nur mit dem beantwortet werden, was hier am meisten verteufelt oder wie das Weihwasser vom Teufel gefürchtet wird: mit einer Bündelung und Intensivierung der bereits vorhandenen Aktivitäten wie im Netzfeminismus oder in den Kampagnen gegen Sexismus zu einer »neuen« Frauenbewegung. Aber von mir als Mann ist das natürlich eine etwas merkwürdige Forderung.

Europa kommt mir gerade vor wie ein Mann, der um seine Potenz fürchtet und in völliger Selbstüberschätzung des kleinen Nationalen den Kampf gegen die neuen Weltmächte antritt. Was führt Männer oft zu fast albern anmutender Selbstüberschätzung?

Es sind mehrere Dinge, die hier zusammenkommen. Der Kern ist der nach wie vor weitverbreitete Irrglaube, der Nabel der Welt und damit das Subjekt schlechthin zu sein. Das Subjekt, das grundsätzlich wichtiger und daher allen anderen überlegen ist und das sich im Fall von vermeintlichen, das heißt als solche gefühlten Kränkungen das Recht herausnehmen kann, seine als beschädigt geglaubte Männlichkeit zu reparieren – notfalls eben auch mit Gewalt. Zu diesem Narzissmus und dem gefährlichen Umgang mit ihm gehört die wohl immer noch tief verankerte Vorstellung einer engen Verwandtschaft von sexueller und sozialer, ökonomischer und politischer Potenz.

Und dieses Potenzial ist politisierbar, indem die Nation, die Erde und die Heimat als weiblich assoziiert werden und die Männer sich dann im armseligen Brustton ihres doppelten – völkischen und frauenfeindlichen – Chauvinismus als Bewahrer, Schützer und Retter von beiden, den Frauen und der Nation, stilisieren können. Das wiederum geht nur mit einer starken, souveränen und wehrhaften Männlichkeit. So klagte etwa der Thüringer Landesvorsitzende der AfD, Björn Höcke, Deutschland und Europa hätten »ihre Männlichkeit verloren«. Diese müsse wiederentdeckt werden, denn nur dann »werden wir mannhaft. Und nur wenn wir mannhaft werden, werden wir wehrhaft, und wir müssen wehrhaft werden.«

Männlichkeit meint in diesem Kontext also Brutalität und Dummheit.

Das ist Ausdruck von dem, was ich eine paranoid getönte Abwehr-Kampf-Haltung von Männern nenne, bei denen Weiblichkeit nichts weiter als die Projektionsfläche ihrer ins Nationale strebenden Größenfantasien und des Kampfes gegen ihre Kleinheitsängste ist. Das zeigt auch, wie sehr sich die Mechanismen von Fremdenfeindlichkeit und Frauenfeindlichkeit ähneln und wie leicht sich Rassismus und Sexismus überlagern können. Die Sehnsucht nach der Sicherung und Wiederherstellung einer in Gefahr geratenen kollektiven (völkisch-nationalen) Identität geht einher mit dem Wunsch nach einer Reparatur der als beschädigt erlebten Männlichkeit und damit nach einer Re-Souveränisierung des Mannes.

Gibt es einen Unterschied zwischen männlicher und weiblicher Gewaltbereitschaft?

Auch wenn sich die geschlechtertypischen Ausdrucksformen unterscheiden, so verfügen Frauen doch über ein ähnliches Aggressionspotenzial wie Männer. Sie sind mit Sicherheit zu ähnlich starken Hassgefühlen sowie zu grausamem und selbst sadistischem Verhalten imstande. Frauen sind ja nicht grundsätzlich die besseren Menschen, der Glaube an ihre prinzipielle Friedfertigkeit ist zweifellos ein Mythos. Dennoch ist der weibliche Anteil an der Gesamtheit der manifesten Gewalthandlungen nach wie vor überproportional gering. Bei bestimmten Delikten wie partner- oder kinderbezogener Gewalt ist er etwas höher, bei anderen, vor allem aus dem sexuellen Gewaltbereich stammenden Taten geht er gegen null.

Die wichtigste Ursache für diese gravierenden Unterschiede im manifesten Verhalten liegt meiner Ansicht nach darin, dass die Grenzen zwischen Gewaltfaszination, Gewaltbereitschaft und faktischer Gewaltausübung bei Jungen und Männern prinzipiell durchlässiger sind als bei Mädchen und Frauen. Die vorherrschenden Formen von Männlichkeit in männlich dominierten Gesellschaften müssen nach wie vor bereit sein, vermeintliche Gefährdungen notfalls mittels Gewalt zu bekämpfen. Wie gesagt: Das gilt empirisch nicht für alle Männer, aber für viele, und in Fällen innerer und äußerer Krisen für mehr von ihnen als landläufig vermutet.

> *Jeder redet momentan von der Herabsetzung der Männer. Wie haben Frauen über Jahrhunderte ihre permanente Herabsetzung ertragen, ohne in einen kriegerischen Zustand zu geraten?*
> *Und: Basiert das erlernte Erdulden der Frauen vornehmlich auf der körperlichen Überlegenheit der Männer?*

Der Hinweis auf die körperliche Überlegenheit der Männer ist eine bequeme Schutzbehauptung, die als Biologie festschreibt, was in Wirklichkeit kulturelle Wurzeln hat – mit dem Ziel, die bestehenden Geschlechterhierarchien zu legitimieren und zu verewigen. Und das aktuell verstärkt auftretende Klagen über die Herabsetzung der Männer, über die systematische »Benachteiligung der Jungen« und die »Entsorgung der Väter« ist übrigens dummes Gerede mit hohen projektiven Anteilen: Herabgesetzt wurden und werden real die Frauen. Männer fühlen sich herabgesetzt und lasten das den Frauen, dem Feminismus und einer eiskalten »Frauenmafia« an – das ist der einfache Unterschied.

War Grundbesitz der Ursprung dafür, Frauen und Kinder ebenfalls als männlichen Besitz zu betrachten?

Das ist sehr kompliziert und kulturanthropologisch wohl nicht endgültig geklärt. Aber der Grundbesitz an sich steht weniger am Anfang der patriarchalen Entwicklung. Vielmehr ist es die mit dem Ackerbau beginnende Ausdifferenzierung der für die Geschlechter so folgenreichen, mit Auf- und Abwertungen verbundenen Arbeitsteilung. Im Unterschied zu den früheren Jäger-und-Sammler-Gesellschaften mussten Frauen nun zur Sicherung des Überlebens der Gruppe von außen eingeführt werden. Das geschah, wie meines Erachtens der französische Ethnologe Claude Meillassoux überzeugend nachgewiesen hat, zunächst durch Raub und schließlich in geregelter Form durch ein komplexes System des gegenseitigen Frauentauschs. Eine der Folgen war möglicherweise, dass man die Frauen allmählich von der Jagd und dem Krieg ausgeschlossen und exklusiv in die Sphäre der häuslichen Produktion verwiesen hat. Dadurch wurde die ursprünglich stärkere Position der Frau zunehmend entwertet und gleichzeitig die des Mannes als Räuber, Krieger und Beschützer aufgewertet. Zugespitzt lässt das den Schluss zu: Gerade weil die Frauen aufgrund ihrer Gebärfähigkeit und als Tauschobjekt so wichtig waren, wurden sie immer stärker herabgesetzt und der männlichen Herrschaft und Verfügungsgewalt unterworfen.

Ich würde gerne noch etwas über den Einsatz der Religionen als Manifestation männlicher Macht erfahren, vermutlich sprengt es den Rahmen unseres Formates. Vielleicht ist die nächste Frage schneller zu beantworten: Gibt es irgendwo

auf der Welt eine Gesellschaft ohne Frauenhass? Gab es sie jemals?

Mit dem Siegeszug des oben sehr verkürzt hergeleiteten patriarchalen Modells der Geschlechterbeziehungen hat sich auch die bis zum Hass reichende und immer wieder in Gewalt mündende Frauenfeindlichkeit – wenn auch kulturhistorisch in sehr unterschiedlichen Ausprägungen und Erscheinungsformen – als nahezu ubiquitäres Merkmal durchgesetzt. Das ist wohl der zentrale und bedrückende Befund der Misogynie-Forschung. Abweichungen des Grundmodells gibt es allerhöchstens in geografisch oder regional kleinen Inseln, in denen die gesellschaftlichen und damit auch die geschlechtlichen Beziehungen »matrilinear«, das heißt durch die mütterlich-weibliche Linie, bestimmt sind. Das ist noch kein Matriarchat im Sinne einer bloßen Spiegelung patriarchaler Verhältnisse. Dessen Existenz wird in der Forschung ohnehin eher als Mythos nachgewiesen. Aber hier, wie beispielsweise bei der kleinen Bevölkerungsgruppe der Mosuo im Südwesten Chinas, lassen sich grundsätzlich eher egalitärere Beziehungen und damit auch weniger Frauenhass als sonst überall finden.

Sie stellen Sexismus immer auch als strukturelles Problem dar. Wir leben in der Zeit des Neoliberalen, in der davon ausgegangen wird, dass jeder sich formen kann, es schaffen kann in der Welt des Turbokapitalismus. Demzufolge sind Frauen durch ihren fortpflanzungsbedingten Ausfall, das eventuelle Alleinerziehen, auch in Zukunft chancenlos?

Mit den Strukturen, die immer aufs Neue Sexismus hervorbringen und die in unseren Sexismusdebatten bislang nicht wirklich angegangen werden, meine ich insbesondere die bereits angesprochene Hartnäckigkeit, an den Grundlagen geschlechtlicher Ungleichheitslagen und den damit verbundenen, vielen fast als natürlich erscheinenden männlichen Privilegien – oder besser: dem Privileg und Vorrecht des Männlichen schlechthin – festzuhalten. So gesehen gehören alle Erscheinungsformen von Sexismus als ein Herrschafts- und Machtinstrument zu diesen grundlegenden männlichen Privilegien. Im Sexismus verdichtet sich eben vor der Folie einer gesellschaftlich anerkannten Höherbewertung des Männlichen ein bestimmtes Verhältnis von Macht, Sexualität und Überlegenheitsanspruch, das zur Grundausstattung von Männlichkeit und seiner Konstruktion in einer nach wie vor hierarchischen, männlich dominierten Geschlechterordnung gehört.

Daran ändern die Auswüchse des gegenwärtigen Turbokapitalismus überhaupt nichts. Im Gegenteil: Der vom Neoliberalismus diktierte Selbstoptimierungswahn und die angepriesenen Perfektionierungstechniken zur Steigerung des Selbstwertgefühls und damit angeblich des Ansehens befestigen ja gerade die gängigen Geschlechterklischees und reproduzieren sie auf zeitgemäßem Anpassungslevel. Die normativen, Druck auslösenden Selbsttechnologien für Mädchen und Frauen zielen in erster Linie genau darauf ab, womit sie in der Männerwelt immer schon zu punkten hatten: auf Körper und Aussehen. Der Zeitgeist verstärkt also im Grunde genau das, was der Soziologe Pierre Bourdieu schon vor langer Zeit als die »ernsthaften Spiele des Wettbewerbs unter Männern« bezeichnet hat, denen gegenüber die Frauen nur die Funktion von »schmeichelnden Spiegeln« zu übernehmen haben.

Gerade konnte man Philipp Amthor in einem Video sehen, in dem er rassistische Dummheiten von sich gibt und dabei bei drei älteren Männern so um Anerkennung bettelt, dass man ein großes Mitgefühl für die Armseligkeit der männlichen Disposition bekommt.
Wie kann ein Mann es schaffen, ohne die Anerkennung von fraternisierenden Männerbünden ein Selbstwertgefühl zu erhalten?

Amthor, ein schnöseliger, gerade in geschlechterpolitischen Fragen erzkonservativer Jungpolitiker der CDU, der der AfD durchaus Interesse entgegenbringt, singt an einem Wahlkampfstand seiner Partei tapfer die deutsche Nationalhymne und äußert sich, wohl als lustige Anspielung auf den ehemaligen Fußballnationalspieler Mesut Özil gemeint, anerkennungsheischend gegenüber den anwesenden drei Herren, es sei gut, dass hier keine Muslime dabei seien, da die ja die Hymne nicht mitsingen würden. Das war nicht witzig, das war und ist rassistisch. Und sicherlich ist die männertümelnde Anbiederei typisch für eine politisierte Männlichkeit, in der sich in unterschiedlichen Mischungsverhältnissen immer wieder Rassismus, männliche Selbstbehauptung und Sexismus miteinander verbinden. Vorgeführt wird uns diese Mischung ja besonders ausgeprägt in Burschenschaften, in Teilen des Militärs und in anderen Gruppenstrukturen mit einem ausgeprägten männlichen Korpsgeist.

Es gibt kein Rezept für einen Mann, sich dem Sog dieser Strukturen zu entziehen, dieses ernsten Spiels des männlichen Wettbewerbs ohne Frauen, die allerhöchstens geduldet sind als schmückendes Beiwerk und auf deren Rücken das Spiel eben oft auch ausgetragen wird. Aber es gibt viele

Männer, die andere Wege gehen, und es müsste genauer untersucht werden, wie es ihnen halbwegs gelungen ist, sich dieser Sogwirkung zu entziehen. Im Grunde geht es nur, indem man sich selbstreflexiv mit dem Grauen verfestigter Geschlechterbilder und den damit zäh und klebrig verbundenen Selbst-Aufwertungen und Fremd-Abwertungen auseinandersetzt, die in uns allen tief vergraben sind. Dies ist aber letztlich keine selbsttherapeutische, sondern eine politische Frage.

Wenn ein Teil der männlichen Abwertung Frauen gegenüber eine Folge ihrer Sexualität ist, ihres Begehrens, das sie schwach und für sich selber verachtenswert werden lässt, löst sich das Problem erst durch fortschreitende Impotenz?

In Zeiten von Viagra ist diese Frage eigentlich obsolet geworden, ein Mittel, das Fluch und Segen zugleich ist. Ein Segen, weil es ohne Zweifel auch eine sinnvolle Hilfestellung bei massiven sexuellen Funktionsstörungen bietet. Das bedeutet auch, dass nicht alle Männer, die aus medizinischer Indikationsstellung Viagra verschrieben bekommen oder selbst dazu greifen, pauschal verteufelt werden sollten. Aber Viagra verspricht eben auch immer, wenn der Mann es will, ewige Lust – und Kontrolle. Und damit ist es hinsichtlich der Aufrechterhaltung geschlechtlicher Ungleichheitslagen ein Zaubermittel. Zusammen mit jenen technischen Hilfsmitteln, die von Viagra weitgehend abgelöst wurden, den bis heute aber immer noch reichlich angepriesenen Penisvakuumpumpen, Schwellkörperinjektionstherapien, hydraulischen Penisprothesen und so weiter, wird hier bestätigt, dass die sexuelle Erlebnisfähigkeit des Mannes weiterhin vor allem an seine körperliche Ausstattung und deren als Potenz gefeiertes phallisches Leistungsvermögen gebunden ist. Der bekannte Sexualwissenschaftler Volkmar Sigusch nennt das »Prothesensexualität«, in der der Geschlechtsakt das bleibt, was er immer schon gewesen ist: bloßer Vollzug. Die Sexualpartnerin ist und bleibt auch hier ein allein auf ihre Körperöffnungen reduziertes Objekt, Beute des männlichen Zugriffs. Dazu passt es, dass Impotenz immer noch als ein Versagen gilt, das von vielen Männern den Frauen angelastet wird und nicht selten gegengeschlechtliche Aggressionen auslöst.

Missbrauchen Teile homosexueller Männer ihre Macht und ihren Status jüngeren Männern gegenüber in ähnlicher Form, wie heterosexuelle Männer es mit Frauen tun? Oder gibt es Unterschiede?

Auch schwule Männer sind selbstverständlich nicht alle und nicht per se bessere Menschen. Auch hier kommen Missbrauch und Frauenabwertung vor, wenn auch in der Regel sicher nicht im gleichen Umfang und in der gleichen Ausprägung wie bei heterosexuellen Männern. Man muss die mehr oder weniger stark erfahrenen Demütigungen, die Marginalisierungen, Ausgrenzungen oder gar Gewalt und Verfolgung in einem gesellschaftlich eher homophoben Klima und bei einer damit verbundenen Einstufung von Schwulen auf der untersten Stufe der Binnenhierarchie der gesamten männlichen Genusgruppe berücksichtigen. Daher ist bei Schwulen grundsätzlich eher eine höhere Sensibilität gegenüber geschlechtsbezogener Unterdrückung anzunehmen.

Das lässt sich auch an dem bekannten Phänomen ablesen, dass sich viele schwule Männer sehr gut mit Frauen verstehen und umgekehrt. In erster Linie liegt das an der Abwesenheit von sexueller Attraktivität. Am Fehlen der bei heteronormativen Männern strukturell tief verankerten Ambivalenzen und an der fehlenden Abwehr gegenüber Frauen und Weiblichkeit und der damit einhergehenden Abhängigkeitsängste.

Prostitution macht mich ratlos. Zum einen, weil ich sicher bin, dass es keine Auflösung des Patriarchats geben kann, solange ein Geschlecht die Körper des anderen kaufen kann (schwule sich prostituierende Männer seien mitgemeint). Zum anderen gibt es bei jedem gut gemeinten politischen Vorstoß Expertinnen und Sexarbeiterinnen, die auf ihrem Recht der Selbstbestimmung bestehen und anmerken, dass Verbote die Probleme nur verlagern.

Ich halte es für unmöglich, hier eine klare Position zu beziehen. Aus der männlichen »Bedarfs«-Perspektive drückt sich in der Prostitution unbewusst die fast unveränderte klassische Aufspaltung des Frauenbildes in Mutter und Hure aus, die eine heilig und sexuell unberührbar, die andere sexuell anrüchig und erniedrigt. Und damit zeigt sich, wie Freud es einmal treffend beschrieben hat, die weitgehende Unfähigkeit von Männern, Zärtlichkeit und Sinnlichkeit in einer Liebesbeziehung zusammenzubringen. Das weitgehend unveränderte Ausmaß der männlichen Gier nach Prostitution und Pornografie belegt eindrücklich die zähe Kontinuität der hierarchischen dualen Geschlechterverhältnisse.
Solange diese Struktur nicht grundlegend geändert ist, wird diese Gier nicht einfach aufzuhalten oder staatlich zu kontrollieren sein. Daher sind im Umgang mit der Prostitution Verbote oder Strafandrohungen gegen die Freier

hochproblematisch. Gemäß einer Reihe von validen Einschätzungen drängen sie die Prostitution wieder stärker in den unkontrollierbaren Untergrund und fördern den mit ihr verbundenen Menschenhandel eher, als ihn wirkungsvoll zu bekämpfen. Eine mit generellen Verbotsforderungen einhergehende pauschale Diffamierung aller Sexarbeiterinnen per se als Zwangsprostituierte, als versklavte und erniedrigte Opfer von Zuhälterei und Frauenhandel, wie es selbst bei einigen Feministinnen üblich geworden ist, halte ich nicht für hilfreich und tendenziell ein Stück weit selbst für frauenfeindlich.

Viele Frauen begreifen Abhängigkeit und Autonomie nicht als Gegensatz. Wie können Männer lernen, freiwillig Abhängigkeit von Frauen zu ertragen?

Auch bei Frauen gibt es Konflikte zwischen Autonomie und Abhängigkeit sowie massive Probleme im Umgang damit. Insbesondere dann, wenn sie gezwungen sind, sich bis zur Selbstverleugnung als nicht autonom, als Objekt zu unterwerfen und sich mit ihrer angeblich mangelnden Subjektivität abzufinden. Aber für sie handelt es sich weniger um einen starren, sich ausschließenden Gegensatz. Eine Vermittlung und wechselseitige Anerkennung zweier gleichberechtigter und selbstbewusster Subjekte auf Augenhöhe scheint ihnen eher möglich. Für Jessica Benjamin handelt es sich hier sogar um ein allgemeines intersubjektives Grundbedürfnis nach einer solchen wechselseitigen Anerkennung.
Grundsätzlich ist auch für Männer eine Form der Autonomieentwicklung denkbar, die auf der Basis einer gegenseitigen Anerkennung der eigenen und der anderen Wünsche sowie des eigenen und des anderen Begehrens entstehen

kann, ohne dem anderen – aus der Perspektive des Mannes, der Frau und ihrer gesamten Genusgruppe – einen eigenen Subjektstatus abzusprechen und es zu einem Mängelwesen zu erklären. Aber solange die Verhältnisse so sind, wie sie sind, und solange die Männer so gestrickt sind, wie sie es unter diesen Verhältnissen eben sind, ist der Hinweis auf prinzipielle Möglichkeiten müßig. Im Grunde gilt auch hier, dass die Lösung nur eine gesellschaftliche und letztlich eine politische in Richtung einer umfassenden Geschlechtergerechtigkeit sein kann.

Strukturelle Veränderungen können aber nur greifen, wenn auch beim Einzelnen befreiende Erfahrungen einer Vereinbarkeit von Autonomie und Abhängigkeit zugelassen werden können. Zu den wichtigsten Voraussetzungen dazu gehört die Bereitschaft, Ambivalenzen zuzulassen und sich mit der Heterogenität, Unabgeschlossenheit und Unvollständigkeit sowie mit der eigenen Subjektivität auseinanderzusetzen, anstatt sie – ähnlich wie beim Fremdenhass – als Bedrohung abzuwehren und als vermeintlich äußere Gefahr zu bekämpfen. In Anlehnung an den berühmten Aphorismus von Adorno – geliebt werde man einzig dort, wo man Schwäche zeigen dürfe, »ohne Stärke zu provozieren« – hieße das für Männer vor allem, tief sitzende, vermeintlich von Frauen, Weiblichkeit und Sexualität ausgelöste existenzielle Ängste zuzulassen und gemeinsam zu bearbeiten.

Hat sich seit dem Erscheinen von »Feindbild Frau« Ihrer Kenntnis nach etwas im Machtverhältnis zwischen Männern und Frauen geändert?

Wir haben in den letzten Jahrzehnten ohne Zweifel wichtige gleichstellungspolitische Fortschritte erfahren, und selbst verkrustete Geschlechterverhältnisse und starre Rollenmuster scheinen in Bewegung geraten zu sein. Trotzdem müssen wir nach wie vor eine Asymmetrie verzeichnen, eine Vorherrschaft des männlichen Geschlechts als soziales Strukturmoment, mit der eine grundlegende Abwehr des konstruierten Weiblichen einhergeht.

Das Männliche ist weiterhin eine in der Kultur und bis ins Unbewusste der Einzelnen tief verankerte Norm. Es gilt dem Weiblichen als überlegen und bestimmt die bei Männern wie bei Frauen gängigen Einstellungsweisen und Wahrnehmungsmuster. Das zeigt sich unter anderem an jenen dem jeweiligen Zeitgeist folgenden Gegenbewegungen gegen einen wirklichen Durchbruch in gleichstellungspolitischen Fragen. Ein Beispiel dafür sind die fanatischen Männerrechtler oder Maskulisten. Ihre Klagen über die feministische Knechtung des großartigen männlichen Wesens haben viele ideologische und personelle Überschneidungen möglich gemacht, etwa mit der politischen Rechten oder dem christlichen Fundamentalismus. Die gemeinsame Schnittmenge dieser unheiligen Allianzen ist der Kampf für eine Wiederherstellung der von ihnen verloren geglaubten männlichen Souveränität als Herrscher der Welt, der Familien und über die Frauen.

Diese hartnäckigen Beharrungskräfte zeigen sich auch im meinungsbildenden medialen und politischen Mainstream, der immer wieder gegen grundlegende geschlechterpolitische Durchbrüche angeht, etwa mit seinen absurden Kampagnen gegen alles, was nur irgendwie mit »Gender-« anfängt oder zu tun hat: von »Gendermainstreaming« über gendergerechte Sprache bis hin zu Gender Studies. In ihren Augen alles nur eine Variante von »Gender-Unfug«,

»Gender-Wahn«, »Gender-Mafia«, kurzum: alles »Gender-Gaga«.
Hier kommen Ungleichzeitigkeiten und Persistenzen hinsichtlich der Geschlechterverhältnisse unter dem Vorzeichen männlicher Hegemonie zum Ausdruck. Diese zeigen sich aber auch an den Sexismusdebatten, die immer wiederkehren, letztlich aber ohne strukturelle Veränderungen versanden. Am stärksten werden sie deutlich an den weltweit fast unverändert dramatischen Statistiken von Gewalt gegen Frauen und erst recht an allen Erscheinungsformen von sexualisierter und sexueller Gewalt. Das heißt: Es hat sich ohne Zweifel vieles geändert zwischen Männern und Frauen, aber grundsätzlich nicht viel an den Strukturen der Macht- und Gewaltbeziehungen zwischen ihnen.

Männer dominieren immer noch Politik und Wirtschaft. Sie kontrollieren den Körper der Frau. Sie kontrollieren nach wie vor das Kapital. Ist jede Hoffnung auf eine Veränderung der Machtstrukturen etwas, was an religiösen Glauben grenzt?

Nein, denn die Entwicklungen sind nicht einheitlich. Sie sind widersprüchlich und eben nicht für immer festgeschmiedet. Es sind ja bereits gleichstellungspolitische Fortschritte erreicht, die es auf verschiedenen Ebenen und im Bündnis mit anderen gesellschaftlichen und politischen Bewegungen zu verstärken und voranzubringen gilt. Mit am wichtigsten erscheint mir zurzeit der Kampf gegen jede Form von Sexismus, gegen rückwärtsgewandte Geschlechter- und Familienideologien sowie gegen alle unseligen Allianzen, deren Feldzug gegen »Genderismus« im Zentrum ihrer weltanschaulichen Agenda steht.

Wenn wir dagegen annehmen, die Hoffnung auf grundlegende und befreiende Transformationen der nach wie vor starren Grundstrukturen in den Geschlechterverhältnissen an eine Art quasireligiösen Glauben knüpfen zu müssen, haben wir keine Chance mehr.

Lieber Herr Professor Dr. Pohl, ich danke Ihnen für Ihre Zeit und Ihren Optimismus.

»Wir sind Milliarden von Menschen, jeder mit seinen eigenen Zielen, aber auch mit virtuellen oder physischen Verbindungen zu Tausenden anderen. Das ist nicht so weit entfernt von dem Zustand, in dem sich die Neuronen unseres Gehirns befinden.«

Gespräch mit
JENS FOELL

Neuropsychologe mit Forschungsschwerpunkten Psychopathologie und Phantomschmerzen an der Florida State University in Tallahassee, USA. Betreiber des Twitter-Netzwerkes @realsci_DE, in dem jede Woche andere Wissenschaftler-Innen aus ihrem Arbeitsalltag berichten

Guten Morgen, Herr Dr. Foell, haben Sie sich heute schon um den Zustand der Welt gesorgt?

Das gehört momentan quasi zu meiner Morgenroutine. Bis vor Kurzem war das noch anders.

Eventuell bevor unter Präsident Obama 2013 mit großer Begeisterung die Brain Initiative gegründet wurde? Mit der »Brain Activity Map« wollen Wissenschaftler eine detaillierte Karte unseres Denkapparats erstellen. Ich raune dräuend: das Gehirn vermessen, so wie Google die Welt. Man vermisst nichts, was man sich nicht aneignen will. [PS: Fun Fact: Google ist einer der Mitinitiatoren.]

Ich unterstelle hier eigentlich keine böse Absicht, aber wenn man vom schlimmsten Fall ausgehen möchte, dann gibt es durchaus aktuelle und vergangene Beispiele, in denen ähnliche Forschungsinitiativen zu Konflikten über Geld und Patente geführt haben. Ein historisches Beispiel wird wunderbar beschrieben in »Die Unsterblichkeit der Henrietta Lacks« von Rebecca Skloot: In dem Fall hat ein Krankenhaus Zellen einer bestimmten Patientin verkauft, ohne Einwilligung oder Klärung der Rechtslage. Der Fall wird zudem dadurch moralisch schwieriger, dass die weitere Beforschung dieser Zellen zu medizinischen Durchbrüchen geführt hat, wie zum Beispiel der Entwicklung der HPV-Impfung.

Anthony Zador hat wohl gerade einen großen Schritt in der Erforschung des Konnektoms gemacht. Mit Viren, die er als Spione – entschuldigen Sie meine laienhafte Formulierung – in die Nervenzellen schleust. Er arbeitet daran, das neuronale Netzwerk so zu begreifen, dass es zu einer Bauanleitung für künstliche Intelligenz wird. Eine wunderbare Vorstellung. Maschinen in unendlicher Zahl, die genauso einfältig sind wie Menschen ...

Interessantes spielt sich auch gerade in der Genforschung ab, mit einem epischen Rechtsstreit über die CRISPR-Methode. Und es ist auch ein Thema bei genetisch modifizierter Nahrung. Wer weiß, ob da nicht die Vermessung des Gehirns zu ähnlichen Streitthemen führen wird.

Ein kurzes Aufbegehren einer Minderheit eventuell. Wie bei der biometrischen Überwachung. An tristen Tagen habe ich das Gefühl, dass dieses Entgleiten der Alten Welt ein Prozess ist, den es zu allen Zeiten gab. Mit ihren Warnern, der Angst vor dem Unbekannten. Vermutlich kann man das momentane Unwohlsein in einem Satz zusammenfassen: Wir werden uns an alles gewöhnen. Apropos Verdichtung. Können Sie Ihren Beruf in drei Sätzen erklären?

Ich versuche herauszufinden, wie das menschliche Erleben und Verhalten mit Vorgängen im Gehirn in Verbindung steht. Dafür verwende ich vornehmlich die Kernspintomografie. Inhaltlich geht es dabei manchmal um chronischen

Schmerz und Körperwahrnehmung, manchmal um Angst, Aggression und Empathie.

Wenn Sie also klarer verorten können, in welchen Regionen im Hirn welche Aktivitäten stattfinden – wo zum Beispiel sich psychotische Prozesse abspielen –, geht es dann um das Weiterbegreifen der Hirnstruktur oder um die Möglichkeit medizinischer Interventionen?

Auf lange Sicht soll uns das Verständnis dieser Mechanismen helfen, neue Diagnose- und Behandlungsmethoden zu finden. Die Medizin hat die längste Zeit im Trial-and-Error-Verfahren gearbeitet; wenn wir davon für das Gehirn wegkommen wollen, müssen wir erst mal wissen, woher Angst, Schmerz und Aggression eigentlich kommen und welche Regionen dafür auf welche Art zusammenarbeiten müssen. Im weiteren Sinne geht es mir auch um die Grundlagenforschung, selbst bei Themen, bei denen es keine Aussicht auf neue medizinische Interventionen gibt. Es ist meine Überzeugung, dass darin eine große Stärke der Forschung liegt. Über den Treibhauseffekt zum Beispiel wissen wir nur Bescheid, weil jemand mehr über die Atmosphäre der Venus herausfinden wollte.

Es ist großartig, dass die Menschheit so viel weiß. Um das Wissen im Anschluss zu ignorieren. Ehe ich zu pessimistisch werde: Gibt es denn für Sie eine Art normalen Tagesablauf?

Man könnte denken, mein normaler Tagesablauf finde vor allem im Scannerraum statt – tatsächlich ist das aber nur ein kleiner Teil. Die meiste Zeit verbringe ich im Büro mit Datenanalyse, Schreiben von Forschungsberichten, Planen der nächsten Studie und so weiter.

Das klingt nach einer wunderbaren Abwesenheit anderer Menschen. Galt Ihr Fachinteresse ursprünglich mehr der Funktionsweise des Gehirns oder eher dem Organ als Ursache alles Elenden unserer Spezies?

Eigentlich wollte ich eher in die Kunst oder zum Film. Dann fiel mir auf, dass das, was mich eigentlich am meisten daran interessierte, immer mit Psychologie zu tun hatte: die unterschiedliche Wahrnehmung derselben Filmszene durch verschiedene Zuschauer, das Auslösen von Emotionen durch bestimmte Stilmittel und so weiter. Während des Studiums wurde mir dann immer mehr klar, dass die Antworten auf meine Fragen vor allem in der Hirnforschung liegen.

Ich träume oft, dass ich, meiner Neigung folgend, Gehirnoperationen durchführe. Haben Sie jemals Lust dazu verspürt?

Das überlasse ich anderen, aber es war durchaus eine wertvolle Erfahrung, mal ein menschliches Gehirn in den Händen zu halten.

Lassen Sie uns vollkommen unzusammenhängend über Lobotomie reden. Halten Sie es für möglich, dass Smartphones eine ausgelagerte Form der Lobotomie sind?

Nein, da geht es aus meiner Sicht um etwas ganz anderes. Das Smartphone, oder genauer gesagt die Möglichkeit, ständig auf alles Wissen der Menschheit zugreifen zu können, ist eine nie da gewesene Herausforderung für unser Gehirn und unsere Gesellschaft. Wenn ich will, kann ich jetzt in diesem Moment anfangen, das Lesen von akkadischer Keilschrift zu lernen. Oder nachschauen, ob heute ein Feiertag in Jakarta ist. Bis vor ein paar Jahren waren diese Fähigkeiten noch nicht mal den Königen vergönnt, heute kann das jedes Kind. Es ist aus meiner Sicht kein Wunder, dass wir damit vollkommen überfordert sind und massive Probleme damit haben, unser Leben um die Technologie herum zu planen. Bei unseren Kindern, die damit aufwachsen, wird das aller Wahrscheinlichkeit nach vollkommen anders sein.

Ihr Optimismus ist bewundernswert. Ich habe eher das Gefühl, dass 99 Prozent des verfügbaren Wissens im Netz ungenutzt bleiben, während die Mehrzahl der Menschen sich mit der Bewertung ihrer Gesichter oder Manipulations-Trash wie »Breitbart« aufhält. Apropos: In Amerika forschen Sie zum Thema Psychopathologie. In Deutschland widmeten Sie sich dem Phantomschmerz. Fast als wollten Sie herausfinden, woran die Länder leiden.

Ich denke nicht, dass man den unterschiedlichen Ländern verschiedene Psychopathologien zuordnen kann. Wenn überhaupt, dann leiden sowohl die USA wie auch Deutschland an einer posttraumatischen Belastungsstörung beziehungsweise an einer Anpassungsstörung.

Die Anpassung an ein neues digitalisiertes und neoliberales Zeitalter. Oder verstehen Sie etwas anderes darunter?

Ich dachte eigentlich eher an den Zweiten Weltkrieg in Deutschland und die Sklaverei in den USA. Beides sind Dinge, bei denen viele aus meiner Sicht im Alltag unterschätzen, wie grausam sie waren und wie kurz sie erst her sind. Aber natürlich kann man das nicht unabhängig sehen von dem neuen Zeitalter, das Sie erwähnen. Es führt zu der

Frage, wie sehr man die eigene Vergangenheit verarbeitet haben muss, um für die Herausforderungen der Zukunft gewappnet zu sein.

> *Gute Überleitung zur Weltrettung. Was haben Sie in Ihrer Doktorarbeit »Verhaltensbezogene und neuronale Auswirkungen von gespiegelten Bewegungen auf chronische Phantomschmerzpatienten und gesunde Kontrollprobanden« herausgefunden?*

Es ging darum, wie sich widersprechende Sinneswahrnehmungen über die eigenen Gliedmaßen im Gehirn verarbeitet werden. Der Hauptteil war eine Studie mit Patienten mit chronischem Phantomschmerz nach einer Armamputation: Diese haben für vier Wochen die sogenannte Spiegeltherapie angewendet, bei der man dem Gehirn quasi vorgaukelt, die verlorene Gliedmaße wäre wieder vorhanden. Es hat sich schon vor etwa zehn Jahren gezeigt, dass diese Behandlung bei manchen Patienten gut anschlägt. Da sie zudem nahezu kostenlos und frei von Nebenwirkungen ist, ist es natürlich besonders interessant herauszufinden, wie und warum sie wirkt. Daher haben wir Patienten vor und nach der Therapie in den Scanner gelegt, um zu zeigen, dass sich das Gehirn dadurch verändert.

> *Wie?*

Zum einen konnten wir zeigen, dass sich die kortikale Organisation im Gehirn ändert: Der Bereich im Gehirn, der für die Verarbeitung von Signalen von der Hand zuständig ist, verändert sich nach einer Amputation. Bei den Patienten, für die die Spiegeltherapie Wirkung gezeigt hat, verändert sich dieser Bereich durch die Therapie wieder zurück. Nach vier Wochen ähnelt er wieder dem Zustand von vor der Amputation. Aber wir haben auch festgestellt, dass die Therapie nur bei etwa vierzig Prozent der Patienten wirkt. Ähnliche Zahlen haben auch andere Forscher dazu gefunden. Unsere Studie gibt Hinweise darauf, warum das sein könnte, aber dazu muss noch mehr geforscht werden. Die Hoffnung ist, dass man die Spiegeltherapie auf eine Art modifizieren kann, dass sie einer größeren Zahl von Patienten helfen kann.

Und schon glaube ich wieder an die Menschheit. Jetzt versuchen Sie zu erforschen, ob sich Aggression und mangelnde Empathie in Gehirnarealen nachweisen lassen. Wie ist da der aktuelle Stand?

Mein derzeitiger Chef und Mentor, Christopher Patrick, war derjenige, der herausgefunden hat, dass sich Psychopathie vor allem aus drei unterschiedlichen Persönlichkeitsvariablen zusammensetzt: Furchtlosigkeit, Impulsivität und Empathielosigkeit. Besitzt man alle drei in hohem Maß, ist eine Psychopathiediagnose wahrscheinlich. Das heißt für mich, dass ich mehrere Angriffspunkte habe, um das Phänomen zu untersuchen. Ich schaue zum Beispiel nach Hirnaktivität bei Leuten mit einem hohen Grad an Impulsivität. Oder nach der Hirnstruktur bei anderen mit hohen Werten an Angst. Oder ich versuche, verschiedene Arten von Empathie zu unterscheiden oder gemeinsam zu erklären. Daraus setzt sich dann – hoffentlich – ein Bild zusammen, das die Psychopathie in ihren verschiedenen Ausprägungen erklären kann. Eine Sache, die ich herausgefunden habe, ist, dass es so scheint, als würde sich das Gehirn von sehr impulsiven Menschen schlechter auf bevorstehende emotionale Ereignisse vorbereiten.

Das wäre einleuchtend. Und scheint mir bei vielen sehr verbreitet zu sein. Erst handeln, dann erstaunt die Wirkung betrachten.

Durch das Verhalten kommt es später zu einer Art emotionaler Überreaktion in dieser Gruppe, die der Forschung schon länger bekannt ist. Jetzt versuche ich, Wege zu finden, diese Impulsivität besser zu messen und die neuralen Mechanismen besser zu verstehen.

Ich bin eine große Freundin von Experimenten, Versuchsanordnungen, die ich zu Hause mit Streichholzschachteln nachstelle. Haben Sie eines für mich?

Stellen Sie sich zum Beispiel vor, Sie sitzen am Computer und müssen eine schnelle Abfolge einer simplen Aufgabe bewältigen – sagen wir, eine linke oder rechte Taste drücken, je nachdem, ob links oder rechts auf dem Bildschirm ein Bild auftaucht. Das machen Sie so schnell und oft, wie Sie können.

Ja, hab ich ...

Allerdings taucht zwischendurch ein roter Punkt auf dem Schirm auf, der Ihnen sagt, Sie sollen die nächste Runde aussetzen und nichts tun. Wie Sie sich vielleicht vorstellen können, fällt einem das manchmal schwer, wenn man erst mal in Fahrt ist. Impulsive Versuchsteilnehmer haben damit größere Schwierigkeiten als nichtimpulsive; man sieht das etwa daran, dass ein schlechtes Abschneiden in diesem Test in der Jugend mit höherem Substanzmissbrauch im Erwachsenenalter zusammenhängt.

Substanzmissbrauch, man könnte auch sagen: Substanzen, die einen die Demütigung des Lebens vergessen lassen, in ausreichendem Maße einnehmen. Haben Sie noch ein Experiment für mich?

Bei einem anderen interessanten Test wird den Versuchspersonen Geld angeboten: entweder ein kleiner Betrag heute oder ein größerer zu einem späteren Zeitpunkt. Wenn es um 5 Euro heute gegen 5.50 Euro in einem halben Jahr geht, dann werden wahrscheinlich die meisten den kleineren Betrag wählen. Aber bei anderen Kombinationen aus Beträgen und Zeiträumen scheiden sich die Geister, und da kann der Test zwischen mehr und weniger impulsiven Probanden differenzieren.

Hervorragend. Wenn es so etwas wie ein Weltgehirn gäbe, wie würden Sie den Zustand beschreiben, in dem es sich gerade befindet?

Ein wenig ist das ja schon so: Wir sind Milliarden von Menschen, jeder mit seinen eigenen Zielen, aber auch mit virtuellen oder physischen Verbindungen zu Tausenden anderen. Das ist nicht so weit entfernt von dem Zustand, in dem sich die Neuronen unseres Gehirns befinden. Auch da muss jede Nervenzelle schauen, wo sie bleibt, und mit den vernetzten Nachbarn kommunizieren. Und auch die Neuronen verändern dabei ihr Verhalten, bauen sich um, erstellen oder zerstören ihre Verbindungen zu anderen. Und auch im Gehirn widersprechen sich die unterschiedlichen Teile manchmal klar, und irgendwie muss das Gehirn dann schauen, dass trotzdem etwas Sinnvolles dabei rauskommt.

Wir – ich schließe mich mal mit ein, denn schließlich mache ich Versuchsanordnungen – wissen immer mehr darüber, in welchen Arealen im Hirn welche Zuständigkeiten verortet sind. Wissen wir auch, wie man Einfluss darauf nehmen kann?

Das Einflussnehmen auf Gehirnaktivität steht auf einem etwas anderen Blatt – ja, man kann mit elektromagnetischen Instrumenten direkten Einfluss auf die Aktivität von Nervenzellen im Gehirn nehmen, entweder von außerhalb des Kopfes oder über implantierte Elektroden (jeweils mit verschiedenen Vor- und Nachteilen). Aber wir sind weit davon entfernt, auf diese Weise bestimmte Gedanken zu erregen oder zu blockieren; vielmehr wird mit diesen Methoden versucht, Epilepsien oder Depressionen zu lindern (oder auch einfach mehr über das Gehirn selbst zu erfahren).

Die Beeinflussung des Gehirns wird ja bereits erprobt, Nanochips und Elektroimpulse, die natürlich auch zum Massen-Nudging genutzt werden können. Aber vielleicht ist das nur eine Art zukünftiger Fernsteuerung mit anderen Mitteln. Haben Sie sich selber schon auf, sagen wir: Unregelmäßigkeiten Ihrer Gehirnaktivität untersucht?

Ich setze es mir immer zum Ziel, alle Versuche einmal an mir selbst anzuwenden, bevor Probanden eingeladen werden. Auf diese Weise kann ich ehrlich sagen, ob der Versuch anstrengend oder unangenehm ist. Gerade wenn es um Schmerzstimulationen geht, bin ich das meinen Versuchsteilnehmern schuldig. So habe ich auch bereits festgestellt, für welche Arten von Schmerz ich ungewöhnlich empfindlich oder unempfindlich bin. Aber abgesehen davon habe ich mich noch nicht wirklich selbst durchleuchtet.

Sie haben über Nekrophilie geforscht. Ein relativ schlecht erforschtes Hobby. Was haben Sie herausgefunden?

Ich habe mir für ein Buchkapitel das Ziel gesetzt, zu erklären, wie die Nekrophilie im Gehirn funktioniert. Das ist eine gewisse Herausforderung, da es dazu noch keine richtigen Studien gibt. Wahrscheinlich wird es die auch nie geben, da man dafür Studienteilnehmer brauchen würde, die sich zu ihren nekrophilen Neigungen bekennen, und dafür ist das gesellschaftliche Stigma zu groß. Stattdessen habe ich mich darauf konzentriert, wie sexuelle Erregung oder auch die Verarbeitung von Ekel im Gehirn funktionieren, und eine Theorie darüber aufgestellt, wie das zusammen zu Nekrophilie führen könnte. Aber meistens, wenn man das Thema aufbringt, wollen sich die Leute nur über moralische und rechtliche Aspekte der Nekrophilie unterhalten, und dafür bin ich nicht zuständig.

Wie lässt es sich erklären, dass wir relativ viel über die Ursachen pädophiler Neigungen wissen und über Nekrophilie so gut wie nichts? Ist es, wenn wir also von Moral reden, gesellschaftlich akzeptierter, sich in Kinder zu verlieben (davon ist ja in vielen Fällen, die man kennt, die Rede) als in tote Menschen?

Man könnte natürlich auch andersherum argumentieren: Pädophilie ist so viel schockierender, dass ständig darüber diskutiert werden muss, während Nekrophilie unter den Tisch fällt. Tatsächlich hat der Unterschied aus meiner Sicht aber mehr mit den Konsequenzen für das Opfer zu tun und mit dem Tatverhalten an sich. Wenn es okay ist, würde ich dazu weiter ausholen.

Gerne.

Die gängige Vermutung ist, dass es in beiden Fällen eine gewisse Zahl Menschen in der Bevölkerung gibt, die Fantasien hegen und diese entweder gar nicht ausleben oder in harmloser Form, zum Beispiel als Rollenspiel mit Partner nach Konsens. Das hieße, dass die vollzogene Pädophilie oder Nekrophilie sozusagen einen Extremfall darstellt. Die Frage ist dann, wo ein Opfer gefunden werden kann und wie die Tat vor den Behörden verheimlicht werden kann. Ich gehe davon aus, dass es bei Nekrophilie für den Durchschnittsmenschen deutlich schwieriger ist, ein Opfer zu finden, und dass dadurch die vollzogene Nekrophilie seltener vorkommt. Gleichzeitig gibt es bei ihr kein Opfer, das die Tat bezeugen kann, sodass sie hinterher schwieriger nachgewiesen werden kann. In Kombination führt das dazu, dass es weit mehr bekannte Fälle von Pädophilie denn von Nekrophilie gibt. Das spiegelt sich in den entsprechenden Studien wider: Die meiste Forschung zur Pädophilie findet im Strafvollzug statt, wohingegen es zur Nekrophilie fast ausschließlich Einzelfallstudien gibt, die meistens aus einem Extremzusammenhang hervorgehen, zum Beispiel im Kontext von Serienmördern. In beiden Fällen wäre es elementar wichtig, und zwar für die Forschung wie auch für die Gesellschaft an sich, eine Atmosphäre zu schaffen, in der sich Menschen mit entsprechenden Fantasien in der Lage fühlen, diese zu besprechen und zu bearbeiten. Wenn jemand den Drang spürt, seine pädophilen oder nekrophilen Fantasien auszuleben, dann sollte er die Möglichkeit haben, sich anonym und möglichst kostenfrei in professionelle Behandlung zu begeben. Aber es hat sich gezeigt, dass Outreach-Programme in diese Richtung von der Gesellschaft abgelehnt werden – dafür ist einfach das Stigma zu groß.

Die Gesellschaft hat ja, wie es im Moment scheint, kollektiv vor allem: Angst. Beunruhigt Sie der Zustand unserer Welt?

Ja, aber ich habe auch Hoffnung. Ich bin schon lange davon überzeugt, dass unsere Kinder klüger sind als wir selbst. Das sehe ich inzwischen auch bei meiner eigenen Tochter. Einerseits ist die Zukunft also in guten Händen. Andererseits wird es auch nie da gewesene Herausforderungen geben. Durch Klimawandel und Ressourcenverbrauch ist es unwahrscheinlich, dass unser Lebensstandard aufrechterhalten werden kann. Ein Gedanke, der mir dabei Angst macht, ist der folgende: In den letzten Jahrhunderten haben wir alle einfach zu erreichenden Ressourcen aufgebraucht. Sollte bei unserer Zivilisation das Licht ausgehen, und wir müssten wieder in der Bronze- oder Steinzeit anfangen, dann wäre eine zweite industrielle Revolution unmöglich. Wir als Menschheit haben also nur noch diese eine Chance.

Haben Sie Ideen, wie die Menschheit zu retten wäre?

Dazu habe ich eine ganz klare Meinung: Wir müssen früher damit anfangen, Methoden zum Wissensgewinn zu lehren. Es gibt massive Missverständnisse darüber, wie Forschung funktioniert und woher neues Wissen eigentlich kommt – und das führt zu einem Misstrauen gegenüber der Wissenschaft, zur Verbreitung von Quacksalberei und zu einer verringerten Mündigkeit der Bevölkerung. Es gibt sehr talentierte Wissenschaftskommunikatoren, die verstehen, wie man schon Kindern beibringen kann, wie Forschung funktioniert – nur leider hört denen niemand zu.

Dazu tragen Sie ja auch mit Ihrem Account bei.

Ja, das ist Teil meiner Motivation für den @realsci_DE-Account: Ich will den Leuten zeigen, wie Forschung funktioniert, wo die Ergebnisse herkommen und wie die Forscher aussehen, die sie erzeugen. Ein Stück weit geht es mir dabei darum, meine eigene Begeisterung für die Forschung auf andere zu übertragen. So kann sich jeder selbst anschauen, woher die Ergebnisse stammen, die am nächsten Tag in den Nachrichten kommen und zehn Jahre später in der Schule gelehrt werden.

Herr Dr. Foell, ich danke Ihnen für das Gespräch und Ihren Optimismus.

»Ich forsche nicht zu Katastrophenszenarien allgemein. Ich mache mir eher Gedanken darüber, warum sie als Gedankenspiel, Hollywoodvision usw. immer attraktiver werden.«

Gespräch mit
JUTTA WEBER

Philosophin, Professorin
für Mediensoziologie an der
Universität Paderborn mit den
Schwerpunkten Technik- und
Medientheorie, Technoscience und
Alltagskultur und Medien. Letzte
Forschungsschwerpunkte: Mensch-
Maschine-Interaktionen, Aspekte
digitaler Kriegsführung

Guten Morgen, Frau Weber, haben Sie sich heute schon um den Zustand der Welt gesorgt?

Natürlich, Sie nicht?

Sorge ist mein zweiter Vorname. Kurz bin ich nur beruhigt, weil bereits Heldin Joan Didion Ende der 1960er-Jahre vom Ende der Welt ausging. Es gibt sie aber noch. Na ja, ein wenig. Können Sie Ihren Beruf in drei Sätzen zusammenfassen?

Ich erforsche das Verhältnis von Technik und Gesellschaft, vor allem mit Blick auf die Informatik, künstliche Intelligenz und Robotik.
Ich analysiere Ungleichheiten, Asymmetrien, Machtverhältnisse und Missstände, zeige aber auch alternative Gestaltungsmöglichkeiten auf. Ich arbeite zum Beispiel auf die wirkliche Beteiligung der Gesellschaft an der Ausgestaltung von Technik hin – aber das ist noch ein langer Weg.

Die Gesellschaft, also die Masse, die sich an irgendetwas beteiligt. Klingt immer gut. Aber will die Masse sich beteiligen oder eher ihre Ruhe und ihre Rente? In Einfamilienhäusern sitzen, nicht so viel Veränderung und Fortschritt. Na ja, oder sagen wir Fortschritt, wenn das Fernsehbild

*besser und die Autos billiger werden. Wie kann man die
Mehrheit also für technische Probleme interessieren?*

Zum einen, indem wir neue Wege der Technikgestaltung finden, bei denen diejenigen einbezogen werden, für die die Technik auch gestaltet wird. Das klingt banal, findet aber bis heute in den wenigsten Fällen statt. Da gibt es etwa schon viele Jahrzehnte die Feldforschung über Participatory Design, damit hat man in Skandinavien sehr gute Erfahrungen gemacht. Mit der Durchsetzung disruptiver Technologien und – noch problematischer – kapitalistischer Geschäftsmodelle, die auf – oft sinnfreie – Innovation zur Befriedigung der Shareholder setzen, wird Technikgestaltung, die nach den Bedürfnissen und Interessen der Nutzerinnen fragt, immer schwieriger.

Hier bräuchte es auch den Willen der Politik, Technik für die Bürger zu entwickeln und nicht nur auf Absatzmärkte zu schielen. Der fehlt aber häufig. Und wir bräuchten eine technopolitische Bildung, die Menschen – Kindern, Jugendlichen und Erwachsenen – vermittelt, dass Technik nicht nur Kultur, sondern auch immer Politik ist. Es gibt keine wertfreie Technik. Denn Technik greift in Wahrnehmung, Kommunikation, Sozialität – also in die Formen und Weisen unseres Zusammenlebens – ein.

Ich bin da pessimistisch, wie immer. Ich bezweifle, ob tief greifende technische Bildung – also alles, was über die Benutzung sozialer Medien, die hervorragende Manipulationsinstrumente sind, hinausgeht – im Interesse eines Staates ist. Wenn große Teile der Bevölkerung ein weitgehendes digitales Wissen hätten, kämen sie darauf, zum Beispiel Online-Patientendatenbanken seltsam zu finden.

Gerade im 21. Jahrhundert, in dem die Technik zur Superstruktur der Gesellschaft geworden ist, ist es unabdingbar, nicht nur einzelne Software-Anwendungen bedienen zu können wie etwa PowerPoint oder Facebook, wie das heute in der Schule gelehrt wird. Und statt proprietäre Systeme wie Apple oder Microsoft zu unterstützen, gälte es, Open-Source-basierte Software zu promoten, die Menschen nicht in geschlossene Systeme zwingt, welche primär kommerzielle Interessen verfolgen und nicht primär datenschutzorientiert sind.

Vor allem – und daran anschließend – geht es darum, grob die Logik und die Strukturen, Dynamiken und Machtdimensionen von Technik und ihre Folgen verstehen zu können. Aber die Politik hat sich in den vergangenen Jahrzehnten wenig Mühe gegeben, dieses Wissen systematisch in die Bildung zu integrieren. Wie ich meine Daten schütze, indem ich meinen Rechner sinnvoll konfiguriere, lerne ich noch immer nicht in der Schule, sondern vom Tactical Tech Collective in Berlin oder in einem Hackerspace.

Vielleicht, weil ein wirksamer Schutz gegen Überwachung nicht im Interesse eines Staatsapparats ist? Weil Massenverschlüsselung zu knacken extrem kostenintensiv wäre. Nun – Sie forschen in elf Gebieten, die sich natürlich wechselseitig beeinflussen. Aber irgendwann und mit etwas hat Ihre heutige Tätigkeit begonnen, womit?

Meine Kernfächer waren ursprünglich Erkenntnis- und Wissenschaftstheorie, Technikphilosophie und politische sowie feministische Theorie. Ich schrieb meine Dissertation über Naturkonzepte – etwa bei Derrida und Luhmann – und merkte sehr schnell, dass die eigentlich wichtigen Diskurse gar nicht mehr in der Philosophie, sondern in den Technowissenschaften stattfinden. Das war der Anstoß, um mich intensiv mit den Technosciences selbst zu befassen. Artificial Intelligence, Artificial Life, Robotik.

Nach der primär theoretisch ausgerichteten Dissertation habe ich ein auch empirisch ausgerichtetes Projekt zu situierter/verkörperter Robotik mit vielen Expertinnen-Interviews gemacht. Da musste ich viele Klischees über Technowissenschaftler hinter mir lassen. Gerade in den jungen, neuen Feldern der Technowissenschaften sind diese oft interdisziplinär ausgerichtet. So traf ich auf Forscherinnen, die ursprünglich aus der Philosophie, Biologie, Physik oder Tanztherapie kamen.

Danach hat mich die Forschung im »Bauch des Monsters Technoscience«, wie die Biologin, Philosophin und Technikforscherin Donna Haraway sagt, nicht mehr losgelassen. Und genau diese Forscherin war auch wesentlicher Teil dieser Wende. Für mich gibt es nur wenige Theoretiker, die so klug, unkonventionell und neugierig sind. Sie hat schon in den 1980er-Jahren nicht nur über die zunehmende Fusionierung von Mensch und Maschine, sondern über die Etablierung einer »New World Order« geschrieben, in der Wissenschaft, Technik, Ökonomie, Politik sich untrennbar verweben. Sie ist eine der wildesten und spannendsten Denkerinnen überhaupt. Und die Science and Technology Studies wurden meine Heimat – weniger im deutschsprachigen Raum, wo eine traditionelle, männlich konnotierte Techniksoziologie dominiert, sondern mehr die angloamerikanische Tradition der Technoscience Studies, die interdisziplinärer und bunter ist. Aber wir holen in Deutschland langsam auf.

Interessant ist, dass es zu einem von Haraways Schlüsselwerken, dem »Cyborg Manifesto«, nicht einmal einen deutschsprachigen Wikipedia-Eintrag gibt. So weit zur Sichtbarkeit von Frauen in den Wissenschaften.

Drei Schwerpunkte Ihrer umfangreichen Forschungsarbeit würde ich gerne in aller gegebenen Oberflächlichkeit anreißen. Ich fange mit dem Gebiet der automatisierten Waffen an. Wissen Sie, was in Kombination von künstlicher Intelligenz, Biometrik und automatisierten Waffen bereits existiert?

Im Bereich des Militärischen lässt sich generell schlecht sagen, wie der Stand der Forschung genau aussieht. Aber was zumindest bald machbar sein könnte, ist die Kombination von autonomen, »selbststeuernden« Drohnen mit biometrischen Erkennungssystemen. Die schlimmsten möglichen Szenarien wurden auf anschauliche Weise von der NGO Stop Autonomous Weapons im Videoclip
»Slaughterbots« anschaulich gemacht.
Dort geht es um Minidrohnen mit einer kleinen Sprengstoffladung, die im Schwarm agieren können und mithilfe von biometrischer Gesichtserkennung gezielt Menschen verfolgen und töten.
Wie problematisch biometrische Erkennung in Kombination mit künstlicher Intelligenz ist, lässt sich auch am Widerstand gegen die Verbreitung von Software für Gesichtserkennung bei der Polizei, Geheimdiensten und beim Militär erkennen. Sie eröffnet unglaubliche Möglichkeiten der Überwachung, Einschüchterung und Verfolgung. Und sie hat ein großes Potenzial, Unschuldige zu stigmatisieren,

da die Systeme natürlich mit Wahrscheinlichkeiten arbeiten und niemals präzise sein werden.

Funktionieren Drohnen bereits ohne menschliches Zutun?

Wir leben in Mensch-Maschine-Assemblagen. Wirklich autonomes Handeln von Mensch oder Maschine ist Illusion. Auch wenn Verantwortlichkeit und Macht unterschiedlich verteilt sind. Und Technik ist auch nicht so smart, wie es uns die Waffenschmieden gerne einreden wollen. Aber auch vermeintlich oder partiell autonome Waffen können großes Unheil anrichten.

Es gibt bereits Versuche mit Polizeirobotern, die von künstlicher Intelligenz angetrieben werden. Diese werden sicher im nächsten Schritt mit Waffen ausgestattet. Eine interessante Idee, die Entwicklung neuer automatisierter Waffensysteme im Zusammenhang mit der Bekämpfung von Unruhen und außerparlamentarischen Aktionen in Zeiten, da immer mehr Autokratien entstehen und Menschen aufgrund der Erderwärmung, die große Gebiete unbewohnbar macht, auf der Flucht sind.

Nicht nur Erderwärmung. Armut, Arbeitslosigkeit, Hunger, Tyrannei, Postdemokratie usw. Schon im Januar 2003 hat der damalige EU-Beauftragte für Außen- und Sicherheitspolitik, Javier Solana, eine Sicherheitsdoktrin formuliert, in der steht, dass sich die EU gegen die Flüchtlinge rüsten muss, aber auch gegen die eigenen Aufständischen, weil die Kluft zwischen Arm und Reich immer weiter aufgehen wird.

Ein Hoch auf die Märkte mit ihrer wunderbaren selbstzerstörerischen Todessehnsucht. Die USA präsentieren ihre neuartigen Waffen ja gerne zum Zweck der Abschreckung. Gibt es etwas, das ich noch nicht kenne?

»Slaughterbots«?

Dass Boston Dynamics verkauft wurde, lässt den Schluss zu, dass deren Roboter nicht so bahnbrechend sind, wie sie wirken?

Eher, dass Google zum einen die Idee des disruptiven Takeovers von Unternehmen weiter vorantreibt und auf interessante Fusionen und Entwicklungen von neuen Anwendungen in der Zukunft spekuliert – auch wenn sie sie wohl aufgrund interner Schwierigkeiten schon wieder weiterverkauft haben. Gleichwohl entsteht mit der marktdominierenden Stellung von Google, Microsoft und Apple eine erschreckende Konzentration von Wissen und Macht.

Wie Erfolg versprechend ist ein Roboter-Ethikabkommen, das alle Staaten unterschreiben müssten und an dem gerade – auch von Ihnen – gearbeitet wird?

Abrüstungsabkommen und Waffenverbote wurden nie von allen Staaten unterschrieben. Das gilt auch bezüglich Landminen oder Clusterbomben. Aber wenn es einen breiten Konsens gibt, zeigt es Wirkung. Es gibt nicht nur eine realpolitische, sondern auch eine symbolische Dimension.

Sie forschen über Katastrophenszenarien, die technisch möglich, aber dennoch unwahrscheinlich sind – sogenannte Wild Cards. Zum Beispiel erwähnen Sie KI-gesteuerte Insektenschwärme.

In meinem Paper habe ich mich eher ein wenig über unrealistische Szenarien wie die erwähnten Insektenschwärme lustig gemacht. Es ging mir darum, aufzuzeigen, dass das sich zunehmend ausbreitende Szenario-Denken hochproblematisch ist – nicht zuletzt, wenn nur noch mit schwammigen Possibilitäten jongliert wird, also nicht mit Wahrscheinlichkeiten, sondern mit wilden, unrealistischen Spekulationen darüber, was theoretisch alles Schreckliches passieren könnte. Das treibt dann eine Spirale der Aufrüstung im Bereich äußere und innere Sicherheit an – aber auch die Verunsicherung der Bevölkerung.

Wir leben in einem der sichersten Länder der Welt, sind aber geradezu manisch damit befasst, Sicherheit herzustellen. Doch dabei geht es allein um technisch vermittelte Sicherheit: Technosecurity. Die soziale Sicherheit – Rente, Arbeit, Gesundheitssystem – wurde in den letzten Jahrzehnten neoliberaler Herrschaft immer weiter abgebaut. Würden wir Letztere wieder herstellen und auf militärische Interventionen im Ausland verzichten, wie es das Grundgesetz vorschreibt, müssten wir uns nicht so sehr mit Bedrohungsszenarien befassen.

Apropos vor der Haustür: Gibt es Katastrophenszenarien, die Sie besonders schätzen?

Ich forsche nicht zu Katastrophenszenarien allgemein. Ich mache mir eher Gedanken darüber, warum sie als Gedankenspiel, Hollywoodvision usw. immer attraktiver werden. Als wären wir nicht mehr in der Lage, eine positive Zukunft zu imaginieren. Deshalb lese ich dann alternative, feministische Science-Fiction. Es gibt tolle klassische Werke wie Ursula Le Guins »Die linke Hand der Dunkelheit« oder die »Xenogenesis«-Trilogie von Octavia Butler, genauso wie Amy Thomsons »Through Alien Eyes«. Sie reflektieren die Schwierigkeiten und Potenziale der Begegnung mit »anderen Anderen«, mit vielfältigen Geschlechtern, anderen Spezies usw. Geschichten, die herausfordern, gerade auch in Zeiten grassierenden Rassismus. Und da gibt es neuere Autorinnen wie Monica Byrnes mit »The Girl in the Road«. Tricia Sullivans preisgekröntes »Maul« oder die »Lagune« der Nigerianerin und US-Amerikanerin Nnedi Okorafor.

Wenn wir gerade von Science-Fiction reden: 2008 haben Sie – zusammen mit Kolleginnen und Kollegen – ein EU-Papier zur Regulierung autonomer Waffensysteme erstellt, als noch niemand von Drohnen redete. Das Papier blieb ohne jede Resonanz. Haben Sie die Hoffnung, die Regierung beraten zu können, aufgegeben?

Politiker sind sehr von – autonomen – Drohnen angetan, weil sie die Lösung von Dilemmata versprechen, wobei sie diese nicht halten. Darüber hinaus erlebe ich häufig, dass Politikerinnen beratungsresistent sind und sich zudem immer seltener für demokratische Grundrechte wie Asylrecht, die Genfer Konventionen, Datenschutz usw. einsetzen.
Aber hier gibt es nicht nur in der Politik ein Problem. Ich habe 2008/2009 in enger Abstimmung mit einer Redakteurin an einem Artikel über Drohnen gearbeitet, als noch niemand in Europa oder den USA darüber sprach. Er wurde eine halbe Stunde vor Drucklegung vom Chefredakteur rausgezogen. »Die Zeit« sagte mir 2009, dass ihre Leserschaft an so finsteren Themen nicht interessiert sei. Das

änderte sich natürlich, als das Thema 2010 in den USA ein großer Hype wurde. Aber die Presse ist oft ängstlich oder schielt auf Konsens und Absatzzahlen.

Wenn nicht die Politik, die EU, die Regierungen – wer soll die Entwicklung zur autonomen Aufrüstung kontrollieren?

Wir brauchen Widerstand. Von Wissenschaftlerinnen, engagierten Gruppen und der Bevölkerung. Es macht mir Hoffnung, dass es auch bei Google Protest von Angestellten gegen das Projekt Maven und bei Amazon gegen Faception gibt. Und auch die Arbeit von Noel Sharkey, Lucy Suchman und vieler meiner Kollegen im ICRAC, dem International Committee for Robot Arms Control, dem auch ich angehöre, macht mir Mut.

Ich danke Ihnen dafür! In Ihrer Forschung fragen Sie, welche Rolle die Vorstellungskraft in der Sicherheitsforschung und -politik spielt, also die Vorstellungskraft derjenigen, die sich diese Szenarien ausdenken sollen. Glauben Sie, dass es möglich ist, aufgrund von Spekulationen präventiv zu arbeiten?

Ich denke, dass man primär damit die Spirale der Angst weiter vorantreibt. Wissenschaftliches Arbeiten ist dieses Vorgehen nicht. Den Anfang dieser Entwicklung kann man allerdings schon im Kalten Krieg beobachten, als man anfing, Atomkriege zu imaginieren, zu simulieren, da man keinerlei Erfahrung damit hatte und hier auch nichts »ausprobieren« konnte – siehe Herman Kahn.

Sie schreiben, dass die »traditionelle Vorstellung von Wissenschaftlichkeit zugunsten der Evidenzerzeugung durch

Imagination aufgegeben« wird. Wie kommen solche Spekulationen zustande?

Wir können eine Verschiebung weg von Kausalität hin zu Korrelation beobachten. Auch kausale Begründung hat ihre Probleme. Aber die der Korrelation sind massiver.

Baut nicht die gesamte Terrorismusprävention – siehe Antiterrorrichtlinie der EU – auf genau solchen Szenarien auf? Gibt aber gleichzeitig zu, dass nicht alles in irgendeiner Weise vorher denkbar oder vorstellbar ist, weshalb dann doch zu ubiquitärer Überwachung als Präventionsmittel der Wahl gegriffen wird.

Ich denke, nicht die ganze Prävention. Es gibt klassische Statistik genauso wie Imagination. Hier findet sich ein wilder Mix, und man muss genau hinsehen.

Sie schreiben: »Je mehr Risiken identifiziert und als grenzenlos klassifiziert werden, desto plausibler erscheinen Forderungen nach umfassenden, vorbeugenden Maximalmaßnahmen.« Von den Kameras im ehemals öffentlichen Raum, der heute weitgehend privatisiert wurde. Von der Biometrik in Ausweisen, dem Mitführen des komplett überwachenden Handys zu den Profilen – wie Verbrecherprofile –, welche die meisten freiwillig ins Netz stellen. Haben Sie eine einfache Idee, wie man der Mehrheit die Gefahren der Überwachung, des transparenten Bürgers vermitteln kann?

Ihnen mit einem Trojaner problematisches Material auf den Rechner schmuggeln?

Nein, im Ernst. Ich denke, dass zumindest Aspekte der Überwachung immer deutlicher werden. Das Problem ist die Geschwindigkeit. Neue Medien und ihre Potenziale müssen gelernt, verstanden, durchschaut werden. Das dauert. Man könnte meinen, wir haben nicht genug Zeit zum Lernen angesichts der Technikentwicklung.

All die Entwicklungen zur Überwachung, zur Automatisierung von Waffensystemen gehen vornehmlich auf männliche Initiative zurück. Jedenfalls soweit man die CEOs der involvierten Unternehmen betrachtet und die Zusammensetzung der Geheimdienste. Eine elegante Überleitung zum dritten Feld, das ich gerne mit Ihnen besprechen würde: Frauen und IT beziehungsweise Frauen und Technik.

Es gibt viele Versuche, zu erklären, warum weniger Frauen in Technikberufen arbeiten als Männer. Einige Studien wollen sogar aufgezeigt haben, dass, je stärker gleichberechtigt Frauen in einer Gesellschaft sind, desto weniger häufig erlernen sie STEM-Fächer, also Fächer aus Naturwissenschaft, Technologie, Ingenieurwesen und Mathematik. Fällt Ihnen dazu etwas ein?

In Osteuropa wählten bis 1989 fast genauso viele Frauen wie Männer STEM. In der Türkei gibt es viele Ingenieurinnen. Diese Berufe sind in Westeuropa attraktiv, hoch angesehen, begehrt und deshalb symbolisch aufgeladen – und darum männlich codiert.

Mantraesk wird immer wieder auf Studien hingewiesen, die vermutlich subjektive Hirnforschung sind. Durch ge-

zieltes Framing bei der Fragestellung wird angeblich nachgewiesen, dass Frauen nicht an Technik interessiert sind.

Haben türkische Frauen andere Hirne? Ich meine mich zu erinnern, dass man im Iran vor einiger Zeit eine Männerquote für Mathematik einführen wollte, weil über 80 Prozent der Studierenden weiblich waren.

Es wird ja immer noch häufig und viel und aus vielen Richtungen argumentiert, dass Frauen und Männer eben anders funktionieren: Frauen mögen Technikberufe einfach nicht, daran sei ja auch nichts Schlimmes. Männerhirne könnten eben besser mit Logik umgehen.

Was verdient ein Informatiker? Und ein Altenpfleger? Lassen Sie uns hier anfangen.

Der zweite Punkt ist möglicherweise die Einseitigkeit von Technik. Das finden Frauen – aber auch, weil sie in dieser Welt der Technik immer noch als Aliens betrachtet werden – *sehr* anstrengend.

Kate Crawford und andere weisen seit Jahren darauf hin, dass Technologien, die von einer homogenen Gruppe – in diesem Fall weißen Männern – gebaut werden, mit Vorurteilen und Stereotypen vorbelastet sind. Eines der bekanntesten Beispiele dafür ist die Verwechslung von Fotos schwarzer Menschen mit Affen in der Google-Fotoanalyse.

Diese Einsicht gibt es schon in den 1980er-Jahren in der feministischen Technikforschung – zum Beispiel bei Wendy Faulkner, Judy Wajcman, Lucy Suchman, Donna Haraway. Paul Dourish benennt das sehr schön als »I-methodology«.

Man geht von den eigenen Interessen, Normen, Stereotypen aus.

Ich denke nicht, dass es *die* männliche Sicht auf die Welt gibt, aber ich denke schon, dass nur ein sehr winziger Prozentsatz der Gesellschaft – und das sind primär männliche, weiße Menschen – an der Technikgestaltung beteiligt ist. Aber da spielen auch neue Paradigmen jenseits demokratischer Ideale eine große Rolle: Effizienz, Nudging, Output statt Input. Und das sehen auch manche Männer durchaus kritisch. Und zugleich gibt es leider auch genug männlich identifizierte Frauen. Und dann gibt es noch eine Menge Menschen, die weder in die eine noch in die andere Kategorie subsumiert werden wollen.

Wie würde die Zukunft aussehen, wenn 90 Prozent der Frauen programmieren würden?

Davon wird der Kapitalismus nicht abgeschafft. Aber vielleicht wäre langfristig die Entwicklung einer »lebbareren« Technik möglich, weil Frauen häufig, nicht immer, eine weniger einseitige Welterfahrung machen.

Lassen Sie uns mit etwas Erfreulichem enden.

Positiv stimmt mich, dass die Informatik den wachsenden gesellschaftlichen Legitimationsdruck teilweise wahrnimmt. Die Fragen werden lauter, welche Technologie von wem und für wen und mit welchen Konsequenzen entwickelt wird – und wie sich diese auf die Menschen und ihr Zusammenleben auswirkt. Man kann das ganz gut an den teilweise sehr kritischen Diskussionen zur sogenannten Smart City, zum Internet of Things oder zur Industrie-Arbeit 4.0 sehen.

Und zumindest werden wir in den Sozial- und Geisteswissenschaften häufiger in die Projekte einbezogen. Natürlich auch, weil die Forschungspolitik darauf drängt, aber immerhin. Und für manche Informatikerinnen ist das auch eine spannende und bereichernde Erfahrung. Schöner wäre natürlich, wenn man die Nutzer mehr einbeziehen würde. Womit wir wieder bei der technopolitischen Bildung wären, die wir erstreiten müssen, wenn sie unsere Regierungen immer noch nicht auf der Agenda haben. Aber ich denke, es gibt positive Zeichen, dass in diesem Bereich immer mehr passiert. Und wenn es eben über Learning by Doing und Empowerment geht. So finde ich zum Beispiel immer mehr Leute auf meinem Messenger namens Signal, mit dem man verschlüsselt kommunizieren und den Datenkraken ein kleines Schnippchen schlagen kann.

Hach, wie schön, Frau Professorin, ich danke Ihnen für Ihre Zeit und Ihren Optimismus!

»Im Wesentlichen glaube ich, dass die Menschen in Angst leben und in einem tragischen, einengenden Maße unterdrückt werden.«

Gespräch mit
LYNN HERSHMAN LEESON

Künstlerin, Drehbuchautorin, Regisseurin und Produzentin. Emeritierte Kunst-Professorin an der University of California, Davis. Erfinderin von »Roberta Breitmore« (fiktives Alter Ego) in den 1970er-Jahren. Seither: Auseinandersetzung mit dem Verhältnis von realen und virtuellen Welten als interaktive Medienkünstlerin

Guten Morgen, Frau Hershman Leeson. Haben Sie sich heute schon über den Zustand der Welt gesorgt?

Ja.

[Tiefes Durchatmen. Ein Nerd hatte hier einst verneint, was mich sehr verstört hat.] Können Sie Ihren Beruf in drei Sätzen beschreiben?

Mein Job besteht darin, Alternativen zu entwickeln, die hoffentlich ein Bewusstsein für die Rahmenbedingungen unserer Existenz auf diesem Planeten wecken können, die Toxizität von Kulturen eingeschlossen. Es geht mir darum, die Gesellschaft und ihre Auswirkungen mit frischem Blick zu sehen und spezielle Kernthemen in Sprachen der Kunst, des Films oder anderer Medien zu übersetzen.

Darf ich vorsichtig anmerken, dass Sie sich unter anderem mit den Schnittstellen von der Welt 1.0 und 2.0, der Privatsphäre in Zeiten der Überwachung und Kontrolle, der DNA-Modifikation und tausend anderen Gebieten der Wissenschaft befassen. Also serious shit, wie wir in England sagen. Diese Komplexität spricht dagegen, dass Sie große Teile der Bevölkerung erreichen.

Das hängt davon ab, von welcher Bevölkerung Sie sprechen. Auf die amerikanische trifft das zweifelsohne zu.

Es ist scheinbar überall in der westlichen Welt so, dass der Hass auf alles Elitäre, auf Kunst und Wissenschaft, populistisch befeuert wird.

Es ist wichtig, meinen Sinn für Humor beim Bilanzieren der Fragen unserer Zeit nicht zu verlieren. Das muss ich schon noch anfügen.

Wir leben in einer interessanten Zeit. Es scheint, als stünden wir vor einer neuen Stufe der Entwicklung. Wie immer, wenn Veränderungen in rasanter Geschwindigkeit erfolgen, gibt es eine Gegenbewegung, die sehr viel mit Angst vor dem Unbekannten zu tun hat.

Ich habe das Gefühl, dass jede Epoche ihre spezifischen Sichtweisen auf die Dinge schafft. Die Verwendung von Materialien und Techniken der Zeit, in der man lebt, ermöglicht es einem, sich unmittelbar am Begreifen und manchmal sogar an der Überwindung ererbter Beschränkungen zu beteiligen.

Gab es irgendetwas, das im sogenannten Früher besser war?

Was mich betrifft: Ich hatte mehr Energie, aber weniger Weisheit.

Sie haben Biologie studiert, ich wollte lange Mikrobiologin werden. Vermutlich ist das der perfekte Studiengang für spätere Künstlerinnen. Ich habe oft bedauert, nicht Wissenschaftlerin geworden zu sein, der romantischen Idee folgend, dass die Arbeit von Wissenschaftlerinnen weniger angreifbar ist als das Werk von Künstlern, die oft geschmäcklerisch und laienhaft kritisiert werden.

Ich denke, in beidem finden sich Elemente von Entdeckung und Dilettantismus, und beides bietet eine breite Palette an Angriffsmöglichkeiten.

Das wäre beruhigend.
Mit Ihrer Arbeit »Roberta Breitmore« haben Sie in den 1970er-Jahren jede Inszenierung in sozialen Medien und Second Life vorweggenommen. Erinnern Sie sich noch an den Moment, als Ihnen die Idee zu der Arbeit kam?

Ja, es war im »Dante Hotel«. Ich fragte mich, wie es wäre, eine fiktive Person zu erschaffen, die in Echtzeit lebt und reale Kultursysteme benutzt, um ihre eigene Geschichte einer bestimmten Zeit zu erzählen.

Ich schuf eine ortsspezifische Arbeit (obwohl die Bezeichnung noch nicht existierte), indem ich ein Hotelzimmer belegte. Für das gemietete Zimmer im »Dante Hotel« konnte man sich einen Schlüssel aushändigen lassen und damit diesen fremden Raum betreten. Die fiktiven Bewohner des »Dante Hotel« wurden mit ihren Artefakten eingeschlossen, die wiederum von Beobachtern entdeckt werden konnten. Es endete ein Jahr später, als jemand die Polizei rief, die die Wachskörperteile konfiszierte. Das schien ein passendes Ende dieses Narrativs.

Ich hoffte, ich könnte »die Essenz der Figur« befreien, die vielleicht in dem Raum verblieben war, und ihr eine Erfahrung, ein echtes Leben in Echtzeit verleihen. So entstand Roberta Breitmore. Robertas Hintergrund, einschließlich ihrer Ausbildung und frühen Kindheitstraumata, wurde aus gesammelten stereotypen psychologischen Daten zusammengesetzt. Roberta war in psychiatrischer Behandlung, benutzte eine bestimmte Sprache, sie hatte eine unverwechselbare Handschrift, gedeckte Kreditkarten, ein Girokonto und einen Führerschein. Überwachungsfotos, Artefakte und vorübergehende Hinterlassenschaften definierten Roberta und lieferten später glaubwürdige Belege ihrer Existenz.

Roberta suchte über eine Anzeige in einer Lokalzeitung einen Mitbewohner. Menschen, die auf ihre Anzeige antworteten, wurden unwissentlich Teilnehmer ihrer Erlebnisse und damit zu einem Teil ihrer Fiktion, so wie Roberta zu einem Teil ihrer Realität wurde. Roberta stellte eine gebrochene Identität dar, die ihre Gesellschaft sowohl widerspiegelte als auch reflektierte. Kleidung, Schecks, Kreditkarten, Führerschein, psychiatrische Berichte, Tonbandaufnahmen waren die archivierten Überreste ihres künstlichen Lebens. Sie war ein atmendes Simulacrum, eine Persona, die zuerst von mir selbst und dann von einer Reihe verschiedener Personen gespielt wurde. Roberta existierte im wirklichen Leben in Echtzeit, und während des Jahrzehnts ihres Lebens beteiligte sie sich an vielen Unternehmungen, die typisch waren für die Kultur, in die sie sich einbrachte. Indem sie Artefakte der Kultur sammelte und direkt mit dem Leben interagierte, wurde sie zu einem Spiegel in beide Richtungen, der gesellschaftliche Vorurteile reflektierte und widerspiegelte. Roberta war ein Überwachungsziel, und Robertas manipulierte Realität wurde zum Modell für ein privates System interaktiver Performance. Statt auf einer Diskette oder auf Hardware wurden ihre Aufzeichnungen auf Fotos und in Texten gespeichert, die ohne vorbestimmte Abfolgen betrachtet werden konnten.

Menschen haben einander schon immer bewertet. Fällt mir vollkommen unzusammenhängend ein. Sie lehnen alles ab, was sich von ihnen unterscheidet. So weit nichts Neues. Doch die potenzierende Wirkung der sozialen Medien und die Kriterien dafür, was von der Norm abweicht, die immer stromlinienförmiger geworden ist, könnten ein Grund der steigenden Zahl von Amokläufen von Jugendlichen sein.

Ich denke, dass Schießereien sehr viel mit der mangelnden Reglementierung von Waffenbesitz zu tun haben, aber auch mit Entfremdung und Verleugnung. Einige haben Musik die Schuld gegeben, der von Marilyn Manson beispielsweise. Oder den Medien. Aber es ist ein komplexeres und tiefer gehendes Problem, das mit tief verwurzelten Vorurteilen zu tun hat.

Ist nach Ihrer Beobachtung der Drang des Individuums, in der Masse zu verschwinden, und gleichzeitig ein überhöhtes Verständnis der sogenannten Individualität, die von Marketingagenturen befeuert wurde, um Sneaker zu verkaufen, Grundlage für die Schizophrenie, die viele in ein hundertprozentiges Über-Ich treibt?

Auf keinen Fall. Im Wesentlichen glaube ich, dass die Menschen in Angst leben und in einem tragischen, einengenden Maße unterdrückt werden. Dies geschieht vorsätzlich, damit die Menschen durch ein Gefühl von Hilflosigkeit und Unfähigkeit davon abgehalten werden, eine Freiheit oder ein anhaltendes kreatives Dasein in der

Gesellschaft, in die sie hineingeboren wurden, aufrechtzuerhalten.

Ihre Kunst ist neben vielen anderen Gründen so großartig, weil sie Entwicklungen vorweggenommen hat und -nimmt. Wie entstehen Ihre Arbeiten: Haben Sie diese Initialmomente, die die Grundlage zu einem neuen Kunstwerk bilden? Oder entstehen Arbeiten auch durch Ihr Interesse an einem bestimmten Aspekt unseres Lebens, den Sie dann so lange mit Forschungen unterfüttern, bis eine konkrete Arbeit als die Komprimierung all des Wissens zwingend scheint?

Ich denke über Ideen nach und recherchiere dann, meist über mehrere Jahre hinweg. Wenn ich Glück habe, kommt mir schließlich die eine oder andere Idee, die sich im Laufe der Zeit neu definiert und die dann zu dem Werk wird.

In Ihrer Arbeit »Lorna« gibt es interaktiv bestimmbar drei mögliche Wege der Figur, die der Zuschauer bestimmen kann: bleiben, wo sie ist – gehen – oder sich umbringen. Das sind eigentlich die drei Möglichkeiten, die fast jeder Mensch hat, um sein Leben zu beeinflussen. Ich habe lange überlegt, ob mir noch eine vierte Lösung einfällt.

Genau: Bleib dort, wo sie sich befindet – geh nach Los Angeles – versuche zu verstehen, und überwinden dann, was ihr Angst einflößt. Anders als Roberta, deren Abenteuer draußen in der Umgebung stattfanden, war Lorna eine agoraphobische Frau mittleren Alters, die sich davor fürchtete, ihre kleine Wohnung zu verlassen. Die Prämisse war: Je mehr sie zu Hause blieb und fernsah, desto ängstlicher wurde sie – vor allem, weil sie die erschreckenden Botschaften aus der Werbung und den Nachrichtensendungen aufsaugte. Jedes Objekt in ihrem Zimmer ist nummeriert und wird zu einem Kapitel in ihrem Leben, das sich in verzweigte Sequenzen öffnet. Betrachter/Teilnehmer bekommen über diese Artefakte Informationen über ihre Vergangenheit, Zukunft und ihre persönlichen Konflikte. Da der Betrachter/Teilnehmer über ein nahezu identisches Gerät verfügt, um die Handlung auf der Disc zu lenken, wird ein metaphorischer Link oder Identifikationspunkt zwischen Betrachter und Referent hergestellt. Der Zuschauer/Teilnehmer aktiviert die Live-Handlung und trifft Ersatzentscheidungen für Lorna. Die Disc bietet drei unterschiedliche Enden, und sie kann vorwärts, rückwärts, mit erhöhter oder verminderter Geschwindigkeit angeschaut werden. Lorna könnte dort bleiben, wo sie ist, Selbstmord begehen oder, die vielleicht schlechteste Wahl, nach Los Angeles ziehen. Diese Arbeit wurde gezeigt, als sie geschaffen wurde, und tauchte dann über rund 25 Jahre ab.

Schade. Die Arbeit hätte täglich in den Werbepausen zwischen all dem Angst erzeugenden Fernsehmüll gezeigt werden müssen. Eine sehr persönliche Frage: Mich erregt oft die Forschung im Vorfeld eines Buchs oder Stücks mehr als die Umsetzung, das Zusammenkochen von all den Informationen, ihre Transformation in Kunst. Wie geht es Ihnen?

Allerdings! Das ist ein fester Bestandteil der Arbeit. Ich genieße die Recherche, bin von ihr überrascht, aber auch begeistert, wenn es sich komplett verändert und weit über das hinausgeht, was es zu Beginn war – und manchmal ist das die Kunst.

Sie leben in San Francisco, in unmittelbarer Nähe des Silicon Valley. Sie verkehren, nehme ich an, mit Wissenschaftlerinnen, mit Programmierern?

Ja.

Können Sie meine Beobachtung teilen, dass es vornehmlich weiße Männer sind, die mit der Idee arbeiten, alle Bereiche unseres Lebens durch neue Technologien zu ersetzen?

Nun, es begann mit Ada Lovelace, der ersten Programmiererin der Geschichte. Und mit anderen Frauen wie Mary Shelley, die künstliche Intelligenz voraussah, und Hedy Lamarr, die das Konzept für Mobiltelefone schuf. Doch diese Frauen und viele andere, die folgten, hatten es schwer, sich Gehör zu verschaffen oder Anstellungen zu finden. Aber die Dinge ändern sich ein wenig, und Frauen werden Führungskräfte von Unternehmen; auch die Kunstwelt verändert sich. Doch es ist ein langsamer Prozess, und was geschieht, ist noch nicht annähernd genug.

Und bedeutet das wohl, dass die nahe Zukunft und der Jetzt-Zustand der Welt wieder von Männern und deren Sicht auf das Leben geprägt werden? Haben Sie eine Erklärung dafür, warum IT-Technik im weitesten Sinne so wenig Frauen interessiert?

Siehe oben. Die gängigen Einstellungspraktiken schrecken vermutlich viele ab, aber viele arbeiten unabhängig.

Das »Arpanet« war einst ein Projekt, das Nerds mit dem Verteidigungsministerium entwickelten. Haben Sie das Netzwerk von Anfang an beobachtet?

Das habe ich.

Und geahnt, was daraus entstehen kann?

Ja, habe ich.

War das freie Netz als Hort des Wissens, das für alle zugänglich ist, und als Ort, an dem Menschen einander finden, immer eine Illusion?

Nein, es gab nur extrem wenige Menschen, die davon wussten und die darauf zugreifen konnten.

Haben Ihrer Beobachtung nach die Technologie, das Internet, die Endgeräte und sozialen Medien die Gehirne der Menschen verändert – vielleicht auch zum Positiven?

Ich denke, wir können uns nicht mehr so gut konzentrieren wie früher, und unsere Aufmerksamkeitsspanne ist kürzer, aber wir haben einen umfangreicheren Zugang zu Informationen. Es ist horizontal, nicht vertikal.

Sie lesen sicher Sachbücher? Science-Fiction? Gibt es außerhalb der Wissenschaft etwas anderes, das Sie neugierig werden lässt? Inspiriert?

Fast alles inspiriert mich oder stachelt meine Neugierde an. Alles lässt sich von Grund auf verändern und kann eine vollkommen neue Perspektive ermöglichen.

Haben Sie jemals Programmieren gelernt oder bedauert, es nicht gelernt zu haben?

Ich habe mich eingearbeitet, wenn ich es brauchte. Aber meistens finde ich Leute, die es besser können als ich, und wir arbeiten zusammen. Das finde ich befriedigender.

Ein Thema in Ihren Arbeiten ist immer wieder die Überwachung und Kontrolle des Individuums. In China und England ist man schon ganz gut dabei, eine Art Überwachungsdiktatur zu errichten. Wie ist der Stand in den USA?

Es gibt eine Überwachungsrichtlinie für die meisten Aspekte, sogar für unsere Körper, unseren Blutkreislauf und unsere DNA.

Und hat es nur den Anschein, oder gibt es in Amerika von berühmten Whistleblowern wenig breiten Widerstand gegen das Sammeln und Nutzen von Daten, gegen Kontrolle und die Totalüberwachung?

Die meisten wollen sich dem nicht stellen, und schon gar nicht wollen sie es aufhalten. Wenn sie den Zustand der Verleugnung verlassen und begreifen, was sie verloren haben, wird es zu spät sein.

Ihre Arbeit »Agent Ruby« lese ich als Modell für die heutigen Sprachassistenten Alexa und was für dienende Frauennamen sie auch immer haben. Vielleicht haben Sie die Konzerne ja erst auf die Idee dieser perfekten Abhöranlagen gebracht.

Ich hoffe nicht. »Agent Ruby« begann 1995, Siri 2012. Agent Ruby und DiNA sind schlauer. »Agent Ruby« ist das erste Webprojekt, das in eine Museumssammlung aufgenommen wurde. Ihre Adresse ist www.agentruby.net. Sie ist das meistbesuchte Kunstwerk im Museum und hat achtzig Tonnen Antworten gesammelt. Der Kurator übertrug Rubys Gespräche in Bücher. Weitere Daten warten darauf, erschlossen zu werden. Ich habe vier verschiedene künstliche Intelligenz-Bots entwickelt, Ruby, DiNA, einen Bot, der zwei Sprachen spricht, und einen, der jetzt geboren wird und der von Reverse-Engineering-Gesichtserkennung und DNA-Typen lernt. Dabei nimmt eine Software Bilder von Personen auf, ihre DNA-Herkunft wird offenbart, und die Informationen werden zu einem sich entwickelnden zusammengesetzten Archetyp hinzufügt. Die künstliche Intelligenz von Ruby und DiNA verbessert sich entsprechend ihrer Einsätze; denn sie sind lebendig und mutieren daher ständig. Ihre Antworten sind unberechenbar, sie sammeln beständig mehr und mehr Daten. DiNA bietet Sprachsynthese, Spracherkennung und Echtzeit-Animation.

Können Sie sich vorstellen, dass eine Mehrzahl der Menschen vielleicht sehr glücklich mit einem Kontroll- und Belohnungs-System wäre? Endlich wird gutes Benehmen belohnt, endlich werden sie gesehen. Im Moment entscheiden sich Menschen noch freiwillig, die Spione in ihre Wohnungen zu stellen. Absehbar ist, dass man keine andere Wahl mehr hat, als seine Daten an Versicherungen und den Geheimdienst zu übermitteln. Vielleicht ist das vielen auch egal, weil es so theoretisch ist – wie Bakterien im Körper, die eventuell irgendetwas bewirken können. Irgendwann.

Ich glaube, die meisten Menschen erfassen nicht, in welchem Ausmaß sie von Überwachung kompromittiert werden. Ich glaube, dass Datenbanken und Codes das Rückgrat einer sich herausbildenden Cyborg-Haltung sind, bei der Identität temporär ist und bei der Erfassung, Überwachung, Voyeurismus und Skopophilie zugleich Technik, Subjekt und das soziale Medium sind.

Verwenden Sie Verschlüsselung? Tun das viele amerikanische Menschen, oder ist das auch wieder so ein German-Angst-Ding?

Ja, ich habe Datenverschlüsselung genutzt, aber sie konnte immer von anderen geknackt werden; daher mache ich das nur noch selten. Ich verschlüssele durch Kunst – ich halte Kunst für das beste Verschlüsselungssystem.

Glauben Sie, das Internet ist zu retten? Oder sind die Kräfte, für die es ein hervorragendes Werkzeug zur Überwachung geworden ist, viel zu einflussreich, sodass man irgendwann wieder auf 1.0-Geräte umsteigen muss, wenn man nicht gehackt oder von Trojanern überwacht werden will?

Es ist zu spät. Außerdem gibt es noch andere Bereiche der Überwachung, etwa Nanobots im biologischen System. Das ist noch perfider.

Stellen Sie sich auch so gerne die Welt nach uns vor?

Ich stelle mir laufend die technologischen Erweiterungen unserer Kultur, unseres Planeten und unserer Rasse vor.

Es werden gerade Versuche gemacht, Menschen ohne störende menschliche Eigenschaften wie Angst oder Mitgefühl zu erzeugen. Großartig. Eine Welt voller empathieloser Menschen, kauffreudig, widerspruchslos, obrigkeitshörig. Kleine, friedliche Kaufmaschinen könnte man kreieren. Fast wie jetzt – nur dass es noch Störfaktoren wie die Angst und das Mitgefühl gibt. Das könnte doch das Resultat an DNA-optimierten Menschen sein, oder fällt Ihnen noch etwas anderes ein?

Mitgefühl ist nicht hinderlich. Aber ... die Entwicklungen sind noch nicht abgeschlossen.

Ich teile meine Arbeit ein in: B. C. (Before Computers) und A. D. (After Digital), und meine aktuelle Arbeit beinhaltet wieder B. C., aber diesmal als Bio-Informatik. Der »Infinity Engine« (»Unendlichkeitsmotor«) ist der Knotenpunkt der Installation eines Multiplattform-Projekts, das die ethischen Implikationen der aktuellen gentechnologischen DNA-Forschung und die Frage, wie man den Evolutionskampf überlebt, miteinander verknüpft und aufdeckt.

Die Arbeit enthält auch eine Reverse-Engineering-Komponente der Gesichtserkennung, die die Herkunft der Benutzer bestimmt. Und das könnte der Schrecken der Unsterblichkeit sein: dass, um unsterblich zu werden, unsere DNA, das perfekte Archiv, bis zur Unkenntlichkeit mutieren wird.

Einerseits kann man sagen, ein wenig Optimierung vor allem in empathischer und intellektueller Hinsicht kann den Menschen nicht schaden. Auf der anderen Seite vermute ich, es wird bald zu einer noch stärkeren Trennung der Gesellschaft kommen. Diejenigen, die sich perfekte Nachkommen leisten können, und die Aussterbenden, Imperfekten. Endlich können wir die Evolution selber bestimmen!

Sie müssten meine Präsentationen sehen – es gibt ein bemerkenswert starkes Bedürfnis, sich durch DNA-Nachbearbeitung und CRISPR-Technologien oder epigenetische Veredelung vor der Geburt neu zu gestalten. Das Vermögen, das menschliche Genom zu verändern und Menschen mit Fähigkeiten auszustatten, die sie nie zuvor besaßen. Wir verfügen über ein ganzes Reich von Genen, aus der Tier- und aus der Pflanzenwelt, und was seit zwanzig Jahren möglich ist, ist der Transfer dieser Gene. Wir können im Prinzip das Sonar einer Fledermaus, die Sehschärfe eines Falken, die Langlebigkeit einer Schildkröte oder sogar einer Qualle übertragen.

Meine Installation wurde selbst in DNA umgewandelt. Und Novartis hat einen nach mir benannten Antikörper geschaffen, der auch im Rahmen dieser Arbeit ausgestellt wird, als letzter Raum, eine Art von Etonné Donné, ein Duchamp-Moment, mit Bezug auf Yves Kleins »Leere« (»Void«). Ein Haiku oder eine konzentrierte Essenz, reduziert auf eine winzige Ampulle mit DNA und Kristallen eines Antikörpers.

Lang lebe Novartis! Apropos, ich liebe dieses Google-Patent, hier. Wissen Sie, was aus dem geworden ist?

Ich glaube, wir sind dem entwachsen.

Google ist ganz weit vorne in der Kartografierung von allem, auch in der Kartografierung des Gehirns. Kartografiert man nicht nur, was man sich aneignen will, oder ist das kulturpessimistisches Geraune aus der Alten Welt?

Ich bin mir da nicht so sicher. Wir kolonisieren Zellen von allem.

Die Euphorie des Silicon Valley – die Atmosphäre der Weltrevolution – ist einer Ernüchterung gewichen. Plattformen, die nichts erzeugen, sind größer als alle 1.0-Firmen, sie erzeugen nichts außer: Abhängigkeit.

Ja. Fast alle sind abhängig. Sogar Säuglinge.

Eine Frage, die eigentlich mit nichts zu tun hat, aber: Fallen Ihnen gute rechtskonservative Künstler oder Künstlerinnen ein?

Ich kenne keine. Vielleicht ist es nicht möglich, beides zugleich zu sein. Ich habe noch nie eine oder einen getroffen.

Und eine Frage, die ich immer furchtbar finde, aber vielleicht geht es Ihnen anders: Woran arbeiten Sie gerade?

Haha. Ich habe zuletzt einen Antikörper namens Lynn Hershman und einen anderen namens Erta entwickelt, ich habe gerade eine riesige, 460 Meter große Installation in DNA umgewandelt und mehrere ortsspezifische Arbeiten in Riga, Berlin und anderen Orten geschaffen. Und als Nächstes mache ich wohl einen Film oder zwei, den letzten Teil meines Tagebuchs und Teil 3 meiner »Teknolust«-Trilogie. Ich hoffe, das wird im kommenden Jahr geschehen.

Das ist ein Trost. Vielen Dank für Ihren Optimismus. Und Ihre Zeit! Und Ihre Kunst. Danke für alles.

»Unterschiede an sich sind nicht das Problem, sondern die Wertung und die Hierarchien, die damit verbunden sind, sind es.«

Gespräch mit
EMILIA ZENZILE ROIG

Politologin. Promotion über Prozesse der intersektionellen Diskriminierung auf dem französischen und dem deutschen Arbeitsmarkt (Humboldt-Universität Berlin/Sciences Po Lyon). Gründerin und Direktorin des Center for Intersectional Justice (CIJ) sowie Dozentin im Social Justice Study Abroad Program der Chicago DePaul University

Guten Tag, Frau Doktor, haben Sie sich heute schon um den Zustand der Welt gesorgt?

Um ganz ehrlich zu sein, nein. Ich lese selber nur sehr unregelmäßig Zeitungen. Trotzdem verpasse ich eher selten wichtige Nachrichten.

Das ist sicher sinnvoll, um sich nicht innerlich an der Weltbeschaffenheit zu erregen, die man nicht verändern kann, sondern sich auf den Wirkbereich zu konzentrieren, den man zu beeinflussen vermag. Apropos – erinnern Sie sich daran, warum Sie wurden, was Sie geworden sind?

Ein Zitat von bell hooks, der berühmten afroamerikanischen Feministin, kommt mir in den Sinn: »We find ourselves in the right place at the right time, ready and able to receive blessings without knowing just how we got there. Often we look at events retrospectively and can trace a pattern, one that allows us to intuitively recognize the presence of an unseen spirit guiding and directing our path.« [»Wir befinden uns zur richtigen Zeit am richtigen Ort, sind bereit und in der Lage, Segen zu empfangen, ohne zu wissen, wie wir dorthin gekommen sind. Oft schauen wir uns die Ereignisse im Nachhinein an und können ein Muster nachvollziehen, das es

uns erlaubt, die Anwesenheit eines unsichtbaren Geistes, der unseren Weg führt und lenkt, intuitiv zu erkennen.«]
Als ich dieses Zitat zum ersten Mal las, hat es mich zutiefst berührt. Seitdem trage ich es auf einem Blättchen in meinem Portemonnaie bei mir.

Ja, vermutlich gibt es nie einen klaren Weg, sondern mit Glück nur eine Vision oder eine Idee, der man folgt ...

Genau. Eine Serie von Erlebnissen, Entscheidungen, Ereignissen und Begegnungen hat in den vergangenen fünfzehn Jahren meinen Weg in Richtung soziale Gerechtigkeit in Europa geprägt. Zum Beispiel der Umzug von Paris nach Lyon mit meiner Mutter und zwei Schwestern im Jahr 2000, der Verzicht auf eine Karriere in der sogenannten Entwicklungszusammenarbeit oder das Privileg, mit Professor Kimberlé Crenshaw einen Forschungsaufenthalt an der Columbia University in New York zu absolvieren, aber auch der Tod meines zweiten Kindes vor knapp zwei Jahren.

Ich habe mich während meines Studiums in Politikwissenschaft und Jura für das breitere Thema globale Ungleichheiten interessiert und mich dementsprechend auf die Suche nach internationalen Institutionen gemacht, die sich der sogenannten »Entwicklung« des globalen Südens gewidmet haben. Nach einigen Jahren in der Entwicklungszusammenarbeit bei der UNO in Tansania, der Gesellschaft für Internationale Zusammenarbeit (GIZ) in Kambodscha und bei lokalen NGOs in Kenia und Ecuador entschloss ich mich, dieses Feld endgültig zu verlassen, weil es zu stark von kolonialen Mustern geprägt war. Außerdem sah ich mich als Französin zu wenig dazu legitimiert, soziale Probleme in Ländern zu lösen, die ich nur oberflächlich kannte.

Nach meiner Rückkehr aus Kambodscha blieb ich dennoch im Menschenrechtsbereich tätig und fing an, bei Amnesty International zu arbeiten. Diese Erfahrung konnte meine Begeisterung für internationale Menschenrechtsarbeit nur bedingt nähren. Also entschied ich mich dazu, mich in eine neue Richtung zu begeben und mich ausschließlich der Bekämpfung von strukturellen Ungleichheiten innerhalb Europas zu widmen. Endlich hatte ich meinen Platz gefunden.

Über welches Thema haben sie promoviert?

Mein Thema war die intersektionale Diskriminierung auf dem französischen und dem deutschen Arbeitsmarkt. Ein extrem wichtiger Schritt in meiner persönlichen und beruflichen Entwicklung, denn ich konnte zu den systemischen Quellen von globalen und regionalen strukturellen Ungleichheiten forschen und dabei verstehen, dass Herrschaftssysteme wie das Patriarchat, der Kolonialismus/Rassismus und der Kapitalismus global wirken. Während der Promotion hat sich mein Aktivismus geschärft und verdeutlicht, das bildet die Grundlage meiner heutigen Arbeit.

Mein erstes Kind kam eine Woche nach der Einreichung meiner Dissertation auf die Welt, und ziemlich schnell danach war mir klar, dass ich keine klassische akademische Karriere verfolgen, sondern mich politisch engagieren möchte. Achtzehn Monate und zwei Projekte später entschloss ich mich, meinen damaligen Job zu kündigen und das Center for Intersectional Justice (CIJ) zu gründen.

Das Gebiet Ihrer Forschung und Ihrer Arbeit ist Intersektionalität – ein Begriff, der noch nicht im Mainstream angekommen ist. Es wäre nett, Sie würden ihn erklären.

Intersektionalität beschreibt die Überschneidung von Ungleichheitssystemen, die auf Geschlecht, Religion, ethnischer Herkunft, Nationalität, sexueller Orientierung und Identität, sozialer Herkunft und anderen Dimensionen von sozialen Hierarchien fußen, die einzigartige Dynamiken und Effekte erzeugen.

Anders gesagt: Intersektionalität heißt, Diskriminierung innerhalb von Diskriminierung zu bekämpfen (zum Beispiel die Diskriminierung von Frauen mit Behinderung innerhalb des Gender Pay Gap); Minderheiten innerhalb von Minderheiten zu schützen (zum Beispiel muslimische LGBTQI+-Menschen innerhalb der LGBTQI+-Bewegung); und Ungleichheiten in Ungleichheiten anzugehen (zum Beispiel die besondere Benachteiligung von Frauen mit Kopftuch auf dem Arbeitsmarkt innerhalb der Kategorie »Frauen«).

Intersektionalität ist mehr als eine Theorie, es ist eine politische Bewegung, die auf die Befreiung aller Menschen von Unterdrückungssystemen abzielt.

Erzählen Sie mir bitte mehr über den konkreten Aufbau und die Arbeitsweise Ihres Instituts.

 Das CIJ ist eine Advocacy-Organisation, die sich der Bekämpfung von strukturellen sozialen Ungleichheiten in Deutschland und Europa widmet. Es wird von einem zweiköpfigen Team geleitet, meiner wunderbaren Kollegin Miriam Aced und mir. Wir haben auch regelmäßig Praktikant*innen, die uns unterstützen. Das CIJ umfasst ein globales Netzwerk von etwa dreißig assoziierten Expert*innen, vor allem Jurist*innen, Wissenschaftler*innen, Journalist*innen und Aktivist*innen, die sich für die Gleichstellung in Europa einsetzen.

Unsere Aktivitäten gliedern sich entlang dreier Säulen. Erstens die Advocacy, von der klassischen Advocacy mit gewählten Politiker*innen und wichtigen Entscheidungsträger*innen bis hin zur Stärkung von Graswurzelbewegungen und der strategischen Prozessführung (»impact litigation«).
Zweitens die policyorientierte Forschung und drittens Trainings für staatliche, zivilgesellschaftliche und wirtschaftliche Institutionen zu den Themen Diskriminierung, Vielfalt, Inklusion und »implicit bias« aus intersektionaler Sicht. In
weniger als zwei Jahren haben wir uns als Schlüsselfiguren im Bereich Antidiskriminierungsarbeit etabliert und arbeiten mit der Europäischen Kommission, dem Europäischen Parlament, mit Ministerien und anderen wichtigen Institutionen zusammen.

Haben Sie schon konkrete Erfolge ... Oh, jetzt klinge ich wie eine Keynote-Speakerin bei einer Facility-Manager-Tagung. Also, was haben Sie bis jetzt bewirken können?

In knapp zwei Jahren haben wir es geschafft, eine intersektionale Perspektive in Antidiskriminierungspolitiken und Diskursen in Europa voranzutreiben. Unsere erste Studie haben wir 2018 für die belgische Agentur für Arbeit, Actiris, veröffentlicht. Es ging darum, das Konzept der Intersektionalität durch konkrete Maßnahmen in deren Antidiskriminierungs- und Vielfaltsansätzen zu implementieren. Im Bereich Advocacy ist es uns auch gelungen, dass das Thema beim Europäischen Parlament, bei der Europäischen Kommission, bei der französischen Assemblée nationale und im Deutschen Bundestag in der Agenda nach oben rückte.
Wir haben seit der Gründung zahlreiche Weiterbildungen zum Thema Intersektionalität angeboten, unter anderem

bei der Fulbright Commission, beim European Network Against Racism (Enar), bei der kanadischen Botschaft in Deutschland oder bei unterschiedlichen Tech-Start-ups. Die Liste ist lang, und am besten können Sie unsere Arbeit in unseren Newslettern verfolgen. Nicht nur wollen wir erreichen, dass der Begriff Intersektionalität breiter bekannt wird. Es geht uns auch darum, den Begriff mit Substanz auszufüllen und die Ziele der Intersektionalität umzusetzen.

Kann man sagen, dass diese allgemeine, gruppenbezogene Benachteiligung alle trifft, die von dem angenommenen Status quo eines weißen, wohlhabenden Mannes abweichen?

Ja, ungefähr. Obwohl viele Menschen, die nur eine Achse der strukturellen Benachteiligung erfahren, aber sonst strukturelle Privilegierung auf allen anderen Ebenen genießen, kein Interesse an einem Paradigmenwechsel haben.
Zum Beispiel kommen viele weiße, wohlhabende Schwule und viele weiße, wohlhabende Frauen mit dem Status quo ganz gut zurecht. Zudem ist die Benachteiligung von der Positionierung in den globalen und lokalen sozialen Hierarchien abhängig und deshalb auch kontextabhängig. Unsere Identitäten und die Wertung, die damit verbunden ist, verschieben sich und wirken sich je nach Kontext unterschiedlich aus. So erfährt eine schwarze, wohlhabende Frau in Uganda nur in Ausnahmefällen strukturelle Ausschlüsse aufgrund ihrer Hautfarbe – in Deutschland aber schon.

Bei jeder Gruppe der Benachteiligten, die Sie unter dem Begriff Intersektionalität vereinen, liegen unterschiedliche geschichtliche Ursachen für den auf sie bezogenen Menschenhass zugrunde, oder?

Ich rede ungern von »Menschenhass«, wenn ich eigentlich systemische Diskriminierung und Ausschlüsse thematisieren möchte. Wenn wir uns auf Hass konzentrieren, blenden wir die unsichtbaren, dennoch extrem machtvollen Strukturen aus, die die soziale Hierarchie aufrechterhalten. Hass ist nur eine Dimension von Rassismus. Die strukturellen, institutionellen und historischen Dimensionen von Rassismus lassen sich nicht so einfach identifizieren. Es gibt nicht unbedingt klar definierbare Opfer und Täter, und die Schuld kann nicht so einfach auf eine bestimmte Person oder Gruppe geschoben werden.

Und jetzt zurück zu Ihrer Frage: Die Ursachen von Rassismus, der sich gegen unterschiedliche Gruppen richtet, zum Beispiel gegen Roma und Sinti, Muslime, schwarze Menschen, Juden etc., sind natürlich unterschiedliche geschichtliche Entwicklungen durchgegangen. Aber ich würde bestreiten, dass sie grundlegend verschieden sind. Ich würde im Gegenteil sagen, dass es eine gemeinsame Ursache von Rassismus gibt: white supremacy, die Vorherrschaft durch Weiße. Die Aufteilung der Menschheit in zwei größere Gruppen: die überlegene weiße »Rasse« und den Rest, der wiederum in viele Untergruppen aufgeteilt ist. Es mag provokativ klingen, aber solange wir uns weigern, Rassismus als ein System zu verstehen, das auf der weißen Vorherrschaft basiert, werden wir nur einen Teil des Problems angehen können.

Frauen bilden die Mehrheit jener Menschen, die in Armut leben. Folgt man dem aktuell laut vertretenen neoliberalen Unfug, dann ist jede Form von Armut eigenes Verschulden. Die Betreffende hat sich einfach nicht genügend angestrengt.

Könnten Sie den Leserinnen ein paar konkrete Beispiele der täglichen weltweiten Diskriminierung von Randgruppen (was ja immer ein sehr ungenauer Begriff bei Sexismus ist, wo wir doch von der Hälfte der Bevölkerung reden) geben, damit das Ganze nicht so theoretisch bleibt?

Ganz konkret beginnt die Benachteiligung von Frauen zu Hause, sie wird von den politischen und rechtlichen Rahmenbedingungen verstärkt, wie etwa von Familienpolitik und Vereinbarkeitspolitiken, die auf dem patriarchalen Hauptverdienermodell basieren. Aufgrund dieses Modells erleben Frauen Armut in höherem Maße als Männer, weil sie ihre Karrieren länger unterbrechen müssen, um sich um die Kinder zu kümmern. Die gemeinsame Ökonomie, die innerhalb der Kernfamilie entsteht, basiert auf einem finanziellen Machtgefälle. So müssen viele Frauen ihre Männer immer wieder um Bargeld bitten, weil sie kein eigenes Einkommen erwirtschaften können, obwohl sie rund um die Uhr für die Familie arbeiten. Eine unsichtbare, meist abgewertete Arbeit. In dieser Zeit, in der die Frau zu Hause bleibt, kann der Mann eigenes Kapital aufbauen und immer mehr finanzielle Macht gewinnen. Diskriminierung kann sich auch in gesellschaftlichen Konstrukten wie Liebe verstecken.

Viele Familien weichen von diesem Modell ab, sind aber dennoch in den patriarchalen institutionellen Mustern gefangen. Zum Beispiel kann eine Frau, die angestellt ist, gut verdient und gleichzeitig die Mehrheit der reproduktiven Arbeit zu Hause übernimmt, von dem vorgegebenen Güterstand der Zugewinngemeinschaft wesentlich benachteiligt werden.

Ein anderes konkretes Beispiel von Diskriminierung ist die Privilegierung von weißen Mittelschichtmännern auf dem Arbeitsmarkt. »Implicit bias«-Tests zeigen, dass die Zuschreibungen »professionell«, »vertrauenswürdig«, »kompetent« mit dem Bild eines weißen, gut aussehenden Mannes verbunden werden. Diese Gruppe profitiert von vornherein von sehr positiven Voraussetzungen, einer Art Perfektionsvermutung. Das umgekehrte Phänomen betrifft viele Menschen, die von dieser Gruppenbeschreibung abweichen, wie etwa arabische Männer, Menschen mit Behinderung, Trans*menschen oder schwarze Frauen. Meritokratie ist ein Mythos, ein Diskurs, der benutzt wird, um den Status quo und die strukturellen Ungleichheiten und soziale Ungerechtigkeit zu legitimieren.

Die fast zwanghafte Sucht reaktionärer Männer, über den weiblichen Körper zu bestimmen, hat neben dem angenommenen Recht darauf auch mit dem Umstand zu tun, dass Kinder zu bekommen in den meisten Ländern der Welt die Frau als Konkurrenz aus dem Markt beseitigt, zumindest zeitweise.

Es kann ein Grund sein, aber nicht der Hauptgrund. Der Hauptgrund ist die Aufrechterhaltung der Nation. Ich verweise auf diesen Artikel, den ich zu dem Thema geschrieben habe.

Das Buch »Warum ich nicht länger mit Weißen über Hautfarbe spreche« von Frau Eddo-Lodge wäre eines, das ich zur Pflichtlektüre in Schulen machen würde. Neben den Fakten der Kolonialzeit, die den meisten Nichtschwarzen unbekannt sein dürften, erzählt sie auch vom Überdruss

des ständigen Sich-erklären-Müssens. Sehen Sie Ihre Arbeit eher als vermittelnd, informierend oder den Dialog suchend? Wenn Letzteres: mit wem? Wurde genug geredet?

Ich schätze die Arbeit von Reni Eddo-Lodge sehr und sehe sie als Einladung, das Gespräch weiter zu führen oder überhaupt anzufangen. In Deutschland hat noch keine öffentliche Debatte über Rassismus stattgefunden – auch wenn es unglaublich erscheint.

An dieser Stelle möchte ich sagen, dass die Übersetzung des Titels ins Deutsche auf diese Lücke verweist. Der ursprüngliche Titel lautet: »Why I'm No Longer Talking to White People About Race«. Warum lautet der Titel auf Deutsch nicht »Warum ich nicht länger mit Weißen über Rasse spreche«? Wegen der Aversion der Deutschen gegen dieses Wort und die tiefe Unbequemlichkeit, die es auslöst – aus sehr verständlichen Gründen. Aber solange wir uns weigern, uns der Unbequemlichkeit von Rassismus in Deutschland zu stellen, werden wir das Problem nicht wirklich angehen können. Rassismus hat in Deutschland nicht nach 1945 aufgehört. Rasse als soziopolitische Kategorie wirkt immer noch nach im deutschen Kontext. Die Ausblendung des Begriffs blendet genauso das System aus, das die Kategorie »Rasse« erzeugt. Solange Rassismus existiert und sich auf ganze Bevölkerungsteile negativ auswirkt, dürfen wir nicht aufhören, über »Rasse« zu sprechen.

Es scheint, als würde mit der Streichung des Begriffs aus dem aktiven Wortschatz versucht, einen Teil der Vergangenheit zu verdrängen. Was wir nicht benennen, gibt es nicht ... Eine These von Frau Eddo-Lodge ist, dass man die Hautfarbe nicht ignorieren kann, sondern sie immer mit-

denken muss. Können Sie mir erklären, wie das gemeint ist? Die systembedingte Ungerechtigkeit immer mitdenken? Die Unterschiede? Und wäre es nicht das Ziel einer fernen, gerechten Welt, Unterschiede wahrzunehmen, aber eher in einer Art, wie es Kinder tun, die heute in Großstädten aufwachsen, bei denen die unterschiedliche Herkunft keine Rolle zu spielen scheint?

Ja, genau. Unterschiede – die Hautfarbe und andere Merkmale, die soziale Ungleichheiten produzieren – sollten keine Rolle spielen. Sie tun es aber. Die Unterschiede an sich sind nicht das Problem, sondern die Wertung und die Hierarchien, die damit verbunden sind, sind es. Es ist zum Beispiel völlig harmlos und unproblematisch, über unterschiedliche Pferderassen zu sprechen, weil sie keiner Hierarchie unterliegen. Die Vielfalt der Spezies wird geschätzt. Solange Unterschiede einer Hierarchie unterliegen und manche abgewertet werden zugunsten anderer, müssen wir nicht nur die Unterschiede, sondern auch die sozialen Hierarchien benennen und eliminieren.

Die Geschichte des Kolonialismus in England ist auf furiose Weise nicht aufgearbeitet worden. Wie sieht es in Deutschland aus? Im Rest Europas?

»War Deutschland überhaupt ein Kolonialreich?« – »Deutschland hat schlimme Sachen in der Vergangenheit getan, aber zum Glück war das Land nicht im Kolonialismus involviert.« So denken viele Menschen über die deutsche Kolonialgeschichte. Bis heute gibt es in Deutschland keine gesellschaftliche Aufarbeitung dieser Zeit und der damit verbundenen Menschenrechtsverletzungen bis hin zum

Genozid an den Nama und den Herero, der weitestgehend aus dem Gedächtnis gelöscht wurde.

Deutschland wird weltweit als Vorbild für die Aufarbeitung der NS-Zeit gelobt. Obwohl das teilweise der Fall ist, gibt es hier immer noch viele blinde Flecken. Zum Beispiel mussten die überlebenden Roma und Sinti und ihre Nachkommen bis 2012 auf ein Denkmal warten. Bis heute erlebt diese Gruppe institutionelle Diskriminierung und ist Ziel von Racial Profiling durch die Polizei. Menschen mit Behinderung und die Opfer der nationalsozialistischen »Euthanasie«-Morde mussten ebenfalls bis 2014 auf die Errichtung einer Gedenkstätte warten. Und viele Opfer und Überlebende wie schwarze Deutsche oder LGBTQ+-Menschen sind im Aufarbeitungsprozess relativ unsichtbar geblieben.

Und im Rest Europas?

Andere Länder wie Frankreich, Belgien und die Niederlande, die ihre koloniale Herrschaft nicht so einfach unter den Teppich fegen können – unter anderem, weil sie teilweise immer noch Kolonien haben –, sind genauso schlecht darin, die brutalen Seiten ihrer Geschichte aufzuarbeiten. Ein Teil meiner Familie kommt aus Martinique, wo die kolonialen Muster noch intakt sind, was gesellschaftliche Veränderung praktisch unmöglich macht. Die überwiegende Mehrheit des Inselvermögens gehört nach wie vor den Nachkommen der Sklavenhalter. Der andere Teil meiner Familie sind jüdische Algerier, die den Unabhängigkeitskrieg erlebt haben. Die Art und Weise, wie französische Schulbücher heute über diesen grausamen Krieg erzählen, weist auf die mangelnde Aufarbeitung des französischen Kolonialismus hin.

In Frankreich gibt es keinen Konsens über die Tatsache, dass Kolonialismus an sich ein Verbrechen war. Kolonialismus wird im Mainstream als neutrale Epoche dargestellt, die ihre guten und schlechten Seiten hatte. 2005 schlug das Gesetz vom 23. Februar mit seinem Artikel 4 vor, den Forscher*innen, aber auch den Lehrkräften und den Verfasser*innen von Schulbüchern vorzuschreiben, »die positive Rolle der französischen Kolonisierung in Übersee und besonders in Nordafrika« hervorzuheben. Insbesondere im Hinblick auf Algerien ist der Hinweis auf die angeblich »positive Rolle« des Kolonialismus schmerzvoll, denn 132 Jahre Kolonisierung bedeuteten in diesem Land vor allem die Errichtung eines Apartheidsystems, in dem Christen, Juden und Muslime einen unterschiedlichen beziehungsweise keinen Rechtsstatus hatten, wobei die Muslime weit unten in der Hierarchie standen. Dies führte zu Spannungen zwischen Muslimen und Juden, die vorher in diesem Maß nicht vorhanden waren.

Wenn jede Gruppierung unterschiedlich Benachteiligter für sich kämpft, ist das doch uneffektiver, als wenn man sich zusammenschlösse. Statt des Kampfes für Sichtbarkeit und Gleichberechtigung also eher der geschlossene Klassenkampf?

Nein. Schön wäre es, wenn wir alle Ungleichheiten der Welt auf den Kapitalismus zurückführen könnten. Dem ist aber leider nicht so.
Der Kapitalismus beruht auf der Aufteilung der Menschheit in unterschiedliche Segmente von Arbeiter*innen mit unterschiedlichem Wert. Mit der internationalen Arbeitsaufteilung, die auf Geschlecht, Nationalität, Vermögensstatus

und ethnischer Herkunft/Rasse basiert, wird sichergestellt, dass manche Arbeiter*innen dazu gezwungen sind, ihre Arbeitskraft zu einem viel zu niedrigen Preis zu verkaufen, um die Akkumulation von Kapital zu gewährleisten. Das heißt, dass Kapitalismus ohne Rassismus und ohne das Patriarchat nicht funktionieren kann.

Es geht also nicht nur um Klasse, denn innerhalb der Arbeiterklasse gibt es weitere Hierarchien, die nicht ausgeblendet werden dürfen. Zum Beispiel erleben arme Roma zusätzlich zu den wirtschaftlichen Schwierigkeiten und sozialer Diskriminierung auch rassistische Verfolgung und Xenophobie. Die gelebte Erfahrung einer armen Frau wird vom Patriarchat geprägt, man kann nicht sagen, dass es lediglich am Kapitalismus liegt. Ich glaube, das Argument lenkt uns vom Kampf gegen Unterdrückung im weitesten Sinn ab.

Der Zerfall der Solidargemeinschaften, den wir momentan erleben (meines Erachtens auch die Vollendung des lange gepredigten Individualismus und dessen Überbewertung, der ständige Vergleich des eigenen Status quo mit Figuren aus den sozialen Netzwerken, die es scheinbar geschafft haben, ein seltsamer Starkult um Talentfreie), hat dazu geführt, dass der Einzelne sich nicht mit der unterdrückten Klasse identifiziert. Gibt es Lösungsansätze, wie die Menschen wieder zu einer Solidargemeinschaft werden können?

Wir denken falscherweise, dass Vereinigung Homogenität voraussetzt. Dieser Gedanke ist gefährlich, denn er hält uns davon ab, radikale Solidarität mit Menschen auszuüben, die uns nicht ähnlich sind oder die nicht genau die gleichen Erfahrungen machen. Erst wenn wir uns auf die outcomes, die

Ergebnisse, und die Prozesse der systemischen Diskriminierung konzentrieren statt auf einen gemeinsamen Feind, können wir Solidarität und Vereinigung erzielen.

Im Moment ist kulturelle Aneignung ein Kampfbegriff, der im Wesentlichen auf ein Problem hinweist, der durch seine starke Unschärfe aber eher verunsichert, als dass er wirklich zu einer Überwindung rassistischer Strukturen jenseits von Marketing und Ökonomie führt.

Es ist ein sensibles Thema, das allzu oft missverstanden und missinterpretiert wird. Der Grat zwischen einem genuinen Interesse und der Wertschätzung einer bestimmten Kultur und der kulturellen Aneignung ist schmal. Kulturelle Aneignung muss machtkritisch angegangen werden und darf nicht jeden Prozess des kulturellen Austauschs in einer globalisierten Welt beschreiben. Kulturelle Aneignung ist mit dem Privileg verbunden, Kulturen – meistens aus dem globalen Süden – zu definieren und zu besitzen. Sie bezieht sich auch auf eine bestimmte Machtdynamik, in der Mitglieder einer dominanten Kultur Elemente aus einer Kultur von Menschen übernehmen, die systematisch von dieser dominanten Gruppe unterdrückt wurden.

Deshalb ist kulturelle Aneignung nicht dasselbe wie kultureller Austausch, denn dem kulturellen Austausch fehlt diese systemische Machtdynamik. Es ist auch nicht dasselbe wie Assimilation, wenn marginalisierte Menschen Elemente der dominanten Kultur übernehmen, um Bedingungen zu überleben, die das Leben erschweren, wenn sie es nicht tun. Wie zum Beispiel auf den Hijab zu verzichten oder den Kindern europäisch klingende Namen zu geben. Marginalisierte Gruppen haben nicht die Macht zu entscheiden, ob sie lieber an ihren Bräuchen festhalten oder die Traditionen der dominanten Kultur nur zum Spaß ausprobieren wollen.

Zu Zeiten der Apartheid wurde Johnny Clegg, einer der Kämpfer gegen die Apartheid in Südafrika, nicht zu einem Anti-Apartheid-Konzert in Großbritannien eingeladen, weil in seiner Band Schwarze und Weiße spielten. Verhindert der unklare Begriff »cultural appropriation« die Überwindung von Melanin-Schranken? Wo zieht man eine Linie, wo sucht man mehr nach Verbindendem als Trennendem?

Johnny Clegg wuchs in Natal mit den Zulu auf. Sie waren seine Nachbarn und Freunde. Das war Teil seines täglichen Lebens. Clegg liebte und schätzte die Zulu-Kultur, und er versuchte, sie global zu feiern. Aber war es »sein Platz«, dies zu tun? Ich würde sagen, dass er – wahrscheinlich unbewusst – sein Privileg als Weißer nutzte, um die Zulu-Kultur einem (meist weißen) Publikum zugänglich zu machen, das damit nicht vertraut war. An sich ist es eine liebevolle Bestrebung, die sich als positiv erwiesen hat. Dieses Beispiel zeigt, dass kulturelle Aneignung und kulturelle Wertschätzung gleich aussehen können und gleichzeitig radikal unterschiedlich sind.

Es ist also nicht der Begriff »cultural appropriation«, der die Überwindung von Trennlinien entlang von Hautfarbe verhindert, sondern die Fehlinterpretation des Begriffs.

Gibt es ein paar Ratschläge, an die sich jede Einzelne halten kann, um dazu beizutragen, strukturelle Benachteiligung und Rassismus zu beseitigen? Kleine Schritte wie die Unterlassung von kränkenden Worten, Fragen? Was können wir persönlich beitragen, um eine gerechtere Welt entstehen zu lassen?

Es gibt leider keine magischen Regeln, an die wir uns halten können, aber diese Liste finde ich sehr hilfreich. Wichtig ist auch, Schuld und Verantwortung nicht zu verwechseln. Auch wenn wir in Bezug auf die Ungerechtigkeit dieser Welt nicht schuldig sind, können wir trotzdem Verantwortung übernehmen. Und generell helfen Liebe, Empathie und Bescheidenheit auch ganz gut.

Mit welcher positiven Vision oder Realität können Sie mich beruhigt zurück in eine Welt entlassen, die wegen des Klimawandels und der damit verbundenen Territorial- und Rohstoffkämpfe vor einer der größten Herausforderungen steht?

Arundhati Roy drückt mein tiefes Gefühl perfekt aus. Sie sagt: »Eine andere Welt ist nicht nur möglich, sie ist unterwegs. An einem ruhigen Tag kann ich sie atmen hören.«
Das heutige Chaos deutet auf eine grundlegende Veränderung hin. Es soll uns Hoffnung geben, auch wenn alles uns dazu bringen sollte, pessimistisch und fatalistisch zu werden.

Frau Dr. Roig, ich danke Ihnen für Ihre Zeit und Ihren Optimismus.

DANKE

an alle, die für die Wissenschaft kämpfen.
Und die wissen, dass es auf komplexe Fragen
keine einfachen Antworten gibt.

Danke an alle, die sich einsetzen, aussetzen,
danke allen Nerds, Außenseitern, allen,
die an der Dummheit verzweifeln und die Welt
durch Wissen retten wollen!

Danke an die REPUBLIK,
allen beteiligten WissenschaftlerInnen, an Ben,
Ingo, Jan und Dr. Eckstein.

DAS BUCH Permanent sind wir mit Meldungen aus aller Welt konfrontiert, die uns in einen Zustand der dauernden Erregtheit versetzen. Zu komplex ist unsere Welt geworden, zu schwer einordbar sind die Fakten. Mitunter hilft es, sich bei jenen zu informieren, die an eine positive Zukunft glauben und etwas von ihrem Fach verstehen. Während der Arbeit an ihrem Roman »GRM« sprach Sibylle Berg über zwei Jahre hinweg mit ExpertInnen aus den verschiedensten Disziplinen – mit SystembiologInnen, NeuropsychologInnen, KognitionswissenschaftlerInnen, MeeresökologInnen, Konflikt- und GewaltforscherInnen. Über den Zustand in ihren Fachgebieten. Und über Ideen für eine Zukunft, die sich nicht wie ein Albtraum ausnimmt. Wie sich wehren gegen Parolen, die den Verstand beleidigen? Wie verhalten wir uns zu der Politik des Spaltens und Herrschens, die gerade weltweit ein Erfolgsmodell zu sein scheint? Was bedeutet die digitale Revolution, und gibt es eigentlich noch Hoffnung? Dieses Buch ist das Richtige für alle, die sich auch solche Fragen stellen und besser gewappnet sein wollen für das, was auf uns zukommt.

DIE AUTORIN Sibylle Berg lebt in Zürich. Ihr Werk umfasst 27 Theaterstücke und 15 Bücher und wurde in 34 Sprachen übersetzt. Berg fungierte als Herausgeberin von drei Büchern und verfasst Hörspiele und Essays. Sie erhielt diverse Preise und Auszeichnungen, u.a. den Else- Lasker-Schüler-Dramatikerpreis (2016), den Kasseler Literaturpreis für grotesken Humor, den Nestroy-Preis, den Thüringer Literaturpreis und den Schweizer Buchpreis (alle 2019). Zuletzt wurde sie mit dem Grand Prix Literatur (2020) ausgezeichnet.

twitter.com/SibylleBerg

instagram.com/sibylle_berg

Die Interviews entstanden und wurden erstabgedruckt
im Rahmen von Sibylle Bergs Kolumne »Nerds
retten die Welt« im digitalen Magazin »Republik«.

Die Gespräche mit Elizabeth Anne Montgomery,
Iddo Magen, Abraham Loeb, Carl Safina,
Valerie M. Hudson, Odile Fillod und Lynn
Hershman Leeson wurden auf Englisch geführt.
Übersetzung der Fragen und Antworten:
Ingo J. Biermann (E>D) und Ben Knight (D>E).

Aus Verantwortung für die Umwelt hat sich
der *Verlag Kiepenheuer & Witsch* zu einer nachhaltigen
Buchproduktion verpflichtet. Der bewusste Umgang mit
unseren Ressourcen, der Schutz unseres Klimas und der Natur
gehören zu unseren obersten Unternehmenszielen.
Gemeinsam mit unseren Partnern und Lieferanten
setzen wir uns für eine klimaneutrale Buchproduktion ein,
die den Erwerb von Klimazertifikaten zur Kompensation
des CO_2-Ausstoßes einschließt.

Weitere Informationen finden Sie unter
www.klimaneutralerverlag.de

Verlag Kiepenheuer & Witsch, FSC® N001512

1. Auflage 2021

© 2020, 2021, Verlag Kiepenheuer & Witsch, Köln
Alle Rechte vorbehalten.
Coverggestaltung und -motiv © Claus Richter
Foto der Autorin © Katharina Lütscher
Gesetzt aus der Adobe Text und
der Proxima Nova Condensed
Satz Buch-Werkstatt GmbH, Bad Aibling
Druck und Bindung CPI books GmbH, Leck
ISBN 978-3-462-00183-9